Stephan Krüger / Klaus Müller

Das Geld im 21. Jahrhundert

Stephan Krüger / Klaus Müller

Das Geld im 21. Jahrhundert

Die Aktualität der Marxschen Wert- und Geldtheorie

PapyRossa Verlag

Luxemburger Str. 202, 50937 Köln
Tel.: +49 (0) 221 – 44 85 45
Fax: +49 (0) 221 – 44 43 05
E-Mail: mail@papyrossa.de
Internet: www.papyrossa.de

Umschlag: Verlag unter Verwendung einer
Abbildung von absent84 | Adobe Stock (117505639)
Druck: Interpress

Die Deutsche Nationalbibliothek verzeichnet diese Publikation in der Deutschen Nationalbibliografie; detaillierte bibliografische Daten sind im Internet über http://dnb.d-nb.de abrufbar

ISBN 978-3-89438-743-3

Inhalt

Geleitwort

von Jürgen Leibiger

»Die Marxsche Wert- und Mehrwertlehre im Zerrspiegel bürgerlicher Ökonomen« überschrieb der bekannte Marx-Forscher und -Editor Wolfgang Jahn (1922-2001) ein 1968 veröffentlichtes Buch. Heute ist so eine Publikation – zugespitzt formuliert – überflüssig. Marx' Wert- und Mehrwertlehre wird ja von den Mainstream-Ökonomen einer Erwähnung kaum mehr für wert befunden. Johannes Jäger konstatierte jüngst das »weitgehende Verschwinden Marx'scher Ökonomie aus den Standardlehrbüchern der Volkswirtschaftslehre«.[1] Es stimmt zwar, in den letzten Jahren wurde die Öffentlichkeit mit den Namen Karl Marx und Friedrich Engels geradezu bombardiert. Die beiden Persönlichkeiten gelten als große Figuren der Arbeiterbewegung und der Geistesgeschichte. Die Weltwirtschaftskrise 2007/2009 wurde zum Anlass einer Art »Marx-Renaissance« in den Medien. Im Jahr 2017 wurde der Erstausgabe von »Das Kapital« vor 150 Jahren gedacht. Dem 200. Geburtstag von Karl Marx widmete der Bundespräsident Frank-Walter Steinmeier 2018 sogar eine Veranstaltung im Schloss Bellevue, und 2020 wird der 200. Geburtstag seines Mitstreiters Friedrich Engels gefeiert. Es gab Ausstellungen, Themenhefte großer Zeitungen und Zeitschriften, neue Bücher, Tagungen, Gesprächsrunden, Seminare, Fernsehsendungen und Filme; das »Kommunistische Manifest« und »Das Kapital« sind in das UNESCO-Weltdokumentenerbe aufgenommen. Aber unter der Lawine der Würdigungen wurden die zentralen theoretischen Beiträge von Marx und Engels fast begraben. Die marxistische Wert- und Mehrwerttheorie und die Geldtheorie fanden kaum Erwähnung.

Das Begräbnis dieser Theorien – sie bilden den Gegenstand des hier vorgelegten Buches, zu dem mir aus alter Verbundenheit die Ehre gegeben wurde, ein Geleitwort voranzustellen – und ihre Kennzeichnung als anachronistisch

1 Vgl. seinen gleichnamigen Beitrag in: Till van Treeck, Janine Urban (Hrsg.): Wirtschaft neu denken. Blinde Flecken der Ökonomie. Berlin 2016. S. 160-169.

oder irrelevant sind aus Sicht der Apologeten des Kapitalismus verständlich, sind diese Theorien doch der Ausgangspunkt von Marx' Wesensbestimmung dieses Systems und geben seiner Kapitalismuskritik wie kein anderer Teil seiner Theorie ein Fundament. »Für die bürgerliche Gesellschaft – so Marx' Worte – ist aber die Warenform des Arbeitsprodukts oder die Wertform der Ware die ökonomische Zellenform.«[2] Die bekannte linke Keynesianerin Joan Robinson (1903-1983) lehnte zwar Werttheorien jeglicher Couleur als eine der Ökonomie angehängte »falsche Braut« ab[3], sie hatte aber völlig Recht, wenn sie schrieb, die arbeitswert- und mehrwerttheoretische Argumentation sei als Systemkritik ideologisch viel stärker wirksam als der Hinweis auf die Ungerechtigkeit des Kapitalismus. Dieses System sei nach dieser Theorie nämlich innerhalb seiner eigenen Regeln keineswegs ungerecht, weshalb Reformen wenig nützten, vielmehr müsse es überwunden werden.[4] Diese Einschätzung verweist auf die Kraft dieser Theorie und natürlich darauf, weshalb sie heute als »toter Hund« behandelt wird. Wie aktuell die in ihr aufgeworfenen Fragen jedoch sind, zeigen die anhaltenden theoretischen wie wirtschaftspolitischen Diskussionen über Preise und Inflation, über Geld und Geldpolitik, über Verteilung, Löhne und Zinsen, Fragen, bei denen auch die Mainstream-Schulen völlig uneins sind und an deren widerspruchsfreien Beantwortung sie scheitern.

Am Begräbnis der in Rede stehenden Theorien haben allerdings auch linke, sich teilweise positiv auf Marx beziehende Sozialwissenschaftler ihren Anteil. Es begann mit der Ablehnung der Arbeitswerttheorie und der Fehlinterpretation des Werts als »Gedankenbild«[5] durch Eduard Bernstein (1850-1932), immerhin ein enger Freund von Friedrich Engels, der ihn sogar mit der Betreuung von Teilen seines und Marx' schriftlichen Nachlasses betraut hatte. Befeuert durch die Wert-Preis-Transformationsdebatte setzt sich das bis in unsere Tage mit den Auseinandersetzungen der verschiedenen marxistischen oder sich als marxistisch verstehenden Strömungen über diese Theorien fort. Besonders markant war Ian Steedmans Arbeit »Marx after Sraffa« von 1977, in

2 Karl Marx: Das Kapital. Kritik der politischen Ökonomie. Erster Band. Berlin 1972. S. 12.

3 Joan Robinson: Die Akkumulation des Kapitals. Wien 1958. S. 7.

4 Vgl. Joan Robinson: Economic Philosophy. London 1964. S. 38

5 Eduard Bernstein: Die Voraussetzungen des Sozialismus und die Aufgaben der Sozialdemokratie. Stuttgart 1899. S. 44

der mit einer scheinbar unwiderlegbaren, mathematischen »Beweisführung« das Festhalten an der Arbeitswerttheorie als ein Haupthindernis für die Weiterentwicklung der materialistischen Analyse des Kapitalismus bezeichnet wird.[6] Obwohl dieses Verdikt nicht unwidersprochen blieb, verfehlte es seine Wirkung nicht.

Diese verwickelte Lage hat nicht nur in der Haltung des ökonomietheoretischen Mainstreams und seines Einflusses ihre Ursache. *Ein* Grund liegt auch bei Marx selbst. Sein Werk blieb unvollendet und er lehnte es ab, etwas zu veröffentlichen, von dem er selbst noch nicht vollständig überzeugt war; den Band I des »Kapital« wollte er gegen Ende seines Lebens noch einmal umarbeiten. Damit ist ein gewisser Raum für verschiedene Auslegungen gegeben; Thomas Kuczynski konstatiert sogar, gewisse Termini seien in einem bestimmten Sinne »doppeldeutig«.[7] *Zweitens* verlief der wirkliche historische Prozess nicht in allen Punkten so, wie es die Marxsche Theorie nahelegt und manche Entwicklungen konnte er noch nicht im Blick haben. Und *drittens* benutzen auch sich als marxistisch bezeichnende Wissenschaftler aus unterschiedlichsten Gründen gelegentlich einen Zerrspiegel und blicken auf das Marxsche Original mit vorgefassten Meinungen und eigenen politischen, wissenschaftlichen und Karriereinteressen.

Nichtsdestotrotz haben Marxisten nicht nur eine Verteidigungsposition eingenommen, sondern die Wert-, Mehrwert- und Geldtheorie auch weiterentwickelt. Das erfolgte beispielsweise auf den Feldern ihrer mathematischen Formulierung und empirischen Untersetzung sowie bei ihrer Anwendung auf neue Erscheinungen wie der Entstehung digitaler Waren oder dem Wandel der Geldformen.

Diese Gemengelage impliziert, dass es auch künftig Meinungsstreit geben wird und geben muss. Es ist zu hoffen, dass er fair, konstruktiv, der Wissenschaft und Marx' Erkenntnisantrieb, seinem »kategorischen Imperativ, alle Verhältnisse umzuwerfen, in denen der Mensch ein erniedrigtes, ein geknechtetes, ein verlassenes, ein verächtliches Wesen ist«[8], verpflichtet bleibt. Stephan Krüger und Klaus Müller beteiligen sich an diesen Kontroversen seit langem

6 Vgl. Ian Steedman: Marx after Sraffa. London 1977. S. 207.

7 Thomas Kuczynski: Die Erstausgabe von »Kapital« Band I und ihre weitere Bearbeitung durch Marx. In: Dieter Janke, Jürgen Leibiger, Manfred Neuhaus (Hrsg.): Marx' »Kapital« im 21. Jahrhundert. Leipzig 2017. S. 46.

8 Karl Marx: Zur Kritik der Hegelschen Rechtsphilosophie. Einleitung. MEW 1. S. 385

und haben zu dem hier behandelten Themenkreis eine ganze Reihe von Arbeiten veröffentlicht. Sie zeichnen sich wie auch der vorliegende Band dadurch aus, dass versucht wird, dem Marxschen Original gerecht zu werden, modische Umdeutungen zurückzuweisen, und Marx auch aus dem Blickwinkel der heutigen Wirklichkeit ohne Zerrspiegel zu erfassen. Das schließt unterschiedliche Sichtweisen der beiden Autoren nicht aus. Ein schöner Fall für eine streitbare und konstruktive Diskussion ist die gerade eben von Klaus Müller und Georg Quaas vorgelegte Arbeit in Dialogform »Kontroversen über den Arbeitswert«. Differenzen werden da bis ins kleinste Detail herausgearbeitet und es fehlt auch nicht ein Eingeständnis wie zum Beispiel »Merkst Du, dass wir uns wieder im Kreis bewegen?«[9]

Von einem streitbaren und konstruktiven Geist sind auch die nachfolgenden Ausführungen geprägt, in der die Autoren in konzentrierter, schnörkelloser Form ihre Version von Arbeitswert-, Mehrwert- und Geldtheorie darlegen und anderen Versionen entgegenstellen. Es ist zu wünschen, dass sie der »Verschwörung des Schweigens«[10] entgehen. Und was die zu erwartende wissenschaftliche Kritik betrifft, so rate ich, es auch hierbei mit Marx zu halten: Sie sei willkommen. Gegenüber den Vorurteilen des »Zeitgeistes« oder billigen Orthodoxie-Vorwürfen gilt ebenso Marx: »Segui il tuo corso, e lascia dir le gentil!«[11] Gehe Deinen Weg und lass die Leute reden!

9 Klaus Müller, Georg Quaas: Kontroversen über den Arbeitswert. Eine polit-ökonomische Debatte. Potsdam 2020. S. 195.

10 Brief von Karl Marx an Viktor Schily vom 30. November 1867. (MEW 31: 573).

11 Karl Marx: Das Kapital. Erster Band, a. a. O. S. 17.

Erster Teil

WIE GELD ENTSTEHT UND SICH WANDELT

von Klaus Müller

Meinungskonvolut

Woher es kommt, wohin es geht. Mit diesem Untertitel erschien vor fast 45 Jahren in Deutschland das Buch des US-amerikanischen Ökonomen John K. Galbraith über das Geld. (Galbraith 1976) Die Frage nach der Herkunft und nach der Zukunft des Geldes soll hier erneut aufgegriffen werden. Denn auch im 21. Jahrhundert kann wie in vergangenen Zeiten von einem gesicherten Erkenntnisstand in der Geldtheorie keine Rede sein. Zwar kennen alle das Geld. Doch niemand scheint zu wissen, was es ist. Jeder »Experte« macht sich seinen eigenen Reim darauf. Ulrich Busch listet einhundertelf Definitionen von Geld auf (Busch 2020: 39-48), die sich zwar auch überschneiden, aber vor allem Hegels scharfsinnigen Satz bestätigen: Etwas ist nicht allein dadurch *er*kannt, dass es *be*kannt ist. Die Literatur über das Geld ist unermesslich – zu den etwa 6.000 Schriften, die bis Ausgang des 19. Jahrhunderts über das Geld erschienen waren (Menger1892/1900), dürften, grob geschätzt, sicher deutlich mehr als doppelt so viel hinzugekommen sein. Die Meinungen gehen weit auseinander. Die zentralen Fragen des Themas sind noch immer heiß umstritten: Was ist das Wesen des Geldes? Wie ist es entstanden? Die Wandlungen des Geldes, seine vielen Erscheinungsformen haben die Beantwortung dieser Fragen erschwert. Schaut man sich die marxistische und scheinmarxistische Literatur zum Thema an, stößt man auf eine Vielzahl von Meinungen, die sich in Umfang und Widersprüchlichkeit mit den Lehren der bürgerlichen Ökonomie und deren innerlicher Zerrissenheit durchaus vergleichen lassen können. Wäre es anders, entfiele die Notwendigkeit, das alte Thema erneut zu diskutieren.

Marx erläutert in den ersten drei Kapiteln des ersten Bandes des »Kapitals« seine Wert- und Geldtheorie, die beiden Seiten der Ware, den Gebrauchswert und den Wert. Er beschreibt den Doppelcharakter der Waren produzierenden Arbeit und begründet, warum und wie der Wert als Tauschwert in Erscheinung tritt. Von dieser werttheoretischen Basis aus erklärt er dem Leser, wie das Geld entsteht, was dessen Wesen ist und welche Funktionen es ausübt. Ich habe Jahrzehnte lang diese theoretischen Probleme mit Genuss gelehrt und bin noch immer beeindruckt von der Klarheit und logischen Strenge der wert- und geldtheoretischen Darlegungen. Sie sind in ihrer Bedeutung für die Politische Ökonomie vergleichbar mit den Newtonschen Gesetzen für die Physik und dem Mendelejewschen Periodensystem für die Chemie. Umso befremdlicher ist, was für einen konfusen Eindruck die marxistische und scheinmarxistische Literatur zu Wert und Geld hinterlässt: Von Zustimmung bis hin zu Deutungen, die das Band zu anderen Marxschen Theorien zerreißen, stößt man auf Meinungen, deren Umfang und Widersprüchlichkeit sich kaum noch steigern lassen. Manche sagen, das erste Kapitel beschreibe »so etwas wie die Vorgeschichte des Kapitalismus (ähnlich wie das achte Kapitel zur ursprünglichen Akkumulation), so dass, genau genommen, Marx' Beschreibung des Kapitalismus als solchem sich auf die Kapitel zwei bis sieben (des ersten Bandes) beschränkt«. (Jameson 2012: 338) Noch weiter geht Louis Althusser (1918-1990), der zu den einflussreichsten marxistischen Theoretikern des 20. Jahrhunderts gezählt wird. Wer die kapitalistische Produktionsweise begreifen will, solle die drei schlimmen, schwierigen und unnötigen ersten drei Kapitel des »Kapitals« überspringen und gleich mit dem vierten über die Verwandlung von Geld in Kapital beginnen. (Althusser 2015: 663) Was für ein gewaltiger Trugschluss! Es ist der Beginn, alles Historische aus dem Kapital hinauszudenken, die Ausführungen darin auf ein Statisch-Logisches zu reduzieren, das seine eigenen genetischen Grundlagen ausblendet. »Marxismus-Erneuerer« wie Althusser behaupten, dass das Kapital »kein Buch der konkreten Geschichtsschreibung oder der empirischen Ökonomie ist«. Mag sein, doch das »Kapital« ist auch keine »reine« Theorie eines »idealen« Kapitalismus. Es ist die Theorie der kapitalistischen Entwicklung, ohne ein Buch über Wirtschaftsgeschichte zu sein. Sie erfasst das Gemeinsame und Wesentliche, nicht das regional und national Differenzierte. Die »Puristen der neuen Marx-Lektüre« sprechen dem »Kapital« alles Historische ab, bleiben »sprachlos und versanden im kategorialen Gemurmel«. (Krätke 2017: 80) Karl Marx behandelt mit Ware, Wert und Geld die elementarsten und ursprünglichen Produktionsverhältnisse des Kapitalismus, die auch der einfachen Warenproduktion eigen sind. Das Verfahren ähnelt dem der Chemie, die mit der Analyse der chemischen Elemente beginnt, um dann die komplizierten Verbindungen dieser Elemente zu untersuchen. Oder der Biologie, die von der Beschreibung der Zelle zu der des Gesamtorganismus schreitet. Die Darstellung der kapitalistischen Produktionsverhältnisse schließt deren Vorgeschichte ein: Verwertung geht nicht ohne Wert, Kapital nicht ohne Geld, Kapitalismus nicht ohne Waren. Waren, Wert und Geld gehen dem Kapital voraus. Die Arbeitswerttheorie ist von existenzieller Bedeutung für die marxistische ökonomische Theorie insgesamt: Wer wissen will, was Kapital ist, muss wissen, was Geld ist. Wer begreifen will, was Profit, Zins, Unternehmergewinn, Rente sind, muss wissen, was Mehrwert ist. Wer Geld, Mehrwert und Lohn verstehen will, muss wissen, was Wert ist. Wer das große Buch »Kapital« verstehen will, muss die Lektüre beginnen mit seinem ersten Kapitel.

Umstritten ist heute fast alles unter marxistischen Ökonomen und solchen, die sich dafür halten: die Gültigkeit der Arbeitswertlehre, der Zusammenhang zwischen dem Wert und dem Geld und schließlich die Entstehung und das Wesen des Geldes. Von dieser Warte aus möchte ich mich zu fundamentalen Problemen äußern: zum Inhalt und Fehlinterpretationen der Arbeitswertlehre, zum Wesen des Geldes, zu seiner Entstehung und zur Änderung seiner Erscheinungsformen im 21. Jahrhundert. Ich bitte den Leser um Verständnis, dass ich mich auf die wert- und geldtheoretischen Grundlagen beschränke, wie sie Marx im Band I des »Kapitals« behandelt. Auf die im Band III dargestellten spezifischen Probleme kapitalistischer Warenproduktion – Transformation der Werte in Produktionspreise[1], Wertbildung in der Landwirtschaft und der extraktiven Industrie – gehe ich nicht ein, auch nicht auf die Wechselbeziehungen zwischen dem Wert und den um ihn schwankenden Marktpreisen. Gleichfalls äußere ich mich nicht dazu, wie Monopole die Wert-Preis-Zusammenhänge ändern. Zu diesen Problemen habe ich mich ausführlich, wenn auch keineswegs abschließend und hinreichend an anderer Stelle geäußert. (Vgl. Müller 2015: 77-88; Müller 2016: 70-90) Nicht Gegenstand der Betrachtung ist die Frage, welche Bedeutung Arbeitszeitrechnungen und die Wert-Preis-Dialektik für eine sozialistische Marktwirtschaft besitzen.

1 Marx sei diese Transformation mathematisch missglückt. Seine Kritiker gehen von der Vorstellung aus, dass die Ausgabe einer Periode die Eingabe derselben Periode ist. Sie ignorieren, dass die Reproduktion ein Prozess ist, in dem die Endwerte einer Periode die Anfangswerte der nächsten Periode sind. Der Output einer Periode verlässt diese zu Preisen, mit denen der Input der nächsten Periode beginnt. Ersetzt man die simultanen durch »sukzessive« Modelle, gelingt die Transformation. (Vgl. Müller, Quaas 2020: 75-89; 211f)

I. Arbeitswert

1.
Gebrauchswert und Wert – die üblichen Verwechslungen

Was ist Wert? Viele Ökonomen sprechen vom Wert und meinen den Gebrauchswert. Wert ist für sie die Bedeutung, die eine Gesellschaft einem Objekt zuschreibt. Der »Wert« sei eine Wirkung des individuellen Begehrens, ein Maß dafür ist, wie sehr ein Käufer das Ding will und wie viel er für das Ding zu geben bereit ist. (Graeber 2012: 60) Es gibt dann viele Gebrauchswerte: ökonomische Interessen, Genusswerte wie die Befriedigung kulinarischer und sexueller Wünsche, Gesundheit, Lebenskraft, die »höchsten«, die ethische Werte wie Güte, Gerechtigkeit und Solidarität –, ästhetische Werte wie das »Erhabene und Schöne«, Liebhaber- und Seltenheitswerte, niedere Werte wie die Gewinn- und Geldgier, Spiel-, Prahl- und Sexsucht. Die ähnlich lautenden Begriffe Gebrauchswert und Wert haben für anhaltende Verwirrung gesorgt. Nirgendwo wird damit so eindeutig aufgeräumt und der Unterschied zwischen beiden Begriffen so klar gezogen wie in der in Aristotelischer Tradition stehenden Marxschen Theorie. Gebrauchswerte und Werte bilden in der Warenproduktion eine dialektische Einheit. Sie gehören untrennbar zusammen und doch kann aus der Größe des einen nicht auf die des anderen geschlossen werden. Ihre jeweilige Höhe wird unterschiedlich und unabhängig voneinander bestimmt. Die nützlichen Eigenschaften eines Dings sind der Gebrauchswert. Man hat Marx vorgeworfen, dass er sich zu wenig mit ihm beschäftigt habe. Dabei ist leicht einzusehen, weshalb er das nicht getan hat. Erstens ist der Gebrauchswert sinnesklar und zweitens ist er nicht Gegenstand der politischen Ökonomie, sondern der Warenkunde. Die große, zentrale Frage der Ökonomen lautet anders: Warum tauschen sich Güter in bestimmten Proportionen? Weshalb bekommen Tauschende für ihr Gut manchmal viele, manchmal wenige andere Güter? Warum verändern sich die Tauschverhältnisse ständig? Keine Frage von theoretischem Interesse allein. Es ist auch eine Frage von eminent praktischer, ja, unter Umständen von existenzieller Bedeutung. Man könnte den Eindruck gewinnen, als sei der Tauschwert etwas Zufälliges oder Willkürliches. Leicht zu verstehen ist, dass die Tauschrelationen bestimmt werden durch das Verhältnis von Angebot und Nachfrage. *»Es ist nichts leich-*

ter, als die Ungleichmäßigkeiten von Nachfrage und Zufuhr einzusehn und die daraus folgende Abweichung der Marktpreise von den Marktwerthen (...) Wenn Nachfrage und Zufuhr sich gegenseitig aufheben, hören sie auf irgendetwas zu erklären (...), und lassen uns erst recht im Dunkeln darüber, weßhalb der Marktwerth sich gerade in dieser Summe Geld ausdrückt und in keiner andern. Die wirklichen innern Gesetze der kapitalistischen Produktion können offenbar nicht aus der Wechselwirkung von Nachfrage und Zufuhr erklärt werden. (...), da diese Gesetze nur dann rein verwirklicht erscheinen, sobald Nachfrage und Zufuhr aufhören zu wirken, d.h. sich decken«. (MEGA II/15: 189; MEW 25: 199) Die Aufmerksamkeit der Klassiker, darunter Marx, galt der Frage, wie Tauschrelationen zustande kommen und erklärt werden müssen, wenn Angebot und Nachfrage »ausgespielt« haben, d.h., sich im Gleichgewicht befinden. Für die »moderne« bürgerliche Ökonomik endet an dieser Stelle ihr Nachdenken. Der Preis im Gleichgewicht ist für sie der geometrische Ort, an dem sich (nicht existierende) Angebots- und Nachfragefunktionen schneiden.[2] Doch im Schnittpunkt der erdachten Kurven endet das Problem nicht, es beginnt: Wie kann man die Höhe des Preises im Gleichgewicht erklären? Diese Frage führt zum Gesetz, zum Wesen des Preises. Wir erkennen es, wenn wir von den Preisschwankungen absehen, die durch Änderungen des Verhältnisses zwischen Angebot und Nachfrage hervorgerufen werden. Die Arbeitswerttheorie ist eine Wesenslehre des Preises, sie gibt Antwort auf die Frage, wie der Preis im Marktgleichgewicht bestimmt werden muss, für eine Situation also, da Angebot und Nachfrage übereinstimmen.[3] Und nur in dieser Ausnahmesituation

---

2 Diese Funktionen sind Fiktionen. Sie kommen nur zustande, indem man völlig unrealistische Annahmen trifft: Preise und Mengen könnten in unendlich kleine Einheiten zerlegt werden. Und beide Parameter reagierten auf unendlich kleine Änderungen der jeweils anderen Größe. Die Annahmen werden gebraucht, um stetige und somit differenzierbare Funktionen formulieren zu können – Voraussetzung für die Anwendung der Differentialrechnung. Mit ihrer Hilfe wird eine scheinexakte ökonomische Wirklichkeit vorgegaukelt, nur um sich ebenbürtig zu erweisen den sog. exakten Wissenschaften.

3 Es wäre überraschend, fänden sich in der Literatur nicht auch entgegengesetzte Auffassungen. Der Zweck der Marxschen Wertanalyse bestehe nicht in der Erklärung der Gleichgewichtspreise, sondern sei Hilfsmittel, Produktionsverhältnisse, Abhängigkeiten zwischen Menschen aufzudecken, die Ausbeutung und Bewegungsgesetze der kapitalistischen Produktion zu erklären. (Wolfstetter 1973/2008: 74f) Die Einwände sind zwar sachlich korrekt. Sie sind aber kein Beweis gegen die Theorie, dass der Wert den Preis im Gleichgewicht erklärt und so das Wesen des Tauschwerts enthüllt, weil sie mit dieser Erklärung vereinbar sind. Würde der Wert nicht den Gleichgewichtspreis erklären, müsste

stimmt der Preis mit dem Wert überein, in allen anderen Situationen weicht er von ihm nach oben oder nach unten ab.[4]

Die unterschiedlichen Gebrauchswerte können die Tauschrelationen nicht erklären. Sie sind nicht vergleichbar. Welch absurde Idee, den Gebrauchswert einer Fahrradklingel mit dem eines Rettichs oder eines Tennisschlägers vergleichen zu wollen! Die Nützlichkeit der Dinge lässt sich nicht messen. Die Grenznutzentheorie, mikroökonomisches Fundament der »Neoklassik«, behauptet, im Gleichgewicht liege Nutzenäquivalenz vor. Doch es ist einleuchtend und lässt sich mühelos zeigen, dass die Bereitschaft zu tauschen, abbricht, *bevor* die vermeintliche Äquivalenz der Nutzen zweier Tauschgüter erreicht wird. (Müller 2015: 95-99) Außerdem ist die Grenznutzentheorie auch aus einem anderen Grund ungeeignet, die arbeitswerttheoretische Begründung des Preises zu widerlegen, hoher Anspruch wenigstens eines Teils ihrer Verfechter. Sie erklärt nämlich den Preis nicht; sie nimmt die Marktpreise als gegeben an und gelangt dann durch die Annahme eines streng durch den Nutzen bestimmten Kaufverhaltens zu dem Ergebnis, dass im Gleichgewicht das Verhältnis des Nutzens zweier Tauschgüter sich so einstelle, dass es übereinstimmt mit dem Verhältnis der unterstellten Marktpreise dieser Güter. Weshalb sollen Tauschende Güter annehmen, die für sie den gleichen Nutzen besitzen wie die, die sie dafür geben? Letztlich tauschen sich die Waren auf der Grundlage des Wertes, der in ihnen enthaltenden gesellschaftlich notwendigen Arbeitsquanten. »Der Wert einer Ware verhält sich zum Wert jeder andren Ware wie die zur Produktion der einen notwendigen Arbeitszeit zu der für die Produktion der andren notwendigen Arbeitszeit.« (MEW 23: 54) Marx war nicht der erste, der dies so sah. Seine großen Vorgänger William Petty, Adam Smith und David Ricardo, die er sehr schätzte, waren Arbeitswerttheoretiker. Die Arbeitswerttheorie, die sie vertraten, war jedoch unvollkommen. Marx entwickelt sie in entscheidenden Punkten weiter: Er entdeckte den Doppelcharakter der warenproduzierenden Arbeit und fand es sonderbar, »daß

er jeden Preis erklären. Da aber in Abhängigkeit von Angebot und Nachfrage unendlich viele Preise denkbar sind, müsste es ebenso viele Werte wie Preise geben. Damit endet die Überlegung in der Gleichsetzung von Wert und Preis, ein philosophischer Irrtum.

4 Gleichgewichtsmodelle und »Preisgesetze« basieren auf der Prämisse freier Konkurrenz. (Müller 2020a: 333-364) Monopole besitzen die relative Preissetzungsmacht. Sie ersetzen Gleichgewichtsmechanismen durch ein Preisdiktat und deformieren die Preisgesetze erheblich. (Müller 2020: 104ff)

den Ökonomen ohne Ausnahme das Einfache entging, daß wenn die Ware das Doppelte von Gebrauchswert und Tauschwert, auch die in der Ware dargestellte Arbeit Doppelcharakter besitzen muß.« (MEW 32: 11) Als konkrete Arbeit schafft sie den Gebrauchswert, als abstrakte Arbeit bildet sie den Wert der Ware. Marx hat dies seine entscheidende Entdeckung genannt. Er sprach vom Springpunkt, »um den sich das Verständnis der politischen Ökonomie dreht.« (MEW 23: 56) Seine Vorläufer sahen immer nur die Arbeit schlechthin und mussten so »überall auf Unerklärliches« stoßen. Und Marx fand heraus, dass auch die Arbeitskraft eine Ware ist. Sie hat wie jede einen Wert und einen Gebrauchswert. Der Lohn ist geringer als der Wert der Produkte, die Arbeiter erzeugen. Smith und Ricardo schlossen daraus, dass Gewinne nur einem ungleichen Tausch zwischen Kapitalisten und Arbeitern entspringen könnten. »Die Frage ist in dieser Fassung unlöslich. Sie ist von Marx richtig gestellt und damit beantwortet worden (…) Es ist nicht die Arbeit, die als Ware gekauft und verkauft wird, sondern die Arbeits*kraft*«, so Friedrich Engels. (MEW 24: 25) Wie jede Ware wird auch die Arbeitskraft zu ihrem Wert bezahlt. Dieser entspricht vereinfacht dem Wert der Konsumtionsmittel, die der Arbeiter zum Leben braucht. Der Kapitalist kauft die Arbeitskraft um ihres Gebrauchswertes wegen – ihrer Fähigkeit, mehr Wert zu schaffen, als sie selbst hat. Marx bewies, was dem gesunden Menschenverstand zu widersprechen scheint: Der Gewinn entsteht nicht aus ungleichem, sondern aus gleichem Tausch. Alles geht tauschgerecht zu. Die Produktion und die unbezahlte Aneignung des Mehrwerts und der Tausch der Waren nach dem Prinzip der Gleichheit von Leistung und Gegenleistung widersprechen sich nicht – eine bahnbrechende Erkenntnis, nach Engels das »epochemachendste Verdienst« seines Freundes. Die Kenntnis des Doppelcharakters der Ware Arbeitskraft ermöglichte es Marx, das Wesen des Mehrwertes aufzudecken. Die Ökonomen vor ihm hatten diesen mit seinen Formen gleichgesetzt. »(…) im Gegensatz zu *aller* früheren Ökonomie, die *von vornherein* besondre Fragmente des Mehrwerts mit ihren fixen Formen von Rente, Profit, Zins als gegeben behandelt, (wird) von mir zunächst die allgemeine Form des Mehrwerts, worin all das sich noch ungeschieden, sozusagen in Lösung befindet, behandelt«. (MEW 32: 11) Die Gleichsetzung von Profit und Mehrwert verschleiert die wahren Beziehungen zwischen Kapital und Arbeit. Im Profit erscheint der Mehrwert, als habe das *Gesamt*kapital ihn erzeugt. Dabei entspringt er nur dem variablen Kapitalteil, ist unbezahlte lebendige Arbeit. Vom »Kapital« sagt Marx, dass »es der letzte

Endzweck dieses Werkes ist, das ökonomische Bewegungsgesetz der modernen Gesellschaft zu enthüllen«. (MEW 23: 15f) Er entdeckte es im Mehrwertgesetz, dem Grundgesetz des Kapitalismus, das Ziel und Mittel der Produktion beinhaltet: Mehrwert zu erzeugen durch Beschäftigung von Lohnarbeitern.

2. Dimensionen des Werts

Die Arbeitswerttheorie ist der Schlüssel zum Verständnis der kapitalistischen Reproduktion. Der Wert hat vier Dimensionen. Irritationen entstehen, wenn man die vier Dimensionen nicht als eine Einheit begreift oder sie falsch deutet. Die erste Dimension: Er ist ein Produktionsverhältnis, ein Verhältnis der Warenproduzenten, das unter dinglichen Hüllen verborgen ist. Menschen gehen objektiv Beziehungen untereinander ein, indem sie füreinander produzieren. Würde der Wert erst im Tausch gebildet, wäre er kein Produktions-, sondern ein Tauschverhältnis. Er ist aber ein Verhältnis, dass die privaten Produzenten in der Produktion eingehen, ein Produktionsverhältnis, das an der Oberfläche der Märkte als ein Verhältnis von Sachen erscheint. »*Im Prinzip gibt es keinen Austausch von Produkten, sondern einen Austausch von Arbeiten, die zur Produktion zusammenwirken.*« (MEW 4: 104) Und: »*Indem sie ihre verschiedenartigen Produkte einander im Austausch als Werte gleichsetzen, setzen sie ihre verschiednen Arbeiten einander als menschliche Arbeit gleich. Sie wissen es nicht, aber sie tun es.*« (MEW 23: 88) Die Aussage, dass der Wert ein Produktionsverhältnis ist, hat – beinahe zwangsläufig, ist man geneigt, zu sagen – Verwirrung gestiftet. Zum einen: Arbeitsprodukte könnten keinen Wert haben, weil man gesellschaftliche Verhältnisse nicht in einem Ding unterbringen könne – so wie Marmelade im Pfannkuchen. Zum anderen: Werte könne man nicht messen, weil man gesellschaftliche Verhältnisse nicht messen könne. Dazu später.

Man darf nicht übersehen, dass der Wert eine zweite Dimension besitzt. Er hat eine Substanz. Die Substanz ist die abstrakte Arbeit, die in Arbeitszeit gemessen wird. Die dritte Dimension ist die Wertgröße. Sie ist die Arbeitszeit, die gesellschaftlich – nicht individuell – nötig ist, um eine Ware herzustellen. Doch welche Arbeitszeit ist das? Wodurch werden »gesellschaftliche Notwendigkeiten« festgelegt, und vor allem, wie? Viele glauben, die Frage könne niemand beantworten. Und sie haben durchaus gute Gründe. Den Wert bzw. den Gleichgewichtspreis ausrechnen zu wollen, so Wilhelm Röpke, sei »ein Rechenkunststück, dass immer nur der Rechenmeister Markt vollbringen kann. Es gibt keine andere Methode, den richtigen, d.h. den der Gleichgewichtslage entsprechenden Preis (…) zu bestimmen als die marktwirtschaftliche; wir können diese Größen nicht irgendwie mathematisch-statistisch im Voraus berechnen, sondern nur hinterher konstatieren, nachdem der ›Markt‹ seine Schuldigkeit getan hat.« (Röpke 1937: 59) Es dennoch zu versuchen, sei sinnlos, weil Produktivität und Werte sich unentwegt änderten und, wenn überhaupt, immer erst im Nachhinein erkannt werden könnten. Marx zeige, so Harvey, dass der Wert »von einem Prozess bestimmt wird, den wir nicht verstehen und der nicht gerade unserer bewussten Entscheidung entspringt, und dass die Art, wie sich diese Werte uns aufzwingen, erst noch entschlüsselt werden muss (…) Ich denke, bis heute ist das für uns eine große Frage«. (Harvey 2011: 32) Die Frage ist von eminent praktischer Bedeutung. Von ihrer Beantwortung hängt eine weitere Frage ab, über die sich Ökonomen Jahrhunderte lang den Kopf zerbrochen haben: Wie kommen Tauschrelationen zustande? Preise sind in Geld ausgedrückte Tauschrelationen; eine Ware tauscht sich mit einem Geldbetrag.

Röpke und Harvey haben zunächst recht: Im Kapitalismus berechnet tatsächlich niemand den Wert. Er ist das Gesetz des Preises, das sich im Verborgenen durchsetzt. Eine gemeinschaftliche Produktion aber, die von vornherein die Arbeit in gesellschaftlich notwendigen Proportionen verteilen will, muss ihn berechnen. Und prinzipiell ist das möglich, de facto aber schwer. Soll heißen, es ist bekannt, wie man es machen müsste. Mit Input-Output-Modellen kann die volle Arbeitszeit zur Herstellung der Ware berechnet werden. Sie entspricht dem Kehrwert der gesellschaftlich notwendigen Arbeitsproduktivität, in der die jeweilige Ware erzeugt wird. (vgl. dazu Müller K., Müller E.: 2012) Dass sich die Größe ändert, ist kein Grund, ihre Ermittlung zu unterlassen, sondern diese in bestimmten Abständen zu wiederholen, sie quasi als permanente Aufgabe zu betrachten. Die Schwierigkeit der Berechnung ergibt sich daraus, dass es Informationen bedarf, die nicht verfügbar sind und geschätzt werden müssen. Das besonders Verrückte aber ist, dass der Wert einer Ware nicht gleich der gesellschaftlich notwendigen Arbeitszeit ist, die zu ihrer Erzeugung geleistet wurde, sondern jener, die zur *Reproduktion*, d.h. zu ihrer erneuten Herstellung erforderlich ist. Dieser Aspekt soll hier unbeachtet bleiben. Zur Beantwortung der Frage, wie die gesellschaftlich notwendige Arbeitszeit bestimmt wird, sollen einige Anregungen erfolgen. Sie knüpfen an zwei Hinweisen an, die Marx gab. Sie zeigen auch, wie unbegründet dabei der Vorwurf ist, dass, wer die Wertgröße untersucht, nur die Quantität, nicht aber die gesellschaftliche Qualität im Auge habe. (Harbach 2011: 43) Denn die Arbeitszeit, die die Wertgröße bestimmt, ist nicht diejenige eines isolierten Individuums, sondern ergibt sich aus den gesellschaftlichen Produktionsbedingungen. Sie ist die gesellschaftlich durchschnittliche oder gesellschaftlich notwendige Arbeitszeit. Deshalb erfasst, wer die Wertgröße untersucht, zwangsläufig deren gesellschaftliche Qualität. Man muss dabei zwei miteinander verbundene Ebenen auseinanderhalten. Einmal ist die einzelne Ware zu betrachten, zum anderen die Zahl der Waren, die bedarfsgerecht hergestellt werden muss. Welche Arbeitszeit ist zur Herstellung der einzelnen Ware nötig und welche Arbeitszeit braucht man auf dieser Grundlage, um die insgesamt benötigten, nachgefragten Waren zu produzieren? Aus der Sicht der einzelnen Ware gilt: Gesellschaftlich notwendig ist die »*Arbeitszeit, erheischt, um irgendeinen Gebrauchswerth mit den vorhandenen gesellschaftlich-normalen Produktionsbedingungen und dem gesellschaftlichen Durchschnittsgrad von Geschick und Intensität der Arbeit darzustellen.*« (MEGA II/10: 41; MEW 23: 53) Heinrich kritisiert, damit werde die Wertsubstanz »substanzialistisch« aufgefasst und der falsche Eindruck erweckt, die Wertgröße existiere als Eigenschaft der einzelnen Ware unabhängig vom Tausch. (Heinrich 2018: 52) Er negiert, dass der Wert durch die Produktion festgelegt ist, dort durch die Verausgabung gesellschaftlicher Arbeit entsteht, *bevor* getauscht wird. (MEW 23: 78)

Die vierte Dimension: Der Wert kann nicht als solcher erscheinen, er erscheint als Tauschwert, wird ausgedrückt in einer bestimmten Menge eines anderen Gebrauchswertes. Dass die Arbeitsprodukte erst im Tausch »eine von ihrer sinnlich verschiednen Gebrauchsgegenständlichkeit getrennte gesellschaftliche Wertgegenständlichkeit erhalten«, bedeutet nicht, wie Heinrich annimmt, dass der Wert vorher noch nicht existiere. (Heinrich 2018: 53f) Es bedeutet, dass im Tausch der Wert als Tauschwert, d. h. in einer Menge anderer Gebrauchswerte, erscheint und so »gegenständlich« wird. Dass der Wert erst im Austausch sichtbar wird und der Produzent erst dort erfährt, inwieweit seine individuelle Arbeitszeit als gesellschaftlich notwendige anerkannt wird, hat sogar zur Voraussetzung, dass das jetzt Sichtbarwerdende vorher existiert. Der Hinweis, dass die *durchschnittliche* Arbeitszeit die Wertgröße bestimmt, überzeugt aus zwei Gründen: Wäre es anders, gäbe es so viele Werte wie individuell unterschiedliche Arbeitszeiten für ein und dieselbe Ware. Die eigentliche Frage nach den Bestimmungsgründen der Tauschrelation im Gleichgewicht bliebe so unbeantwortet. Hinzu käme, dass die Ware umso wertvoller wäre, »*je fauler und ungeschickter ein Mann, (...), weil er desto mehr Zeit zu ihrer Verfügung braucht*«. (MEGA II/10: 41; MEW 23: 53)

3.
Ist der Wert messbar?

Das geeignete Instrument zur Ermittlung der Wertgröße ist das Input-Output-Modell. Diese Modelle sind gewöhnlich als Gebrauchswertmodelle konstruiert und beruhen auf physischen Produktionsmengen. Sie eignen sich aber auch als Arbeitszeitmodelle, mit denen der volle Arbeitszeitaufwand zur Herstellung der Produkte errechnet werden kann. Die Gesellschaftlichkeit des Wertes zeigt sich bereits auf der Ebene der einzelnen Ware. Ein Gut entsteht, indem Arbeitskräfte in einer bestimmten Arbeitszeit mit Hilfe von Arbeitsmitteln – Gebäuden, Maschinen, Anlagen, Transportmitteln, Werkzeugen usw. – Arbeitsgegenstände – Rohstoffe, Hilfsstoffe, Betriebsstoffe – bearbeiten. Der Wert jeder einzelnen Ware hängt ab von den Werten vieler Waren. In welchem Umfang wird bestimmt durch die Produktivität bei der Herstellung der anderen Waren und den technologischen Beziehungen zwischen Arbeitsgegenständen, Arbeitsmitteln, Arbeitskräften und dem Endprodukt im speziellen Fertigungsprozess. So gehen in den Wert eines Kleides ein der Wert der Arbeitskräfte, die es herstellen, der anteilige Wert der Maschinen, Gebäude usw., den die konkrete Arbeit auf den Wert des Kleides überträgt, und der Wert des verarbeiteten Stoffes. Die technischen Beziehungen sagen aus, wie viel Stoff und Zeit die Näherin benötigt, um auf ihrer Maschine das Kleid zu fertigen. Arbeitszeit fällt nicht nur auf der letzten Stufe der Erzeugung an. Sie ist auch nötig zur Herstellung der Arbeitsmittel und der Arbeitsgegenstände . Auf den miteinander vernetzten Vorstufen werden Ausgangs- und Zwischenfabrikate erzeugt, aus denen später das Endprodukt gefertigt wird. Man kann deshalb zwischen direkter und indirekter Arbeitszeit unterscheiden. Mit Hilfe eines Gleichungssystems kann die volle volkswirtschaftliche Arbeitszeit zur Herstellung einer Ware ermittelt werden. Die volle Arbeitszeit setzt sich aus direkter und indirekter Arbeitszeit zusammen. Beruht sie auf der gesellschaftlich durchschnittlichen, normalen Produktivität, entspricht sie der gesellschaftlichen notwendigen Arbeitszeit, der Wertgröße. Die privaten Arbeiten der Produzenten müssen sich als »Glieder der Gesamtarbeit« erweisen. Sie tun es, indem sie ein bestimmtes gesellschaftliches Bedürfnis befriedigen. Die Bedürfnisse der Menschen und technisch-organisatorische Beziehungen zwischen den Zweigen und Bereichen der Güterproduktion erzwingen eine proportionale Verteilung der Gesamtarbeitszeit. Unabhängig davon, ob und wem dies bewusst ist. Die Wertsumme hat etwas mit der Proportionalität einer Volkswirtschaft zu tun. »*Es ist in der That das Gesetz des Werths, wie es sich geltend macht, nicht in Bezug auf die einzelnen Waaren oder Artikel, sondern auf die jedesmaligen Gesammtprodukte der besondren, durch die Theilung der Arbeit verselbständigten gesellschaftlichen Produktionssphären, so daß nicht nur auf jede einzelne Waare nur die nothwendige Arbeitszeit verwandt ist, sondern daß von der gesellschaftlichen Gesammtarbeitszeit nur das nöthige proportionelle Quantüm in den verschiednen Gruppen verwandt ist. Denn Bedingung bleibt der Gebrauchswerth. Das Ganze verkauft sich daher nur, als ob es in der nothwendigen Proportion producirt wäre.*« (MEGA II/15: 623f; MEW 25: 648f) Es ergibt sich daraus eine wichtige Schlussfolgerung: Wer Werte begründen will, muss Proportionen begründen. Diesen Gedanken äußert Marx auch im ersten Band des »Kapitals«. Dort spricht er von der »*wissenschaftlichen Einsicht (...), daß die unabhängig voneinander betriebenen, aber als naturwüchsige Glieder der gesellschaftlichen Theilung der Arbeit allseitig voneinander abhängigen Privatarbeiten fortwährend auf ihr gesellschaftlich proportionelles Maß reducirt werden, weil sich in den zufälligen und stets schwankenden Austauschverhältnissen ihrer Produkte die zu deren Produktion gesellschaftlich nothwendige Arbeitszeit gewaltsam durchsetzt, wie etwa das Gesetz der Schwere, wenn einem das Haus über den Kopf zusammenpurzelt. Die Bestimmung der Werthgröße durch die Arbeitszeit ist daher ein unter den erscheinenden Bewegungen der relativen Warenwerthe verstecktes Geheimniß*«. (MEGA II/10: 74; MEW 23: 89) In einem Brief an Ludwig Kugelmann betont Marx die »Notwendigkeit der Verteilung der gesellschaftlichen Arbeit in bestimmten Proportionen«, die formationsübergreifende Bedeutung hat, d. h. durch bestimmte Formen der gesellschaftlichen Produktion nicht aufgehoben werden könne. (MEW 32: 552f) Entspricht der Preis dem Wert, dann ist das Ausdruck dafür, dass die Ware entsprechend der gesellschaftlichen Proportionalität produziert worden ist.

Wird zu viel Arbeitszeit aufgewendet und werden zu viele Produkte dieser Art hergestellt, ist ein Teil davon nutz- und wertlos, selbst wenn die einzelne Ware in der gesellschaftlich notwendigen Arbeitszeit erzeugt wird. »*Gesetzt endlich jedes auf dem Markt vorhandne Stück Leinwand enthalte nur gesellschaftlich nothwendige Arbeitszeit. Trotzdem kann die Gesammtsumme dieser Stücke überflüssig verausgabte Arbeitszeit enthalten (…) Die Wirkung ist dieselbe, als hätte jeder einzelne Leinweber mehr als die gesellschaftlich nothwendige Arbeitszeit auf sein individuelles Produkt verwandt.*« (MEGA II/10: 101; MEW 23: 121f) Man sieht, dass die Verteilung der gesellschaftlichen Gesamtarbeitsmenge durch Höhe und Struktur der gesamtgesellschaftlichen Bedürfnisse sowie durch technologische Bedingungen und Beziehungen zwischen den Produktionsbereichen bestimmt wird. Dieser Zusammenhang gilt nicht nur für die kapitalistische Produktion: »*Gemeinschaftliche Produktion vorausgesetzt, bleibt die Zeitbestimmung natürlich wesentlich (…) Ebenso muss die Gesellschaft ihre Zeit zweckmäßig einteilen, um eine ihren Gesamtbedürfnissen gemäße Produktion zu erzielen (…) Ökonomie der Zeit, sowohl wie planmäßige Verteilung der Arbeitszeit auf die verschiednen Zweige der Produktion, bleibt also erstes ökonomisches Gesetz auf Grundlage der gemeinschaftlichen Produktion. Es wird sogar in viel höherem Grade Gesetz.*« (MEW 42: 105)

3.1.
Etwas genauer: Welche Arbeit bildet Wert?

Konkrete und abstrakte Arbeit

Wie die Ware mit Gebrauchswert und Wert einen Doppelcharakter besitzt, hat auch die Arbeit zwei Seiten. Der Unterschied zwischen konkreter und abstrakter Arbeit ist der »*Springpunkt, um den sich das Verständnis der politischen Ökonomie dreht*«. (MEW 23: 56) Er ist Voraussetzung, die Physiologie der kapitalistischen Produktionsweise zu verstehen. Die Grundlage für den Zusammenhang der ökonomischen Kategorien ist die Bestimmung des Werts durch die Arbeitszeit. Ricardo, lobt Marx, erklärt alle ökonomischen Erscheinungen auf der Grundlage des Arbeitswerts, »*selbst diejenigen, welche im ersten Augenblick ihr zu widersprechen scheinen, wie die Rente, die Akkumulation der Kapitalien und das Verhältnis der Löhne zu den Profiten. Gerade das ist es, was seine Lehre zu einem wissenschaftlichen System macht (…)*« (MEW 4: 81f) Doch wie die Merkantilisten und Smith erkennt auch Ricardo das Zwieschlächtige der Arbeit nicht, betrachtet sie nur in ihrer konkreten Form, unhistorisch, nicht spezifisch gesellschaftlich. Profit, Zins, Rente, Unternehmergewinn kann nur verstehen, wer verstanden hat, was Mehrwert ist. Mehrwert kann nur verstehen, wer begriffen hat, was der Wert ist. Und Wert kann nur verstehen, wer zwischen konkreter und abstrakter Arbeit zu unterscheiden weiß. Marx fand es, wie oben zitiert, sonderbar, *»daß den Ökonomen ohne Ausnahme das Einfache entging, daß wenn die Ware das Doppelte von Gebrauchswert und Tauschwert, auch die in der Ware dargestellte Arbeit Doppelcharakter besitzen muß«.* (MEW 32: 11) Jeder Warenproduzent leistet zweckgebundene, konkrete Arbeit: Der Schmied formt das Eisen, der Bäcker bäckt Brot, der Fleischer füllt Därme, der Glasbläser formt das Glas, der Maler streicht Wände (...) Konkrete Arbeit unterscheidet sich hinsichtlich ihres Zweck, der verwendeten Werkzeuge, der Verfahren und ihrer Ergebnisse. Sie bringt verschiedene Gebrauchswerte hervor: Hufeisen, Bismarck-Eichen, Leberwürste, gläserne Kugeln, bemalte Zimmerwände (...) Sehen wir von der Bestimmtheit der konkreten Arbeiten ab, bleibt, dass sie alle Verausgabung menschlicher Arbeitskraft sind. Schneidern, Weben, Häuser bauen, Autos montieren, Bockwürste herstellen, Radieschen säen, obgleich qualitativ verschieden, besitzen sie die gleiche physiologische Grundlage: Sie sind eine produktive Verausgabung und Beanspruchung von Hirn, Muskel, Nerven, Geisteskraft, Hand usw. (MEW 23: 56ff) Der Fleischer, der Schweine schlachtet, der Betonbauer, der Mauern errichtet, und die Krankenpflegerin, die Patienten umbettet, müssen, so unterschiedlich ihre konkreten Tätigkeiten und deren Ergebnisse sind, ihre Arbeiten unter Einsatz von Körper- und Geisteskraft ausführen. Sie benötigen Kenntnisse, Fertigkeiten und Fähigkeiten, um ihren Job auszuüben. Arbeit ist mit körperlicher und geistiger Anstrengung verbunden. Bei der Aufstellung eines Bauplanes ist letztere größer als bei der Beobachtung einer Schafherde. Die Arbeit, die von den konkreten Formen und Inhalten abstrahiert, ist Arbeit schlechthin, allgemeine Arbeit. In der Warenproduktion wird sie zur abstrakten Arbeit. Nur dort erhält die Arbeit im physiologischen Sinn eine sich von der konkreten Arbeit unterscheidende gesellschaftliche Form, eine Form, in der sich die gesellschaftliche Gleichheit der Arbeit ausdrückt. Damit die Waren als Gebrauchswerte quantitative Verhältnisse untereinander eingehen können, muss von ihren Gebrauchswerten und damit vom konkreten Inhalt der Arbeiten abstrahiert werden. *»Alle Arbeit ist einerseits Verausgabung menschlicher Arbeitskraft im physiologischen Sinn und in dieser Eigenschaft glei-*

cher menschlicher oder abstrakt menschlicher Arbeit bildet sie den Warenwert. Alle Arbeit ist andrerseits Verausgabung menschlicher Arbeitskraft in besonderer zweckbestimmter Form, und in dieser Eigenschaft konkreter nützlicher Arbeit produziert sie Gebrauchswerte.« (MEW 23: 61) Ökonomen, die mit dieser Abstraktion ihre Schwierigkeiten haben, lehnen die Arbeitswerttheorie ab. »Die Marxsche Werttheorie hat sich als nicht haltbar erwiesen.« Dies sagen nicht nur die Gegner des großen Kritikers der Politischen Ökonomie, sondern auch die neuen Herausgeber der Marx-Engels-Gesamtausgabe (MEGA). In ihrer von Bertram Schefold verfassten Einführung zum dritten Band des »Kapitals« schreiben sie, ihnen sei »rätselhaft, wie man an der Vorstellung, die Arbeit als abstrakte bestimme den Wert der Waren, festhalten will«. Das Beharren auf der Wertlehre habe Marx an analytischen Fortschritten gehindert. (MEGA II/15: 898f, 910) Wer die Arbeitswerttheorie ablehnt, lehnt die marxistische politische Ökonomie ab. Dass sich ausgerechnet die MEGA-Editoren diesem Verdacht aussetzen, könnte daraus resultieren, dass ihnen der Unterschied zwischen der konkreten und der abstrakten Arbeit nicht aufgegangen ist. Ich bekenne, dass es mir schwer fällt, dies anzunehmen. Aber wie sonst können sie behaupten, »das Gleichsetzen von einer Stunde Nähen und einer Stunde Hämmern ist ebenso rätselhaft wie die Gleichsetzung eines Hemds und angenagelter Hufeisen als Ergebnis des Beschlagens eines Pferdes«? (Schefold 2008: 41f) Hemd und Hufeisen sind ungleich als Gebrauchswerte. Sie sind gleich, weil sie Produkte menschlicher Arbeit sind, egal, worin diese Arbeit konkret besteht. Wem die Unterscheidung zwischen abstrakter und konkreter Arbeit merkwürdig vorkommt, versteht den Dualismus von Produktion, Arbeit und deren Ergebnis nicht. Arbeit können er und sie sich nur konkret vorstellen. Das Allgemeine im Besonderen bleibt ihnen verborgen. Doch das Nebeneinander von konkreter und abstrakter Arbeit ist keineswegs hypothetisch und es ist keineswegs erst der Tausch, der diese Abstraktion vollzöge. Nur wenn die Produkte im Austausch bestimmte Beziehungen zueinander bildeten, hält Heinrich dagegen, sei abstrakt menschliche Arbeit ihre gemeinschaftliche Substanz. (Heinrich 2016: 73) Richtig ist: Die Arbeit des privaten Einzelproduzenten schafft nur Wert, wenn sie notwendiger Teil der gesellschaftlichen Gesamtarbeit ist. Ob sie das ist und in welchem Umfang muss sich erst nach der Produktion, also im Austausch, erweisen. Das heißt aber nicht, dass abstrakte Arbeit und Wert Kategorien allein des Tauschs wären. Nach Abstraktion von ihren Gebrauchseigenschaften stellen diese Dinge nur noch dar, dass

»*in ihrer* ***Produktion*** (Hervorh. K. M.) *menschliche Arbeitskraft verausgabt, menschliche Arbeit aufgehäuft ist*«. (MEW 23: 52) Erweist sich im Tausch, dass sich die in der Produktion geleistete Arbeit in einem Gebrauchswert vergegenständlicht hat, der ein gesellschaftliches Bedürfnis befriedigt, ist sie als Teil der Gesamtarbeit verausgabt worden, ist abstrakte Arbeit, Wert bildende Arbeit. Die Arbeit war also schon im Moment ihrer Verausgabung ein Teil der gesellschaftlichen Gesamtarbeit, war nicht nur konkret, sondern auch abstrakt gewesen. Auch wenn sich dies erst im Austausch zeigen kann. Erweist sich, dass die Produkte kein Bedürfnis befriedigen, ist die Arbeit, sie herzustellen, obwohl selbstverständlich auch Verausgabung von Muskel, Hirn, Nerv usw., kein Teil der Gesamtarbeit, ist keine abstrakte Arbeit und bildet keinen Wert. Die abstrakte Arbeit ist keineswegs ein Resultat einer bloßen Gedankenabstraktion, wie Karl Reitter mutmaßt.[5] Wertbildende Arbeit ist nicht in dem Sinne abstrakte Arbeit, dass sie nur etwas gedanklich Vorgestelltes, etwas Fiktives ist. Ihr abstrakter Charakter besteht darin, dass sie von den Besonderheiten der unterschiedlichen konkreten Arten menschlicher Arbeit abstrahiert, und zwar nicht erst im Tausch, sondern in der Produktion, bei der Verausgabung der Arbeit.

Abstrakte Arbeit: eine physiologisch oder historisch-soziale Kategorie?

Heinrich sagt, dass im Begriff der abstrakten Arbeit sich zwei nicht miteinander vereinbarte Konzepte überkreuzten: ein ›gesellschaftliches‹ (…) werde von einem ›naturalistischen‹ (…) überlagert.[6] (vgl. auch Heinrich 2016: 101f) Doch die beiden Konzepte sind sehr wohl miteinander vereinbar. Arbeit ist Verausgabung von Muskel, Nerv, Hand und Hirn, egal ob in der urgemeinschaftlichen Sippe, in der Sklavenhaltergesellschaft, im Feudalismus, Kapitalismus oder Sozialismus. Arbeit in diesem allgemeinen, »naturalistischen« Sinn wird unter bestimmten gesellschaftlichen Bedingungen zur abstrakten Arbeit. Die abstrakte Arbeit kann nicht auf ihre physiologische Grundlage reduziert werden. Sonst hätte sie es immer gegeben. Abstrakte Arbeit wäre eine ahistorische, natürliche, übergesellschaftliche Eigenschaft der Arbeit und – das wäre die Konsequenz – erzeuge in allen Epochen der Wirtschaftsgeschichte Wert. Der physiologische Arbeitsbegriff, die »Fehldeutung der abstrakten

5 www.grundrisse.net/grundrisse01/1abstrakte_arbeit.htm, 01.02.2020.

6 www.oekonomiekritik.de/203AbstrakteArbeit.htm, S. 5, 01.02.2020.

Arbeit als Verausgabung von Muskel, Nerv und Gehirn«, behauptet Karl Reitter, sei ein »Mosaikstein für jenen wirklichkeitsfernen Schematismus, der als DIAMAT die Lehrbücher des Stalinismus und Poststalinismus füllte«.[7] Mir ist unbegreiflich, wie man so etwas behaupten kann. Ich kenne kein sowjetisches oder DDR-Lehrbuch der Politischen Ökonomie, deren Autoren die abstrakte Arbeit nur physiologisch sehen. Alle heben ihren gesellschaftlich-historischen Inhalt hervor. Welche Lehrbücher hat Karl Reitter da zu Rate gezogen? Die physiologische Gemeinsamkeit der unterschiedlichen menschlichen Arbeiten wird erst zur ökonomischen Kategorie der abstrakten Arbeit, wo die Menschen ihre Produkte als Waren produzieren. Erst dann haben die Produkte nicht nur Gebrauchswert, sondern auch Wert, auf dessen Basis sie getauscht werden. Ohne Warenproduktion gibt es keinen Wert, der sich als Tauschwert äußert. Und wo es keinen Wert gibt, existiert auch keine abstrakte Arbeit. Abstrakte Arbeit ist keine physiologische, sondern eine auf physiologischer Grundlage beruhende spezifisch gesellschaftliche Kategorie. In ihr zeigt sich ein bestimmtes Produktionsverhältnis, das Menschen unter den historischen Bedingungen der Warenproduktion eingehen. Hat die Arbeit ein Produkt geschaffen, das kein gesellschaftliches Bedürfnis befriedigt, ist sie – wiewohl Verausgabung von Hirn, Muskel, Nerv, Hand – kein notwendiger Bestandteil der gesellschaftlichen Gesamtarbeit, folglich keine abstrakte Arbeit und nicht Wert bildend. Daran zeigt sich, dass abstrakte Arbeit nicht nur Arbeit im physiologischen Sinn ist.

3.2. Relativität und Messbarkeit der Zeit

Abstrakte Arbeit bildet Wert. Sie ist die Substanz des Wertes. Werte zu messen, bedeutet, abstrakte Arbeit zu messen. Manche sagen: Messen könne man immer nur eine bestimmte nützliche, konkrete Arbeit. »Wie aber nun abstrakt menschliche Arbeit gemessen werden soll, wissen wir nicht.« (Heinrich 2016: 75) Abstrakte Arbeit könne nicht gemessen werden, weil sie »keine gegenständliche arbeitsausübende Tätigkeit sei«, sondern eine gesellschaftliche Kategorie, »etwas Immaterielles«. Abstrakte Arbeit sei ein gesellschaftliches Verhältnis und ein solches Verhältnis könne nicht verausgabt werden. (Hein-

7 www.grundrisse.net/grundrisse01/1abstrakte_arbeit.htm, 01.02.2020.

rich 2017: 218) »Abstrakte Arbeit ist keine Sorte Arbeit, die man verausgaben oder mit der man etwas messen« könne.[8] Man könne immer nur die konkrete Arbeit messen. »Jede mit der Uhr gemessene Arbeitsstunde ist eine Stunde einer ganz bestimmten konkreten Arbeit.« (Heinrich 2018: 49) Ein anderes Argument: Reitter sagt, eine Messung abstrakter Arbeit könne es nicht geben, weil »die tatsächlich geleistete Arbeitszeit und die wertbestimmende Arbeitszeit theoretisch wie praktisch niemals übereinstimmen« (könnten). »Bei der abstrakten Arbeit wird nicht nur vom konkreten Inhalt, sondern auch von der Zeitdauer abstrahiert. Also, eine Stunde Schneiderarbeit ergibt keineswegs eine Stunde Verausgabung von Muskel, Nerv und Gehirn, sondern eine unbestimmte Zeitdauer, die niemand, weder vor, während, noch nach der Produktion ausrechnen oder bestimmen kann. Die Rede, abstrakte Arbeit sei bar jeden Inhalts bloß mit der Uhr messbar, ist völlig irreführend und falsch«.[9] Lässt sich die Menge der in einer Ware enthaltenen abstrakten Arbeit nicht feststellen, dann kann auch kein Wert gemessen werden. Zum Glück ist die Argumentation unsinnig. Übereinstimmung liegt vor, wenn die individuelle Arbeit unter den »gesellschaftlich normalen Bedingungen« geleistet wird. Das mag Zufall sein, aber darauf kommt es nicht an, denn die übliche Nichtidentität von individueller und gesellschaftlich notwendiger Arbeitszeit ist kein Beweis, dass die letzte nicht prinzipiell gemessen werden könnte. Warum sollte die individuelle Arbeitszeit des einzelnen Produzenten, nicht aber die gesellschaftliche notwendige gemessen werden können? Unter privatkapitalistischen Eigentumsverhältnissen kann sich die gesellschaftlich notwendige Arbeitszeit erst nachträglich im Austausch zeigen. Daraus entspringen zwei prinzipielle Fehlschlüsse: Der Wert entstehe erst im Austausch und er sei nicht messbar. Georg Quaas hält die These, erst der Tausch verwandele die private Arbeit in gesellschaftliche, d. h. in wertbildende Arbeit für eine Verfälschung der Marxschen Theorie, und sagt, zwar könne der einzelne Warenproduzent den Wert nicht messen, »nicht, weil dies prinzipiell unmöglich wäre, sondern weil er keinen Zugang zu den Produktionsprozessen hat, die unabhängig von ihm betrieben werden und deren Merkmale in die gesellschaftlich notwendige Arbeitszeit eingehen«. (Quaas 2016: 82) Sagt man, der Wert ließe sich nicht

8 Richter, W. (2016), Klaus Müllers »Geld – von den Anfängen bis heute«, in: Das Blättchen, 19. Jg., Nummer 1 (das-blaettchen.de, 04.02.2020).

9 www.grundrisse.net/grundrisse01/1abstrakte_arbeit.htm, 04.02.2020.

berechnen, so ist das für den (bisherigen) Kapitalismus richtig. Es sollte uns aber nicht davon abhalten, die Frage grundsätzlicher zu stellen. Erwähnt worden war schon, dass der Marxsche Wertbegriff mehrdimensional ist: Der Wert ist *erstens* ein Produktionsverhältnis, das die privaten Warenproduzenten in der arbeitsteiligen Produktion – nicht erst im Austausch! – objektiv eingehen. Seine Substanz (Qualität) ist *zweitens* die abstrakte Arbeit, sein Maß (Quantität) *drittens* die Menge an dieser Substanz, die gesellschaftlich notwendige abstrakte Arbeit. Gemessen wird diese in Zeit, kurz: gesellschaftlich notwendige Arbeitszeit. Über ihre Größe wird in der Produktion entschieden. Der Wert einer Ware kann sich nicht als Arbeitszeit selbst darstellen, sondern bedarf dazu einer anderen Ware. Die Form, in der er erscheint, ist *viertens* der Tauschwert. Auch weil der Wert erst im Austausch erscheinen kann, heißt das nicht, er entstünde dort. Wir müssen die vier Wertelemente als eine Einheit sehen. Die gesellschaftlich notwendige Arbeitszeit ist die Quantifizierung des Produktionsverhältnisses. Diese Größe besagt, wieviel Arbeitszeit der Produzent in einer gemeinschaftlichen, arbeitsteiligen Produktion für seine Waren aufwenden und damit von der der Gesellschaft zur Verfügung stehenden Gesamtarbeitszeit beanspruchen darf. »*Daß jede Nation verrecken würde, die, ich will nicht sagen für ein Jahr, sondern für ein paar Wochen die Arbeit einstellte, weiß jedes Kind. Ebenso weiß es, daß die den verschiednen Bedürfnismassen entsprechenden Massen von Produkten verschiedne und quantitativ bestimmte Massen der gesellschaftlichen Gesamtarbeit erheischen. Daß diese Notwendigkeit der Verteilung der gesellschaftlichen Arbeit in bestimmten Proportionen durchaus nicht durch die bestimmte Form der gesellschaftlichen Produktion aufgehoben [wird], sondern nur ihre Erscheinungsweise ändern kann, ist self-evident. Naturgesetze können überhaupt nicht aufgehoben werden. Was sich in historisch verschiednen Zuständen ändern kann, ist nur die Form, worin jene Gesetze sich durchsetzen. Und die Form, worin sich diese proportionelle Verteilung der Arbeit durchsetzt in einem Gesellschaftszustand, worin der Zusammenhang der gesellschaftlichen Arbeit sich als Privataustausch der individuellen Arbeitsprodukte geltend macht, ist eben der Tauschwert dieser Produkte.*« (MEW 32: 552f)

Lässt sich die Arbeitszeit nur für konkrete Arbeiten, nicht aber für abstrakte Arbeiten ermitteln? Die Größe des Wertes wird gemessen »*durch das Quantum der in ihm enthaltenen ›wertbildenden Substanz‹, der Arbeit. Die Quantität der Arbeit selbst mißt sich an ihrer Zeitdauer*«. (MEW 23: 53) Marx' Antwort ist kristallklar. Erstaunlich daher, dass die Mehrheit der sich marxistisch nen-

nenden Ökonomen den Standpunkt vertritt, die Wertgröße könne nicht gemessen werden. Dieser Irrtum kann, formal gesehen, nur auf zwei Gründen beruhen. Zum einen müsste man der Meinung sein, die Zeit schlechthin sei nicht messbar. Der Wert hat eine Größe, besitzt eine Dimension, die Arbeitszeit. Wer meint, diese könne nicht gemessen werden, muss offenbar glauben, Sekunden, Minuten oder Stunden ließen sich nicht ermitteln und zusammenzählen. Eine Auffassung, die natürlich niemand vertritt und die ausgeschlossen werden kann seit den ersten Sonnen- und Schattenuhren der Sumerer vor 5.000 Jahren, spätestens seit die Babylonier den Tag in 24 Stunden einteilten. Zum anderen könnte man der Auffassung sein, Arbeitszeit ließe sich zwar grundsätzlich quantifizieren, nicht aber die, die gesellschaftlich notwendig ist. Mit anderen Worten: Messen könne man allein die konkrete Arbeit und die individuelle Arbeitszeit, die nicht oder nur zufällig mit der gesellschaftlich notwendigen übereinstimme. Wenn aber Arbeitszeit schlechthin gemessen werden kann, warum dann nicht auch jene, die gesellschaftlich notwendig ist, eine bestimmte Ware zu produzieren? Dagegen werden meist folgende Argumente vorgebracht: Die Wertgröße zeige sich erst im Tausch. Sie sei vorher – während der Produktion – unbekannt und äußere sich im Tauschwert, d.h. in einer Menge anderer Gebrauchswerte bzw. einer Geldmenge. Dass die Wertgröße vor oder nach Abschluss der Produktion nicht bekannt ist, dass sich niemand für sie interessiert und sich zu berechnen bemüht, ist kein Beweis, dass sie sich erst im Tausch bilde und dass man sie nicht berechnen kann. Die gesellschaftlich notwendige Arbeitszeit für die Produktion einer Ware ist jene, die unter der durchschnittlichen, normalen Produktivität anfällt. Das sind die jeweils dominierenden Produktionsbedingungen, unter denen Waren hergestellt werden. Die Arbeitszeit insgesamt, die die Gesellschaft für eine Ware aufwenden darf, beruht zusätzlich auf der Proportionalität einer Volkswirtschaft. Es ist *die* Arbeitszeit, die unter Bedingungen der Proportionalität, d.h. der Übereinstimmung von Angebot und Nachfrage, und mit der dominierenden Produktivität im Zweig zur Produktion der Ware nötig ist. Natürlich interessiert sich kein Produzent für den wertadäquaten Gleichgewichtspreis. Jeder will möglichst hohe Preise für seine Absatzgüter und niedrige Preise für seine Einkaufsgüter. Der Gleichgewichtspreis, der Wert, der innere Regulator, ist für die Verkäufer und Käufer ohne Interesse. Wer behauptet, die Wertgröße könne nicht gemessen werden, weil man ein Produktionsverhältnis nicht messen könne, irrt. Die gesellschaftlich notwendige Arbeitszeit ist die Quantifizierung des Produktionsverhältnisses. Sie besagt, wie viel Arbeitszeit der Produzent in einer gemeinschaftlichen, arbeitsteiligen Produktion für seine Waren aufwenden und damit von der Arbeitszeit beanspruchen darf, die der Gesellschaft insgesamt zur Verfügung steht. Wer drei Stunden konkrete Arbeit leistet (malt, mauert, schaufelt, bäckt…), leistet in dieser Zeit auch abstrakte Arbeit, d.h. er strengt Hirn, Muskeln, Nerven an, und zwar drei Stunden lang. Jetzt muss man die Relativität der Zeit beachten: Die gesellschaftlich notwendige Arbeitszeit gibt an, wieviel Zeit im gesellschaftlichen Durchschnitt die Produzenten für die Produktion ihrer Waren aufwenden. »Es ist selbstverständlich, daß das normale Produkt zweitägiger oder zweistündiger Arbeit doppelt soviel wert ist wie das, was normalerweise das Erzeugnis eintägiger oder einstündiger Arbeit ist.« (Smith 1776/1976: 62) »Wenn die in den Gegenständen enthaltene Arbeitsmenge ihren Tauschwert bestimmt, dann muß jede Vergrößerung des Arbeitsquantums den Wert des Gegenstandes, für den es verwendet wurde, erhöhen, ebenso wie jede Verminderung ihn senken muß.« (Ricardo 1817/1959: 12) Der Auffassung, bei der abstrakten Arbeit abstrahiere man von der Zeitdauer, folglich könne man sie nicht messen, waren die Klassiker der Politischen Ökonomie und Marx nicht. Doch muss beachtet werden, dass die physikalische Zeit von der politökonomischen Zeit abweichen kann. Physikalisch gesehen ist eine Stunde eine Stunde, egal was in ihr geschieht, wie viele Produkte in ihr hergestellt werden oder wer sie arbeitet, ein Ingenieur oder ein Straßenfeger. Wobei selbst der Physiker Skrupel haben könnte. Einstein: »Wenn man mit dem Mädchen, das man liebt, zwei Stunden lang zusammensitzt, denkt man, es ist nur eine Minute; wenn man aber nur eine Minute auf einem heißen Ofen sitzt, denkt man, es sind zwei Stunden – das ist die Relativität.« Dabei geht es nicht um die Relativität der messbaren Zeit, eine Stunde bleibt eine Stunde, egal ob sie voller Lust oder Schmerz ist, sondern um ihre Wahrnehmung, die davon abhängt, was wir in ihr erleben. Ist das Erlebte angenehm, ist die gefühlte Zeit kurz, ist es unangenehm, ist die gefühlte Zeit lang. Die Relativität der Zeit besteht darin, dass wir sie gewichten und in Bezug setzen zu ihren Inhalten. Politökonomisch muss man das anders und doch ähnlich sehen. Es geht jetzt nicht um unterschiedliche Wahrnehmungen, sondern um Anerkennung. Wer drei Stunden konkrete Arbeit leistet, um einen Stuhl herzustellen, für den unter normalen, durchschnittlichen Bedingungen der Produktivität, der Intensität und des Geschicks zwei Stunden nötig sind, hat sich zwar drei Stunden angestrengt, aber der Umfang seiner abstrakten,

d. h. wertbildenden Arbeit beträgt nur zwei Stunden. »*Nach der Einführung des Dampfwebstuhls in England z. B. genügte vielleicht halb so viel Arbeit als vorher, um ein gegebenes Quantum Garn in Gewebe zu verwandeln. Der englische Handwerker brauchte zu dieser Verwandlung in der Tat nach wie vor dieselbe Arbeitszeit, aber das Produkt seiner individuellen Arbeitsstunde stellte jetzt nur noch eine halbe gesellschaftliche Arbeitsstunde dar und fiel daher auf die Hälfte seines frühern Werts.*« (MEW 23: 53) Gesellschaftlich notwendige Zeit ist messbar wie jede Zeit: in Stunden, Minuten Sekunden ... Dass unter privatkapitalistischen Bedingungen die Wertgröße unbekannt ist, sich für sie niemand interessiert und der Wert nur nachträglich auf dem gleichgewichtigen Markt festgestellt werden kann – sind Angebot und Nachfrage ungleich, weichen die Marktpreise vom Wert ab –, ändert daran nichts. Wollte jemand versuchen, den Wert vorher zu bestimmen: privates Eigentum, daraus entspringende Interessenkonflikte, das Fehlen zentraler Rechen- und Koordinierungsstellen, begrenzte rechentechnische Speicher- und Verarbeitungskapazitäten und somit Schwierigkeiten der Gewinnung und Verarbeitung von Informationen verhinderten es. Die Wertmessung scheitert an praktischen Hürden. Dies beweist nicht, dass der Wert grundsätzlich nicht gemessen werden könnte. Die Methodik ist bekannt und die technischen Möglichkeiten dafür sind im Zeitalter moderner Kommunikation besser als je zuvor. Oskar Lange hatte in seiner letzten Arbeit vor über 50 Jahren bereits geschrieben, dass der Computer mühelos und schnell ein System von simultanen Gleichungen auflösen und so den – dem Wert entsprechenden – Gleichgewichtspreis finden könne. (Lange 1977: 324) Die Frage ist nicht, ob, sondern *wie* abstrakte Arbeit und Wert zu messen sind. Ich hatte mich dazu bereits weiter oben geäußert.

Kompliziertheitsgrad der Arbeit

Es gibt eine Schwierigkeit, die Marx benennt, aber nicht weiter untersucht. Konkrete Arbeiten stellen unterschiedlich hohe Anforderungen an die körperlichen und geistigen Kräfte des Produzenten. Der Unterschied zwischen einfacher und komplizierter Arbeit muss bei der Ermittlung der Wertgröße beachtet werden, denn: Komplizierte Arbeit gilt als »potenzierte oder multiplizierte einfache Arbeit, so dass ein kleineres Quantum komplizierte Arbeit gleich einem größeren Quantum einfacher Arbeit. Eine Ware mag das Produkt der kompliziertesten Arbeit sein, ihr Wert setzt sie dem Produkt einfacher Arbeit gleich und stellt daher selbst nur ein bestimmtes Quantum einfacher Arbeit dar«, worunter Marx die »Verausgabung einfacher Arbeitskraft« versteht, »die im Durchschnitt jeder gewöhnliche Mensch ohne besondere Entwicklung, in seinem leiblichen Organismus besitzt«. (MEW 23: 59) Kompliziertere Arbeit ist im Vergleich zur einfachen Arbeit mit hohen nervlichen Belastungen, geistigen Anstrengungen, schwierigen Entscheidungen, speziellen Fertigkeiten, besonderen Fähigkeiten und Pflichten verbunden. Sie erfordert eine entsprechende Bildung, Qualifikation, Erfahrung und demzufolge Aufwendungen der Wissensvermittlung. In acht Stunden einfacher Arbeit entsteht ein geringerer Wert als in acht Stunden komplizierter Arbeit. Wie groß die Unterschiede sind, ist ein schwieriges Problem. Weder legt jemand fest, was komplizierte und was einfache Arbeit ist, noch ermittelt jemand, aus wie viel Einheiten einfacher Arbeit sich bestimmte Einheiten komplizierter Arbeit zusammensetzen. Diese Reduktion ist nach Marx ein gesellschaftlicher Prozess, der sich hinter dem Rücken der Produzenten vollziehe. Und sie ist ein historischer Prozess. Was einst als kompliziert galt, kann unter fortgeschrittenen Verhältnissen als einfach durchgehen. Mit dem Rechenschieber fällt z. B. viel Rechenarbeit fort, jeder kann ihn schnell bedienen; mit dem Computer vereinfacht und verkürzt sich die gleiche Arbeit noch mehr. Marx unterstellt bei seinen Wertbetrachtungen einfache Arbeit, erspart sich so die Mühe der Reduktion. (MEW 23: 59) Mindestens klar ist, dass komplizierte Arbeit mehr Vorarbeit durch Lernen und Üben voraussetzt. Diverse Modelle der summarischen und analytischen Arbeitsbewertung bieten Anhaltspunkte für eine Klassifizierung der Arbeiten nach ihren Schwierigkeits- bzw. Anforderungsgrad. (siehe dazu Müller 2018: 39-44) Daraus wurde vielfach geschlossen, die Lohn- und Gehaltsunterschiede zwischen verschiedenen Arbeitsarten als Reduktionsschlüssel zu verwenden. Sie widerspiegelten die Unterschiede zwischen komplizierter und einfacher Arbeit. Der Schluss ist naheliegend. Doch muss beachtet werden, »daß hier nicht vom Lohn oder Wert die Rede ist, den der Arbeiter für etwa einen Arbeitstag erhält, sondern vom Warenwert, worin sich sein Arbeitstag vergegenständlicht. Die Kategorie des Arbeitslohnes existiert überhaupt noch nicht auf dieser Stufe unsrer Darstellung«. (MEW 23: 59, Fn 15) Georg Quaas meint, dass die Kompliziertheitsgrade der Arbeit sich proportional zum Wert der Arbeitskräfte verhielten, den Neuwert messen würden und sich so auf recht simple Weise erledigten. (Quaas 2016: 242ff)[10]

10 Eine ähnliche Auffassung vertritt Rowthorn. (Rowthorn 1973/2008: 130ff)

Marx hatte geschrieben: »Die Arbeit, die als höhere, kompliziertere Arbeit gegenüber der gesellschaftlichen Durchschnittsarbeit gilt, ist die Äußerung einer Arbeitskraft, worin höhere Bildungskosten eingehn, deren Produktion mehr Arbeitszeit kostet und die daher einen höheren Wert hat als die einfache Arbeitskraft. Ist der Wert dieser Kraft höher, so äußert sie sich daher auch in höherer Arbeit und vergegenständlicht sich daher, in denselben Zeiträumen, in verhältnismäßig höheren Werten.« (MEW 23: 211f) Mit Georg Quaas habe ich darüber diskutiert, wie man den Kompliziertheitsgrad der Arbeit ausdrücken kann. (Müller, Quaas 2020: 173-196) Quaas meint, der Kompliziertheitsgrad sei der Quotient Neuwert/Zeiteinheit; ich denke, er sagt aus, wie viele Einheiten einfacher Arbeitsstunden eine Stunde komplizierter Arbeit gleich sind. Vielleicht läuft das auf das Gleiche hinaus. Die Kennzahl ist dimensionslos. Beträgt sie z. B. 4, heißt das, dass in den Wert einer Arbeitskraft, die komplizierte Arbeit leistet, viermal höhere Bildungsaufwendungen eingehen als in den einer Arbeitskraft, die einfache Arbeit leistet. Maßgeblich sind die unterschiedlichen Aufwendungen, die notwendig waren, dem Arbeiter die erforderliche Qualifikation, Fertigkeiten und Fähigkeiten zu vermitteln, die er benötigt, entsprechende komplizierte Arbeiten auszuführen. Die Reduktion komplizierter auf einfache Arbeit ist ohne jegliche Kenntnis der Löhne möglich, obgleich viele Ökonomen glaubten, komplizierte Arbeiten könnten nur auf Basis der Lohnunterschiede auf einfache Arbeiten reduziert werden ist. Die Reduktion erfolgt auf der Grundlage der Arbeitsinputs zur Produktion der Qualifikationsgrade. (Rowthorn 1973/2008: 136-138) Neben den »Reproduktionsaufwendungen« der Auszubildenden bzw. sich Qualifizierenden gehören dazu auch die der Ausbilder sowie der Wert der in der Ausbildung eingesetzten Produktionsmittel.

3.3.
Internationaler Wert und Austauscheffekte im Welthandel

Zwischen der volks- und weltwirtschaftlichen Wertbildung, zwischen nationalen und internationalen Wertgrößen gibt es Analogien und Unterschiede, woraus Effekte resultieren, die am Welthandel beteiligte Länder erzielen können. Es gibt keinen einleuchtenden Grund daran zu zweifeln, dass die Bedingungen für volkswirtschaftliche und weltwirtschaftliche Mobilität bzw. Immobilität des Kapitals prinzipiell übereinstimmen und daher das Extramehrwerttheorem – Unterschiede zwischen erbrachten und anerkannten Aufwendungen – nicht nur national, sondern auch international bedeutsam ist. Dann erscheint die sog. Modifikation, wonach »auf dem Weltmarkt (…) produktivere nationale Arbeit ebenfalls als intensivere zählt« (MEW 23: 584), in einem anderen Licht. Denn war das auf der nationalen Bezugsebene nicht ähnlich? Zählte die produktivere betriebliche Arbeit nicht auch als intensivere – *mehr* Wert bildende – Arbeit? Nicht nur, wenn bei entsprechendem Gewicht nicht beliebig vermehrbarer Naturressourcen – z. B. Böden in Land-, Forst- und Bauwirtschaft – der Wert eine Grenzgröße darstellt, sondern auch, wenn er eine Durchschnittsgröße ist, gibt es Produzenten, deren betriebsindividuelle Arbeitszeit geringer ist, als jene, die im Wert gesellschaftlich anerkannt wird. Ihre im Vergleich zum Zweigdurchschnitt produktivere Arbeit zählt als intensivere, d. h. sie bildet einen höheren Wert, als sie bilden würde, wäre sie selbst durchschnittsbestimmend. Zwar gibt es keinen »individuellen Wert« – der von Marx gebrauchte Begriff ist eine Contradictio in adjecto (vgl. Müller 2016: 73f) –, wohl aber betriebsindividuelle Arbeitszeiten, die sich zum Wert grundsätzlich nicht anders verhalten als die nationalen Werte zum internationalen Wert. Beide, nationaler und internationaler Wert, lassen sich quantitativ als gewogenes Mittel begreifen, maßgeblich bestimmt durch das Gewicht der Produzenten, die die Hauptmasse des Produkts erzeugen. (Müller, Quaas 2020: 38-40) Der nationale Wert ist das gewogene arithmetische Mittel der betriebsindividuellen Arbeitszeitquanten, der weltwirtschaftliche bzw. internationale Wert das der nationalen Arbeitszeitmengen für die Herstellung der Welthandelswaren. Die berechtigte Frage, ob die nationalen Arbeitszeitmengen zugleich volkswirtschaftliche Werte darstellen, sobald sich internationale Werte bilden, ist von untergeordneter Bedeutung. Unumstritten aber ist, dass sich bei wachsender internationaler Interdependenz volkswirtschaftliche (nationale) und weltwirtschaftliche Werte immer mehr verflechten. Nationale Werte liegen nicht nur den internationalen zu Grunde. Umgekehrt beeinflussen auch internationale Werte der Export- und vor allem der Importwaren die inländische Wertgrößenbildung. In diesem Zusammenhang taucht eine auf den ersten Blick absurd oder nur rhetorisch anmutende Frage auf: Was ist der Weltmarkt? Wird er als Gegensatz zum Binnenmarkt verstanden, müsste es ebenso viele Weltmärkte wie Binnenmärkte geben. Alle Binnenmärkte sind aus der Sicht des gerade vom Weltmarkt ausgeschlossenen Marktes Weltmarkt bzw. dessen unterschiedlich bedeutsamer

Teil. Wichtig für die Erforschung der internationalen Wertbildung ist es, das Zusammenspiel von Binnen- und Weltmarkt als dialektischen Gegensatz zu sehen, dessen Seiten sich ausschließen, bedingen und sich durchdringen. Auch wenn transnationale Konzerne ihre Fertigungsstufen auf mehrere Länder verteilen, bleiben sie Teil des jeweiligen nationalen Gesamtkapitals. Wichtig auch: Natürlich existiert nach wie vor die nationale Arbeitszeit, in der für den Welthandel bestimmte Waren entstehen. Und da es ankommt auf die Spanne zwischen dem, was eine Nation aufwenden muss, und dem, was sie auf dem Weltmarkt erlöst, verkümmert das Problem zu einem der Sprachregelung. Entscheidend ist beim Vergleich von volkswirtschaftlichem und weltwirtschaftlichem Wert der Mechanismus, der zum Entstehen beider führt, und da gibt es grundsätzlich keine Unterschiede. Über die Berechtigung, darüber hinaus die Besonderheiten weltwirtschaftlicher Werte im Vergleich zu den volkswirtschaftlichen zu beachten, besteht kein Zweifel. Marx hatte betont, dass die produktivere nationale Arbeit international als intensivere zählt. Das gilt, wenn weniger produktive Arbeit international dominiert. Müsste man dann nicht auch akzeptieren, dass unter gewissen Bedingungen umgekehrt produktivere internationale Arbeit national als intensivere gilt? Dann nämlich, wenn weniger produktive Arbeit national dominiert?

Spätestens seit Ricardos Theorem der komparativen Kostenvorteile ist bekannt, dass Länder im Außenhandel vorteilhafte Tauscheffekte erzielen können, die sich aus einer Differenz zwischen nationalen und internationalen Werten der Export- und Importwaren ergeben. Gegen diese Einsicht wird manchmal eingewendet, dass der gesellschaftlich notwendige Arbeitsaufwand für die Importwaren gleich sei dem gesellschaftlich notwendigen Arbeitsaufwand für die Waren, die ein Land produzieren und exportieren muss, um sich die Importwaren beschaffen zu können, einfacher ausgedrückt: die Exporterlöse dazu dienen, die Importe zu bezahlen. In gewisser Weise logisch ist es dann, den Aufwand zur Produktion der Exportwaren als nationalen Aufwand zum Erwerb der Importwaren zu betrachten. Doch die Frage, ob Effekte existieren, lässt sich nur beantworten, wenn der gesellschaftlich notwendige Arbeitsaufwand bei einer Bevorzugung der inländischen Eigenproduktion anstelle des Imports geprüft wird. Denn positive Wirkungen der internationalen Arbeitsteilung können darin bestehen, Importe zu tätigen, deren alternative Eigenproduktion aufwändiger wäre als die Produktion der für die Bezahlung der Importe notwendigen Exportwaren.

Akzeptiert man, dass eine Ware eine vom nationalen gesellschaftlich notwendigen Arbeitsaufwand verschiedene internationale Wertgröße besitzt, so folgt daraus, dass – Austausch zu internationalen Werten angenommen – bei nationalen Produktivitäts- und Intensitätsunterschieden unterschiedliche nationale Wertgrößen ausgetauscht werden und die produktivere gegenüber der unproduktiveren im Vorteil ist. In dem bekannten Zahlenbeispiel Ricardos verkauft Portugal an England Wein im Werte von 80 nationalen Arbeitsstunden, erhält dafür aber 100 internationale (eigentlich englische) Stunden in Form von Tuch. (Ricardo 1817/1959: 122) Ob dieser Tausch wirklich ein Vorteil ist, kann zunächst durchaus bezweifelt werden, denn die 100 »internationalen« bedeuten eben 80 nationale Stunden. Portugal hat 80 Stunden Arbeit verausgaben müssen, um in den Besitz der Waren zu gelangen, die woanders mit einem höheren Arbeitsaufwand produziert worden waren. Der höhere ausländische Aufwand ist irrelevant. Austauscheffekte werden erst durch den Vergleich des Imports mit der alternativen nationalen Produktion erkennbar. Liegt der gesellschaftlich notwendige Arbeitsaufwand zur Eigenproduktion – Portugal hätte zur Produktion des Tuches 90 Stunden aufwenden müssen – über dem erforderlichen Aufwand zur Beschaffung der Importe, ist ein tatsächlicher positiver Effekt eingetreten. Zu vergleichen ist der nationale Arbeitsaufwand zur Herstellung der Exportwaren mit dem Aufwand, der für die Produktion zu erbringen wäre, die entfällt, weil die Exporterlöse die Substitution der Eigenproduktion durch »billigere« Importe ermöglichen. Beim Ausweis wertmäßiger Austauscheffekte geht es nicht darum, an Werten zu »gewinnen«, sondern an ihnen zu »verlieren«. Austauscheffekte sind an nationale Wertunterschiede zwischen den Produkten gebunden, die zu einer Senkung der gesellschaftlich notwendigen Arbeitszeit genutzt werden können. Eine Gesellschaft wird nicht dadurch reicher, dass sie mehr, sondern dass sie weniger Zeit aufwenden muss, um ein Quantum von Gebrauchswerten zu erzeugen. Welche positiven Effekte durch die Ausnutzung des internationalen Wertgefüges (bzw. negative Effekte durch dessen Nichtbeachtung) entstehen können, soll anhand einer Abbildung demonstriert werden.

Man variiere die Größe der internationalen Werte, dann wird ersichtlich, dass unter der Voraussetzung einer Übereinstimmung der Importaufwendungen mit den Exporteinnahmen – hier in wertäquivalenten Stunden ausgedrückt – und konstanten nationalen Werten für Exportware und al-

Abb. 1: Werteffekte aus Unterschieden zwischen nationalen und internationalen Aufwendungen für Export- und Importwaren

Nationale Arbeitsstunden für die Produktion der Exportware	Nationale Arbeitsstunden für die Eigenproduktion der Importware	Internationaler Wert der Exportware in Arbeitsstunden	Internationaler Wert der Importware in Arbeitsstunden	Werteffekt: Einsparung (+) bzw. Mehrbedarf (–) an nationalen Arbeitsstunden
I 80	90	95	95	+ 10
II 80	90	100	100	+ 10
III 80	90	50	50	+ 10
IV 80	100	95	95	+ 20
V 80	70	95	95	- 10
VI 80	90	50	100	- 70
VII 80	90	100	50	+ 50
VIII 80	70	100	50	+ 30

ternativer Importsubstitutionsproduktion der Effekt stets der gleiche bleibt, wie immer auch die internationalen Werte der Welthandelswaren variieren (Fälle I – III). Es ist zu erkennen, dass es (scheinbar) nicht ankommt auf Unterschiede zwischen nationalen und internationalen Werten, sondern darauf, das Produktivitätsgefälle auszunutzen, d. h. mit gleichem Aufwand eine größere Menge an Gebrauchswerten bzw. die gleiche Gebrauchswertmenge mit weniger Aufwand zu beschaffen. Während eine Änderung der internationalen Werte der auszutauschenden Waren die Effekte nicht beeinflusst (II, III), ändern sich die Effekte im Maß der Änderung in der Differenz zwischen nationalem Aufwand der Exportware und nationalem Aufwand, der notwendig wäre, ersetzte man den Import durch eine Eigenproduktion (IV, V). Was geschieht, wenn der internationale Aufwand für die exportierten Waren nicht gleich dem internationalen Aufwand für die Importwaren ist, zeigen die Varianten VI und VII der Tabelle: Reicht der Exporterlös – der internationale Wert der Exportware – nicht, um die Importware zu bezahlen (VI), müssen entweder mehr Exportwaren erzeugt und verkauft werden, um die Gebrauchswertmenge importieren zu können, die früher in Eigenproduktion hergestellt wurde, oder die importierte Gebrauchswertmenge wird verringert. Der Wert der zu importierenden Waren entspricht auch jetzt in beiden Fällen dem Wert der exportierten Waren, in beiden Fällen erhöht sich aber der Wert je Gebrauchswerteinheit, weil dessen Zahl sich verringert, bzw. steigt der Beschaffungsaufwand. Ist umgekehrt der internationale Aufwand der Importware kleiner als der internationale Aufwand der Exportware (VII), werden entweder weniger Exportwaren benötigt, um die Gebrauchswertmenge an Importen beziehen zu können, die vormals in Eigenproduktion hergestellt wurde. Mit dem gleichen Aufwand für Exporte können jetzt mehr Waren importiert werden. In beiden Fällen sinkt der Wert je Gebrauchswerteinheit. Offenbar ist auch bei Wert-Preis-Identität die Rolle der Weltmarktpreise bzw. der internationalen Werte keineswegs belanglos und ohne Einfluss auf mögliche Vorteile des Außenhandels. Schließlich ist zu beachten, dass Werteffekte aus beiden Wertgefügen in Zusammenhang gesehen werden müssen. In Variante VIII werden negative nationale Aufwandsrelationen und positive internationale Aufwandsrelationen gegenübergestellt. Die positive Differenz zwischen dem internationalen Wert der Exportware und dem internationalen Wert der Importware ermöglicht es, mit weniger Exportwaren sich die benötigten Importe zu beschaffen. Mit der Verringerung des Aufwandes für die zu exportierenden Waren sinkt entsprechend der Aufwand für die Importe. Ungünstige nationale Aufwandsrelationen, die für sich betrachtet eine internationale Arbeitsteilung und den daraus resultierenden Tausch nicht rechtfertigten – der nationale Aufwand zur Produktion der Exportware ist größer als der nationale Aufwand zur Eigenproduktion der potentiellen Importware – können durch günstige Relationen zwischen den internationalen Werten dieser Waren gemildert, kompensiert oder wie in Variante VIII dargestellt, in positive Gesamteffekte verwandelt werden. Die positiven Austauscheffekte sind also Produktivitäts- oder Struktureffekte, die ohne Außenhandel nicht nutzbar gemacht werden können. Sie ergeben sich aus

- dem Verhältnis des nationalen Aufwands der Exportware zum Aufwand, der für die Eigenproduktion der durch Importe substituierbaren Ware zu erbringen ist,
- dem Verhältnis des internationalen Wertes der Exportware zum internationalen Wert der zu importierenden Ware und
- dem Verhältnis nationaler Wertdifferenzen zwischen Export- und Importware zu den internationalen Wertdifferenzen der gleichen Waren.

II. Geld

1.
Der Zusammenhang zwischen Wert und Geld

1.1.
Das Wesen des Geldes

Das allgemeine Äquivalent und die Wertmaßfunktion

Die Analyse des Arbeitswerts führt uns zum Wesen des Geldes: Die Werte aller Waren werden in einer einzigen Ware ausgedrückt. (MEW 23: 79) Der Wert tritt in Form des Geldes, einer Geldware, neben die Ware. (MEW 42: 63) Eine bestimmte Ware wird durch gesellschaftliche Gewohnheit aus der Warenwelt ausgeschlossen, um Geld zu sein. Geld verwächst »*mit der spezifischen Naturalform der Ware Gold*«. (MEW 23: 84) Der in Geld ausgedrückte Tauschwert ist der Preis. (MEW 42: 104) Als Erscheinungsform des Wertes kann er von diesem abweichen, ist ihm nur im Gleichgewicht adäquat. Das Geld ist die besondere, einzigartige Ware, die als Äquivalent für den Wert aller anderen Waren dient. Ihre erste Funktion, die seit einiger Zeit in den Lehrbüchern nicht mehr erwähnt wird, ist ihr wesensgleich: Sie besteht darin, Werte auszudrücken, sie zu messen. Backhaus versteigt sich zu der unsinnigen Behauptung, »keinem der Interpreten der Marxschen Werttheorie (sei) es bislang in den Sinn gekommen, das für Marx ›entscheidend Wichtige‹ dieser Theorie zu untersuchen. Denn was z. B. soll es heißen, etwas werde ›ideell ausgedrückt‹?« (Backhaus 2018: 16) Backhaus hätte nur lesen müssen: »Obgleich nur **vorgestelltes** Geld zur Funktion des Wertmaßes dient, hängt der Preis ganz vom reellen Geldmaterial ab.« (MEW 23: 111) »*Als Wertmaß dient das Geld dazu, die Werte der bunt verschiednen Waren in Preise zu verwandeln, in vorgestellte Goldquanta; als Maßstab der Preise misst es diese Goldquanta.*« (MEW 23: 113) In seiner Funktion als Maß der Werte dient das Geld als vorgestelltes, d. h. als ideelles Geld. Um die Werte der Waren in Geld auszudrücken, muss das Geld nicht körperlich anwesend sein. Backhaus hat nur eine unvollkommene Vorstellung über die Wertmessung und so auch über den Zusammenhang zwischen Wert und Geld. Er nennt es eine »treffliche Feststellung Gottls (…), dass in der Ökonomie niemand misst und nichts gemessen wird, weil wir die ökonomischen Dinge immer schon als gemessen vorfinden«. (Backhaus 2018: 332, 351) Gottl wie auch Backhaus entgeht, dass, »wird etwas als gemessen vorgefunden«, die Messung schon stattgefunden haben muss. Preise sind Resultate der Wertmessung durch das Geld.

1.2. Zwei Einwände

In der ökonomischen Literatur werden bezüglich des Zusammenhangs zwischen Wert und Geld zwei Einwände erhoben. Erstens: Die Beziehungen zwischen dem Geld und dem Wert werden abgelehnt; das Geld sei ein wertloses Medium. Zu dieser Auffassung müssen zwangsläufig jene gelangen, die die Arbeitswerttheorie für falsch oder für überflüssig halten, weil die Erscheinungen sich scheinbar von selbst erklärten. Wenn es keinen Arbeitswert gibt, kann er nicht Grundlage der Tauschrelationen sein. Das Geld kann nicht ausdrücken, was es nicht gibt. Ablehnung und Zurückweisung der Arbeitswerttheorie, prägend für die bürgerliche Ökonomie, beruhen zumeist auf einer Verwechslung von Gebrauchswert und Wert. Sie kommt in vielen Variationen vor. Auch unter marxistischen Ökonomen ist das auf dem Wert beruhende Geldverständnis umstritten. So teilt Szepanski die Meinung Heinrichs, dass »als Wertspiegel aller Waren keine Geldware notwendig« sei. Wie Georg Simmel glaubt er, »dass das Geld keinerlei Referenz auf eine Geldware bedarf« (Szepanski 2018: 18f), weil Papier- und Buchgeld, unabhängig von ihrer Beziehung zu einer Geldware, einen Funktionswert besäßen, ihre reibungslose Verwendbarkeit und Austauschbarkeit. Heinrich behauptet, in seiner Wertformanalyse unterstelle Marx, dass der Träger der Wertform – der Gegenstand, in der Waren ihre Werte ausdrücken –, selbst eine Ware ist, liefere aber kein Argument dafür, dass er eine Ware sein müsse. (Heinrich 2017: 233) Ebenso könnte er sagen, Karl May habe nur angenommen, dass Winnetou, der Häuptling der Apatschen, ein Indianer sei, oder wie Haug bemerkt, behaupten, Marx habe »bloß unterstellt, dass der Papst unbedingt ein Katholik sein müsse.« (Haug 2004: 867) Marx hält sich an die historischen Fakten: Gold und Silber waren das erste Geld, und sie sind zweifelsohne Waren, genauso wie es die vielen Geldvorläufer gewesen sind. (Müller 2015: 143-153) Und er liefert auch ein Argument dafür. Es sind messtheoretische Gründe, weshalb für Marx Geld letztlich Geldware sein muss. Messen bedeutet quantitativ zu vergleichen. Der Wert kann nur gemessen werden mit Dingen, die selbst Wert besitzen. Deshalb kann Geld nicht einfach ein wertloses Zeichen sein. Es muss Ware sein, weil nur eine Ware Wert besitzt. »Ebenso ist nur ein qualitativ als Wert und quantitativ als Wertgröße bestimmtes Warengeld durch verschiedene Formen von Repräsentativgeld zu ersetzen; denn wertlose Dinge oder gar bloße Buchungen können nur dann Geldfunktionen ausüben, wenn sie in einem qualitativ und quantitativ bestimmten Verhältnis zu dem stehen, was sie vertreten.« (Krüger 2012: 82; siehe auch MEW 25: 621) Wer die Arbeitswerttheorie ablehnt, aus welchen Gründen auch immer, der kann logischerweise auch kein werttheoretisches Geldverständnis aufbringen. Für ihn muss Geld etwas ganz und gar Oberflächliches bleiben: Alles, womit die Leute zahlen, ein Hilfs- und Schmiermittel des Tausches, ein Symbol des Vertrauens, ein Kommunikationsmittel, ein Nichts, aus Nichts geschöpft, ein abstraktes Zeichen, inhaltslos, körperlos, wertlos, anonyme Bestätigung für eine erbrachte oder zu erbringende Leistung, übertragbares Anspruchsdokument auf das Sozialprodukt. Das sind Aussagen, die allesamt nicht falsch sind und auf mehr oder weniger richtigen Beobachtungen beruhen, doch weit entfernt sind vom Verständnis des Wesens. Wer diese Erscheinungsformen obendrein »neues Geld« nennt, das »altes« (marxistisches) Denken verbiete, übersieht, dass keine von ihnen neu ist und sie Marx sehr wohl bekannt gewesen sind. Es hinderte ihn nicht daran, ausgehend von ihnen nach dem Wesen zu suchen. Nur so gelang es ihm, das Geldrätsel zu lösen, zu erklären was Geld ist und wie es entstand.

Ein zweiter Einwand läuft darauf hinaus, die Beziehungen zwischen Wert und Geld zu verkehren. Geld sei vor Ware und Wert da gewesen. Die Neue Marx-Lektüre behauptet, selbst Marx habe bei der Darstellung des Tauschwerts das Geld in Wahrheit vorausgesetzt, davon aber aus populistischen Gründen abstrahiert. (Bruschi et al. 2012: 28) Diese haltlose Unterstellung gehört zu den diversen Dogmen, mit denen sich eine als undogmatisch lobende Marxdeutung selbst diskreditiert. Man müsse »das Tauschparadigma als Mythos der Politischen Ökonomie entlarven und die Entstehungsgeschichte des Geldes komplexer auffassen und früher ansetzen, als die Ökonomen dies gewöhnlich tun«. (Busch 2012: 203) Die Entstehung des Geldes wurzele in der Psyche des Affenmenschen, entspringe der Natur des menschlichen Lebens. Damit ist die Vorstellung verbunden, dass Geld und Geldgebrauch älter sind als die arbeitsteilige Wirtschaft. Der Tausch hätte das fertige Geld als seine Voraussetzung vorgefunden. Menschen hätten sich bekannter Wertmaßstäbe und vorhandener Mittel bedient, um Werte aufzubewahren und zu übertragen. Sie hätten das Geld bereits genutzt, bevor sie begannen, Güter auszutauschen. Der Geldbegriff sei logisches Apriori aller wirtschaftlichen Begriffe. (Lederer 1931: 67) »Am (logischen) Anfang steht das Geld.« (Schumpeter 1965: 1350) Das moderne Wirtschaftsleben sei dessen Produkt. Unlogisch sei es, das Geld aus seinem angeblichen Produkt, der Warenproduktion abzuleiten. So wird Geld von der Warenproduktion abgekoppelt, indem es zu ihrer Voraussetzung gemacht wird, statt es als ihr Resultat zu erkennen.

1.3. Andere Geldbegriffe

Wer Geld als unabhängig vom Wert oder als eine dem Wert und damit der Warenproduktion vorgelagerte Kategorie versteht, muss einen anderen Geldbegriff als Marx haben. Geld kann kein allgemeines Äquivalent für den Wert der Waren sein, wenn es weder Wert noch Ware gibt. Was dann? Hier nur einige Erklärungen, die auch marxistische Ökonomen verwirrt haben:

Erstens: Geld sei am Anfang Hort- und Prunkgeld gewesen, Rang- und Statussymbole, benutzt, um Reichtum zu Schau zu stellen, die persönliche Einzigartigkeit zu dokumentieren und Macht zu demonstrieren. Der Aspekt hat für den Warentausch eine gewisse Bedeutung. Stichwort: demonstrativer Konsum. Aber Reichtum zu symbolisieren ist nicht die Aufgabe des Geldes, die primäre gewiss nicht, allenfalls eine Nebenwirkung, die für das Funktionieren der Warenproduktion von untergeordneter Bedeutung ist.

Zweitens: Einige Autoren verweisen auf vermeintlich religiöse Ursprünge des Geldes. Die Ökonomik stehe keinem Fachgebiet so nah wie der Theologie. Man könne das erkennen an den baulichen Ähnlichkeiten zwischen Tempeln, Börsen und Banken, architektonischer Beweis für die sakrale Herkunft des Geldes. Geld sind die Dinge, die Menschen Göttern opferten, um von ihnen Beistand zu erhoffen. Opferrituale sind älter als der Tausch. Identifiziert man Geld mit Opfer, dann ist auch das »Geld« älter als der Tausch. Wer Geld so definiert, kann es tun. Er kann auch die Blaumeise oder den Duft überlagerten Käses Geld nennen, wenn er glaubt, das diene der Verständigung, sei also zweckmäßig. Die Maus des Computers frisst auch keinen Speck. Keiner, der sich daran stört. Der Definitionslust sind keine Grenzen gesetzt. Wer will, kann das Lamm, das Steinzeitmenschen den Göttern opferten, Geld nennen. Die politökonomische Brisanz dieser Fragen ist gering. Es geht um die angemessene Begriffswahl, um die »Kunst, mit Begriffen zu operieren«. Was gewännen wir, würden wir das geopferte Lamm des Steinzeitmenschen Geld nennen? Hätte man Geld geopfert, dann müsste das Opfertier gemäß unserer Definition bereits allgemeines Äquivalent gewesen sein. Doch wo es keine Ware gibt, weil Produkte nicht produziert werden, um sie zu tauschen, sondern zu verbrauchen, gibt es keinen Wert. Und wo es keinen Wert gibt, bedarf es keines Äquivalents. Bevor die Menschen Waren tauschen, ist es schlichtweg überflüssig. Mit dem Geld der entwickelten Warenproduktion hat das »heilige«, das »Opfergeld« nichts zu tun. Die religiöse Verklärung des Geldes hilft uns nicht, die Warenproduktion zu verstehen, auch nicht, wenn man mit etwas Phantasie im Opfern einen Tausch sehen mag: ein Lamm wird Gott dargebracht in der Hoffnung, der Allmächtige revanchiere sich mit einer reichen Ernte oder schicke demnächst ein Mammut des Wegs. Ist die Gleichsetzung von Geld und Opfer zweckmäßig? Nehmen wir für einen Moment an, es sei so. Geld = Opfer der Menschen an Gott. Das Opfer schlechthin oder in einer spezifischen Form? Sklaven, Lämmer, Kälber oder Edelmetalle? Darauf müsste man sich zunächst einigen und dann prüfen, ob uns diese Definition bzw. Begriffsbestimmung des Geldes hilft, die Produktion und Zirkulation der Waren zu verstehen. Wer bringt in der Warenproduktion ein Opfer? Geld ist oberflächlich betrachtet das, womit Waren bezahlt werden. Geld kann hier gerade kein Opfer sein – ein Verzicht –, weil es die Gegenleistung für die gekaufte Ware ist. Und dient Geld der Wertaufbewahrung, wo ist da das Opfer? Der Konsumverzicht könnte gemeint sein. Allgemein: Das Opfer = ein Verzicht auf alternative Verwendungen des Geldes? Und wem wird ein Opfer gebracht? Rationale Wahlhandlungen könnte man im weitesten Sinne mit Opfern in Verbindung bringen. Aber wenn schon Verzicht, dann sollte man nicht übersehen, dass es bei vernünftiger Überlegung ein Verzicht auf die zweitbeste der erwogenen Möglichkeiten ist. Da Sparen nicht per se gleichgesetzt werden kann mit einem »sich etwas am Munde absparen«, was es partiell durchaus sein kann, kann auch die Aufbewahrung des Geldes kein Opfer sein. Die »Opfertheorie« des Geldes bringt keine Erkenntnisfortschritte.

Drittens: Geld sei nicht aus dem Tausch entstanden. Es sei eine Verrechnungseinheit, die dem Kredit entspringe. Lucas Zeise nennt einige Beispiele für sehr frühe Kredit-/Schuldverhältnisse – ein Stamm hilft einem anderen bei der Jagd; ein Bauer hilft mit Arbeitskräften einem anderen bei der Ernte oder leiht ihm Saatgut – überlässt es aber der Phantasie des Lesers, sich vorzustellen, wie sich daraus Geld, das allgemeine Äquivalent des Warentausches, entwickelt haben könnte. (Zeise 2019: 12-14) Realistischer erscheint es, davon auszugehen, dass eine Kreditwirtschaft erst entstehen kann, wenn es bereits einen geregelten Zahlungsverkehr gibt, der das Bedürfnis weckt, einfacher und risikoärmer zu zahlen, Zahlungsstockungen zu vermeiden. Vorher sind Kredite die Ausnahme und die Folge momentaner Zahlungsunfähigkeit. (Hildebrand 1922: 330) Andere sagen – das ist ein Unterschied! – Geld sei der Kredit. Das Kreditgeld wird mit dem Kredit gleichgesetzt und als »Kapitalgeld« bezeichnet. »Was in Form des Kreditgeldes zirkuliert, ist also der Kredit selbst« oder: »Kreditgeld (…) ist zirkulierender Kredit.« (Wagner, Mondelears 1986: 26, 31, 36) Typisches Merkmal sei seine Kreislaufbewegung. Kreditgeld gelange über die Gewährung der Kredite in den Umlauf, zirkuliere dort und werde durch die Zurückzahlung der Zirkulation wieder entzogen. Der Handel in den frühen städtischen Zivilisationen Chinas, Indiens und des Vorderen Orients von 3000 v. u. Z. bis 800 v. u. Z. habe auf Kreditvereinbarungen beruht, Geld sei nur eine Verrechnungseinheit gewesen. (Graeber 2012: 24) Die Entschlüsselung ägyptischer Hieroglyphen und mesopotamischer Keilschriften habe ergeben, dass Kreditsysteme (…) viele tausend Jahre älter waren als die Erfindung des Münzwesens. (ebenda: 45) Ich will das nicht bestreiten. Doch behaupten, Kredit sei vor dem Geld da gewesen, kann nur der, für den die Geschichte des Geldes erst mit der Münze beginnt. Aber bevor die Menschen begannen, die ersten Münzen zu prägen, hatte sich die Geldform des Werts längst herausgebildet. Der Tausch, der Handel ist älter. Kredit und Tausch kann man nicht gegenüberstellen. Der Kredit ist mit und aus dem Tausch entstanden, obgleich es auch Kredite außerhalb des Warenaustauschs gegeben hat. Die ersten Zeugnisse über Schulden und Überschuldung, die Anfänge des Kreditwesens also, sind rund 5.000 Jahre alt, so alt wie das Geld. Sie stammen aus der frühen babylonischen Zeit. Missernten, Naturkatastrophen oder Kriege trieben die Menschen zu den Tempelpriestern oder reichen Kaufleuten, um von ihnen Kredite zu erbitten. Sie wurden in Silber und Naturalien, z. B. Gerste, ausbezahlt und führten die Schuldner direkt in die Schuldknechtschaft. Die Zinssätze konnten bis zu fünfzig Prozent der Kreditsumme betragen. In Babylon lag der normale Zinssatz für ein Darlehen in Silber zwischen zehn und zwanzig Prozent, für ein Darlehen in Korn zwischen zwanzig und dreißig Prozent. Im Zuge der Entwicklung eines einfachen Zahlungs- und Kreditsystems wurde Getreidesaat an Bauern verliehen, welches erst nach der Ernte zuzüglich Zinsen zurückgegeben werden musste. Für das Verständnis des Tausches ist v. a. der Lieferantenkredit bedeutsam. Im Tausch könnte der Nachfragende zunächst nur einen Schuldschein ausgestellt und auf diese Weise versprochen haben, später zu übergeben, was der andere wünschte und wozu er selbst momentan nicht fähig war. Der Güteranbieter hätte erst einmal kein Gut erhalten. Er bekommt nur eine Forderung gegen den Nachfrager in die Hand, d. h. einen Anspruch auf ein Gut. Der Kredit hätte so geholfen, die doppelte Koinzidenz als Hemmnis des Güteraustauschs zu überwinden. Nach Erfindung der Schrift – auch etwa zu dieser Zeit, d. h. vor 5.000 Jahren – war dies sicher möglich. In Form des Wechselgeschäfts hatte diese Art des Tausches später im Mittelalter ihre Blütezeit. Nur – drei Einwände lassen sich erheben:

a) Schulden setzen in einer Geldwirtschaft das Geld voraus. Die Schuld ist dort das Versprechen zu zahlen, also Geld zu übergeben. Schuldscheine sind nicht das originelle Geld. Sie drücken Gläubiger-Schuldner-Verhältnisse aus. Sie sind Forderung auf Geld. Marx subsumiert das Kreditgeld unter die Geldsurrogate (Geldvertreter). Das Begriffsproblem: Geld als Schuld aufzufassen, ist unzweckmäßig, weil Geld und Kredit zwei unterschiedliche Kategorien sind und weil es darauf hinausliefe, jegliche Ware, mit der eine andere bezahlt wird, mit Geld gleichzusetzen. In Auseinandersetzung mit Darimon (1819-1902), der Geldumlauf und Kredit identifiziert, sagt Marx, dies ist ökonomisch falsch. (MEW 42: 59) Am Rande: Man könnte sich darauf einigen, jede Ware Geld zu nennen, mit der eine andere bezahlt wird. Dann wären alle Waren zugleich Geld. Was hätte das gebracht? Wir hätten den qualitativen Sprung begrifflich verfehlt. Es ist ja gerade der Unterschied, auf dem es ankommt. Wir könnten nicht erklären, wie und warum sich aus der Warenwelt eine Ware absondert, mit der die Werte aller Waren gemessen werden und die mit allen Waren tauschfähig ist. Für diese Ware, die wir Geld nennen, bräuchten wir einen neuen Begriff, würden wir alle Waren Geld nennen. Unter Kredit – abgeleitet vom lateinischen credere »glauben, vertrauen« und creditum »das auf Treu und Glauben Anvertraute« – versteht man die befristete Überlassung von Bargeld – Banknoten, Münzen –, Buchgeld oder vertretbaren Sachen vom Kreditgeber an einen Kreditnehmer, der sich zu einer späteren Rückzahlung und zu einer Gegenleistung in Form von Zinsen verpflichtet. Geld mit Kredit zu definieren ist eine zu weite Definition, weil Kredit mehr umfasst als zeitweilige Überlassungen von Geld. Zugleich handelt es sich um eine zu enge Auffassung, weil Geld keineswegs nur als Kredit auftritt. Weshalb ist das Geld, das ich ausgebe zum Erwerb von Konsumtionsmitteln, Kredit? Allgemein: Das Geld, das Waren zirkuliert? Warum sind die fünf Euro, die ich für das Pfund Erdbeeren zahle, ein Kredit? Ich bezahle mit ihnen eine gekaufte Ware. Warum ist der monatliche Geldlohn ein Kredit? Dann müsste er irgendwann an den Kapitalisten zurückgezahlt werden. Wenn hier von Kredit die Rede ist, dann doch eher umgekehrt: Jede Vorleistung bei gegenseitigen Verträgen ist ein Kredit, weil jemand im Vertrauen darauf vorleistet, dass die Gegenseite ihrerseits ihre vertraglichen Verpflichtungen erbringen wird. Genau betrachtet, wären die Erdbeeren der Kredit, wenn ich sie erst im nächsten Jahr bezahle oder zurückgebe. Das konstituierende Merkmal eines Kredits ist die Zeitdifferenz, die zwischen dem Tag der Leistung und dem der Gegenleistung auftritt. Dabei kann es sich auch um Kredite handeln, die in der Überlassung von vertretbaren Sachen bestehen, also um ein Sachdarlehen. Die einfachen Anfänge des Kreditwesens sind bereits um 3000 v. u. Z. in Mesopotamien zu finden. Wie oben schon erwähnt, wurde im Zuge der Entwicklung eines einfachen Zahlungs- und Kreditsystems Getreidesaat an Bauern verliehen, welche erst nach der Ernte zurückgegeben werden musste. Was hat das mit dem Geld zu tun?

b) der zweite Einwand: Schwer vorstellbar, dass ein individueller Schuldschein allgemein akzeptiert und damit zirkulationsfähig war. Noch Jahrhunderte später hatte der Wechsel zunächst enorme Schwierigkeiten, die Akzeptanzhürden zu nehmen. Es hat lange gedauert, bis er als Handelsgeld angenommen wurde.

c) der dritte Einwand: Die Geldgeschichte ist viel älter, auch wenn einige Autoren sie erst mit der Erfindung der Schrift oder noch später mit der Erfindung der Münze beginnen lassen. Und Kredite vorher, d. h. vor der Entstehung der Geldform? Sind sie vorstellbar? Kredite mit Geldvorläufern, z. B. mit Gerste, hat es gegeben. Sie sind aber nicht typisch und sie begründen nicht das Wesen des Geldes. Immerhin kann man akzeptieren, dass es auch im Tausch eine objektive Grundlage und die Notwendigkeit von Kreditbeziehungen von Anfang an gegeben haben muss, zu einer Zeit, da vom Geld und der Möglichkeit, Schulden schriftlich festzuhalten, noch keine Rede sein konnte. Aber schwer sich vorzustellen, dass der Tausch so begonnen haben könnte. Das Kreditrisiko wäre viel zu hoch gewesen. Woher sollte das Vertrauen, dass die

Gegenleistung in der Zukunft erbracht wird – die wichtigste Voraussetzung eines Kreditgeschäfts – kommen bei Partnern, die sich nicht kennen und die Handel trieben über weite Strecken? Der Güteranbieter wird sich nicht eingelassen haben auf ein Geschäft, bei dem die Gefahr hoch war, betrogen zu werden. Wie auch immer: Geld und Kredit gleichzusetzen, ist falsch. Kredit kann Naturalkredit sein. Bei Kompensationsgeschäften vereinbaren die Geschäftspartner, die Lieferung der Ware mit anderen Waren zu bezahlen. Beispiel Erdgasröhrengeschäft: In den 1970er Jahren lieferten westdeutsche Firmen Gasröhren an die Sowjetunion. Sie wurden bezahlt mit Erdgas, das seit Beginn der 1980er Jahre durch die 3.650 km Pipeline nach Deutschland strömt. Noch 1989, in ihrem letzten Jahr, bezog die DDR aus der UdSSR Erdöl, Erdgas und Walzstahl und bezahlte die Waren mit Textilmaschinen, polygraphischen Maschinen, Spritzgussautomaten, Konfektion, Trikotagen, Strumpf- und Miederwaren sowie Möbeln. Wäre der Kredit gleich Geld, dann hieße das, jegliche Vorleistung, aber auch alles, womit eine Gegenleistung erbracht wird, Geld zu nennen. So wird der Geldbegriff verwässert. Da war Marx weiter. Und der Geldkredit – Geld wird geliehen/verliehen –, setzt das Geld voraus. Ergo: Alles als Geld zu bezeichnen, das als Kredit anderen für eine Zeit überlassen wird, um zum Kreditgeber zurückzufließen, hilft nicht, die Bedeutung des Geldes als Element der Warenproduktion zu erhellen.

Außerdem: Guthaben und Kreditbestände können sich ändern, obwohl die umlaufende Geldmenge gleich bleibt. Mit einer bestimmten Geldmenge können unterschiedliche volkswirtschaftliche Werte realisiert werden. Ausschlaggebend dafür ist die Umlaufgeschwindigkeit des Geldes, genauer: die Häufigkeit, mit der gleichnamige Geldeinheiten in einer Periode zu Zahlungen genutzt werden. Wird eine Geldeinheit durchschnittlich zweimal für Zahlungen eingesetzt, bedarf es nur der Hälfte der Geldmenge, die bei einer einmaligen Verwendung der Geldeinheit erforderlich ist, um die Preissumme einer Warenmenge zu bezahlen. Ähnlich verhält es sich mit den Beziehungen zwischen der Geldmenge, den Forderungen und den Schulden. Eine bestimmte Geldmenge ist mit unterschiedlich hohen und sich verändernden Forderungen und Verbindlichkeiten vereinbar. Grund dafür ist, dass jede umlaufende Geldeinheit nicht nur mehrmals Waren kaufen, sondern ebenso mehrmals verliehen und zurückfließen kann. Durch Verleihen und Tilgen ändern sich stets nur die Guthaben und Schulden. Die Geldmenge ändert sich dadurch nicht.

Zusammenfassend: Geld ist das Zirkulations- und Zahlungsmittel, das Wirtschaftsakteure in ihren Kassen haben und mit denen sie Waren und Leistungen bezahlen. Es handelt sich dabei um das Bargeld – die Banknoten und Münzen – und das Giralgeld, die Guthaben auf den Girokonten der Banken. Kredit dagegen ist ein Schuldverhältnis. Es verpflichtet den Schuldner, einen vom Gläubiger erhaltenen Geldbetrag nach einer vereinbarten Zeit zurückzuzahlen. Die Nichtidentität von Geld und Kredit erkannt man auch daran, dass jemand Geld in der Kasse haben kann, ohne einen Kredit aufgenommen zu haben. Ihm ist Lohn gezahlt worden oder er hat Erlöse aus dem Verkauf von Gütern erzielt. Umgekehrt kann er Kreditnehmer sein, ohne Geld zu besitzen. Nämlich dann, wenn er mit dem Kredit Güterkäufe finanziert hat.

Viertens entspringe Geld nicht dem Tausch, sondern dem Eigentum. Das ist zunächst richtig. Denn oberflächlich betrachtet, ist das Geld zwar das Resultat des Tauschs. Es entstammt aber der Dialektik von Produktivkräften und Produktionsverhältnissen, hängt zusammen mit der Entstehung und Vertiefung der Arbeitsteilung, der Entstehung eines Mehrprodukts und des privaten Eigentums. Mehrprodukt, regelmäßiger Tausch, Warenproduktion und privates Eigentum an Produktionsmitteln bedingen sich gegenseitig und es überrascht, wie angesichts des Zusammengehörigen Heinsohn und Steiger einen Scheingegensatz konstruieren und behaupten können, nicht der Tausch, sondern das Eigentum sei die Grundlage des Geldes. (Heinsohn, Steiger 1996) Zur »Logik« der »Eigentumstheorie des Geldes«: Tauschen (verkaufen) setzt Eigentum voraus. Man kann nichts verkaufen, was einem nicht gehört. Insofern ist die Gegenüberstellung des Eigentums und des Tausches eigenartig. Ähnliches gilt für die Verpfändung des Eigentums. Aus ihr – der Belastung des Eigentums – leiten Heinsohn/Steiger die Entstehung des Geldes ab. Der Zusammenhang ist holprig: Eigentum woran? In Frage kommen das Sachvermögen und das Geldvermögen. Die angebliche Geldentstehung setzt zumindest partiell das Geld voraus. Bei Heinsohn/Steiger würde außerdem der Kreditgeber sein Eigentum dem Kreditnehmer als Pfand übergeben. (Zeise 2011: 42-48) Und das sei das Geld. Danach ist Geld ein Anspruch auf das Eigentum des Kreditgebers. Ich habe das bisher so verstanden, als würde der Kreditnehmer als Sicherheit sein Eigentum als Pfand übergeben.

Fünftens werden alte Auffassungen wiederentdeckt: Arbeitsgeld, Stundenzettel… Aus einer »allgemeinen Ware«, einem »allgemeinen Äquivalent« sei Geld zu einem Arbeitszertifikat mutiert, meint Heerke Hummel, zu einem abstrakten Zeichen von Arbeit, und zwar von so viel, wie im Durchschnitt gearbeitet werden muss, um eine Währungseinheit zu verdienen.[11] Marx hat ähnliche Auffassungen von Gray und Proudhon für eine kapitalistische Produktionsweise widersinnig und einen »seichten Utopismus« genannt, aber für den Fall, dass in einer nichtkapitalistischen Wirtschaftsordnung die in den Produkten enthaltene Arbeitszeit unmittelbar gesellschaftlich ist, nicht ausgeschlossen. (MEW 13: 66-69) Das Owensche »Arbeitsgeld« sei, so Marx, »ebensowenig ›Geld‹ wie etwa eine Theatermarke. Owen setzt unmittelbar vergesellschaftete Arbeit voraus, eine der Warenproduktion diametral entgegengesetzte Produktionsform«. (MEW 23: 109f, Fn 50) Heute hört man: Jedes Schnipsel könne Geld sein, es bedürfe nur der Voraussetzung, dass alle es vertrauensvoll als Geld betrachteten. Vertrauen könne jeden Gegenstand zu Geld machen, wenn eine Zentralbank diesen knapp halte. Denn:

Sechstens – so der Gipfel der »Erkenntnis« – sei Geld »Nichts«, und werde aus »Nichts« geschöpft. (Riese 1995: 45-62) Wer so etwas verkündet, scheint vor dem Geldrätsel zu kapitulieren und erfasst doch reale Vorgänge, die Giralgeldschöpfung der Banken. Nur weil sie ein reales Moment enthält, kann behauptet werden, die These vom Nichts böte »eine Erklärung für die Funktionsweise einer Geld- und Kreditwirtschaft«. (Busch 2017: 40) Als Beweis dient die Kreditgewährung über die vorhandenen Sparmittel hinaus, mit der Banken Kaufkraft schaffen, wie man schon bei Schumpeter nachlesen kann. (Schumpeter 1911/1997: 153) Marx wusste es selbstverständlich auch, ohne Protagonist der »Nichts aus Nichts-These« zu sein. Denn nichts ist nichts. Julius R. von Mayer, der Entdecker des Gesetzes von der Erhaltung der Energie widerspricht der frühchristlichen und dann von Augustinus vertretenen Lehre von der creatio ex nihilo, der Wertschöpfung aus dem Nichts. Er stimmt Melissos von Samos, Demokrit und Epikur zu, die sagen: »Causa aequat effectum« – die Ursache ist gleich der Wirkung –, »ex nihilo nihil fit« – aus nichts wird nichts – und »nihil fit ad nihilum« – nichts geschieht für nichts. (Friedländer/Mynona 2010: 23) Selbst die schwarzen Löcher haben Masse, besitzen Temperatur und geben Strahlung ab. Und das mit einem Federstrich geschaffene Giralgeld setzt Papiergeld und Münzen voraus. Es ist Forderung auf »letztes« Geld, das Gläubiger-Schuldner-Verhältnisse auflöst, egal ob und in welchem

11 Hummel, H. (2014), Nichts ist Nichts, auch nicht das Geld. Anmerkungen zu Ulrich Buschs Verständnis vom Geld, in: Das Blättchen, 17. Jg., Nummer 1 (das-blaettchen.de, 04.02.2020).

Umfang die Forderungen in Anspruch genommen werden, Giralgeld also in Bargeld umgewandelt wird. (Zur Kritik der »Nichtstheorie« des Geldes vgl. Müller 2019: 252-259)

2. Wertformen – die Entstehung des Geldes

2.1. Historisch versus logisch

Wir haben das Wesen des Geldes durch eine genetische Begriffsbestimmung gefunden. Bei einer »genetischen Definition« wird das Wesen eines Begriffs dadurch erfasst, dass auf die Herkunft des Gegenstandes verwiesen wird. »*Das entscheidend Wichtige aber war*«, so Marx, »*den inneren nothwendigen Zusammenhang zwischen Werthform, Werthsubstanz und Werthgröße zu entdecken, d. h. ideell ausgedrückt, zu beweisen, daß die Werthform aus dem Werthbegriff entspringt.*« (MEGA II.5: 43) Wer im »Kapital« nur ein allein logisch-systematisches Herangehen zu erkennen glaubt, der muss auch die Analyse der Wertformen als eine rein logische Gedankenkonstruktion abtun, als ein Hirngespinst, das ohne jegliche empirische Relevanz sei. »Es sei gar nicht einzusehen«, so Backhaus, dass die (…) logische Entwicklung des Geldes irgendetwas mit einem wirklichen Vorgang zu tun haben könnte, der sich zu irgendeiner Zeit wirklich zugetragen hat (…) Marx meidet (…) jede Berührung mit der Wirklichkeit«. (Backhaus 2018: 246f) Marx selbst sieht das allerdings anders: »Der Geldkristall ist ein notwendiges Produkt des Austauschprozesses, worin verschiedenartige Arbeitsprodukte einander tatsächlich gleichgesetzt und daher tatsächlich in Waren verwandelt werden. Die historische Ausweitung und Vertiefung des Austausches entwickelt den in der Warennatur schlummernden Gegensatz von Gebrauchswert und Wert. Das Bedürfnis, diesen Gegensatz für den Verkehr äußerlich darzustellen, treibt zu einer selbständigen Form des Warenwerts und ruht und rastet nicht, bis sie endgültig erzielt ist durch die Verdopplung der Ware in Ware und Geld. In demselben Maße daher, worin sich die Verwandlung der Arbeitsprodukte in Waren, vollzieht sich die Verwandlung von Ware in Geld.« (MEW 23: 101f) »Marxisten«, die die Wertformenanalyse missverstehen, ignorieren sie völlig bei der Erklärung des Geldes.

Sie bleiben meist stehen bei den durchaus lesenswerten ethnographischen Darstellungen Gerloffs (Gerloff 1940) oder kokettieren mit Laums heiligem Geld (Laum 1924). Marx sei es bei der Analyse der Wertform im Gegensatz zu seiner eigenen Aussage, so Heinrich, nur »auf den Zusammenhang von Form, Substanz und Größe des Werts und nicht etwa auf eine abstrakte Rekonstruktion der historischen Entwicklung der Wertformen« angekommen. (Heinrich 2016: 264) Heinrich wirft den »Traditionsmarxisten« vor, sie hätten mit der Wertformanalyse nichts anzufangen gewusst. Für sie seien mit der simplen Aussage, dass der Warenwert von der zur Produktion der Ware gesellschaftlich notwendigen Arbeit abhängt, die Probleme der Werttheorie bereits gelöst. (Heinrich 2018: 54) Auch dieser Seitenhieb auf die »Traditionsmarxisten« geht voll daneben. Der Vorwurf trifft jene, die die Wertformenanalyse nur für ein logisches Konstrukt halten oder sich gar einbilden, Marx beschreibe mit den Formen des Werts ein Nebeneinander im fertigen Kapitalismus. Am Beispiel des Autors Ingo Elbe weist Holger Wendt nach, dass sich die Neue Marx-Lektüre, um ihre Fehldeutungen plausibel erscheinen zu lassen, einer hochselektiven Zitierweise bedient, bei Marx Gelesenes in sein Gegenteil verdreht und dem Meister »fehlerhafte Popularisierungen« vorwirft. (Wendt o. J.: 45; Elbe 2008: 95) Dabei gibt es keinerlei Zweifel daran, dass Marx die Wertformanalyse historisch verstanden hat, ohne den logischen Zusammenhang zwischen Inhalt und Form geringzuschätzen. (z. B. MEGA II/8: 741f oder MEW 23: 102ff) »Dem Mythos, die Wertformanalyse hätte allein die bereits entwickelte kapitalistische Warenproduktion zum Gegenstand, widerspricht die Tatsache, dass Marx sie in allen veröffentlichten Fassungen ausdrücklich auf vorkapitalistische Verhältnisse bezieht.« (Wendt o. J.: 48) Das zeigen sechs seiner Texte zum Thema, die der Dietz Verlag in einem Bändchen zusammengefasst hat. Dessen editorische Bearbeiter Rolf Hecker und Ingo Stützle schreiben im Vorwort: Die in der Erstausgabe des »Kapitals« »analysierte Wertform ist also ein Kernergebnis von Marx' langjährigem Forschungsprozess. Er hatte um dessen Darstellung lange gerungen und wird sie auch in der Folgezeit verteidigen.« (Hecker, Stützle 2017: 11) Die Wertformenanalyse ist eine »Darstellung historisch nachweisbarer Wertausdrücke auf Märkten und der mit ihnen verbundenen Entwicklungstendenz, die nach Marx schließlich zur Herausbildung des Geldes geführt hat.« (Quaas 2016: 115) Damit würdigt Quaas »eine wissenschaftliche Leistung deutlich, die von der monetären Werttheorie komplett geleugnet wird: Marx' Erklärung der Entstehung des Geldes aus einem

Warentausch, der ohne das Geld abläuft«. Im Gegensatz zur Auffassung, dass es Marx in der Geldtheorie nicht gelungen sei, an den Ricardianischen Stand heranzukommen und dass sie eine »der theoretisch schwächsten Teile des Gesamtsystems« des Meisters sei (Fritsch 1968: XII), sagt Quaas, »Marx' Beitrag zur ökonomischen Theorie des Geldes geht (…) weit über die Erkenntnisse seiner Vorgänger aus der Periode der ökonomischen Klassik hinaus«. (Quaas 2016: 134) Die »Logiker« müssen sich fragen lassen, welche Struktur soll seziert werden, indem man Wertformen im fertigen Kapitalismus unterscheidet? Wo gibt es dort eine einfache, einzelne, zufällige Wertform, wo eine totale, entfaltete, wo sind die vielen Geldvorläufer? Ich verstehe eine solche, innerhalb der »Neuen Marx-Lektüre« verbreitete Deutung nicht. Im Kapitalismus ist das Geld bereits da. Seine Entwicklung ist vorausgesetzt. Wichtigste Aufgabe der Analyse der Wertform ist es, zu verfolgen, wie sich der Wert der Waren verselbstständigt und in einem geschichtlichen Prozess das Geld hervorbringt. Smith und Ricardo wiesen nach, dass das Geld selbst eine Ware ist, Wert hat, und daher Wertmaß aller anderen Waren sein kann. Die Schwierigkeit ist nicht, zu begreifen, dass Geld eine Ware ist. Sie besteht darin, zu erklären, warum eine Ware Geld wird. Marx hat das Problem gelöst. Im Gegensatz zu Heinrich und anderen Autoren der »Neuen Marx-Lektüre« haben ihn die »Traditionsmarxisten« verstanden. Marx leistete, »was von der bürgerlichen Ökonomie nicht einmal versucht ward, nämlich die Genesis dieser Geldform nachzuweisen, also die Entwicklung des im Wertverhältnis der Waren enthaltenen Wertausdrucks von seiner einfachsten unscheinbarsten Gestalt bis zur blendenden Geldform« zu verfolgen. Nur so verschwindet zugleich das »Geldrätsel«, wird das Wesen des Geldes sichtbar. (MEW 23: 62) Umso verwunderlicher, dass selbst Opponenten der »Neuen Marx-Lektüre« deren Positionen übernehmen. Sie sind beeindruckt von anthropologischen Deutungen des Problems. »So logisch und plausibel die Marxsche Wertformenanalyse ist, historisch ist sie kaum haltbar«. (Dunkhase 2016: 197) Auch Harvey meint, dass die »historische Beweiskraft (…) für die Entstehung der Geldware reichlich dürftig (sei). Geld- und warenähnliche Systeme, religiöse Ikonen, symbolische Zeichen und dergleichen gibt es schon seit langem (…). Angesichts der archäologischen und historischen Befunde würden heute wahrscheinlich viele feststellen, dass die Geldform überhaupt nicht auf die von Marx dargelegte Weise entstanden ist (…) Das historische Argument ist also schwach, das logische Argument ist stark«. (Harvey 2011: 44) Marx wollte zeigen, wie das Geld entstanden ist. Ohne Verknüpfung von begrifflicher und historischer Analyse ist das unmöglich. Aristoteles rät uns, um etwas zu verstehen, zurückzugehen zu dessen Ursprüngen. Marx unternimmt dies mit seiner Wertformenanalyse im ersten Kapitel des ersten Kapitalbandes und zeigt, dass sie keineswegs nur ein logisches Konstrukt ist, das, mit ein paar historischen Illustrationen garniert, allenfalls den Eindruck einer logisch-historischen Entwicklung erwecken soll. Marx interessiert sich zweifelsfrei für den historischen Prozess: »*In der Tat erscheint der Austauschprozess von Waren ursprünglich nicht im Schoß der naturwüchsigen Gemeinwesen, sondern da, wo sie aufhören, an ihren Grenzen, den wenigen Punkten, wo sie in Kontakt mit anderen Gemeinwesen treten. Hier beginnt der Tauschhandel und schlägt von da ins Innere des Gemeinwesens zurück, auf das er zersetzend wirkt (…) Die allmähliche Erweiterung des Tauschhandels, Vermehrung der Austausche und Vervielfältigung der in den Tauschhandel kommenden Waren, entwickelt daher die Ware als Tauschwert, drängt zur Geldbildung und wirkt damit auflösend auf den unmittelbaren Tauschhandel.*« (MEW 13: 36) Wie angesichts des eindeutig historischen Bezugs Heinrich behaupten kann, einfache und entfaltete Wertform seien »begriffliche Konstruktionen (…) aber keine vorkapitalistischen Gestalten eines geldlosen Tausches«, bleibt sein Geheimnis.

2.2. Einfach, einzeln, zufällig

Am Anfang steht die einfache, einzelne, zufällige Wertform, die abgelöst wird von der totalen, entfalteten, später von der allgemeinen Wertform. Schließlich mündet die Entwicklung in die Geldform des Wertes. Die Ursprünge des Geldes verlieren sich in den zufälligen, vereinzelten, vorsichtigen und primitiven Tauschgeschäften, die tief in die Urgeschichte zurückreichen. Die Stämme lebten unter unterschiedlichen geografischen Verhältnissen. Stark vereinfacht gedacht: Das Territorium des einen bestand aus saftigen Wiesen, auf denen Vieh weidete. Wo andere wohnten, befanden sich fischreiche Gewässer. Auf den Ländereien eines dritten gediehen schmackhafte Wildpflanzen. Andere besaßen Honig oder begehrte Rohstoffe, vielleicht Steine guter Qualität (Flint, Obsidian u. a.), aus denen sie Erdfarben (Mangan-, Eisenoxide u. a.) herstellten. Wieder andere gewannen seltenes pflanzliches Rohmaterial, fertigten Körbe und Matten, fanden in ihrem Gebiet Edelsteine, Elfenbein, Muschelschalen und andere Materialien, aus denen sie Schmuck fertigten. Manchmal gab es Überschüsse. Der Stamm konnte sie anderen anbieten, um Gegenstände zu erwerben, die er selbst nicht besaß. Das war noch sporadisch und zufällig. Man spricht deshalb von der einfachen, vereinzelten und zufälligen Wertform. Vielleicht tauschte man so:

1 Axt = 2 Lendenschürze

Allgemein: x Produkte A = y Produkte B

In dieser einfachen Wertform steckt das Geheimnis aller Wertformen, auch das der Geldform des Wertes. Wenn diese Tauschrelation längere Zeit galt, konnte sich der Eindruck festigen, dass eine Axt zwei Lendenschürze wert ist oder dass zwei Bekleidungsstücke so viel wert sind wie eine Axt. Der Wert der Axt wird relativ gemessen, in einer konkreten Menge eines anderen Gebrauchswertes. Dieser Gebrauchswert – hier der Lendenschurz – dient dazu, den Wert der Axt auszudrücken. Er nimmt auf dieser ersten Stufe der Entstehung des Geldes jenen Platz ein, der später durch das Geld besetzt wird. Dieser Gebrauchswert dient als Äquivalent. Man sagt deshalb auch, er stehe in Äquivalentform, während die Ware, deren Wert relativ mit seiner Hilfe ausgedrückt wird, in relativer Wertform steht. Eine Ware befindet sich nur in relativer Wertform, wenn sich eine andere in Äquivalentform befindet, und umgekehrt. Beide Waren haben diese Formen nur innerhalb, nicht außerhalb der Beziehung zueinander. Das in Äquivalentform stehende Produkt besitzt drei »Eigentümlichkeiten« oder Besonderheiten. In ihnen zeigen sich Wesensmerkmale des späteren Geldes in Keimform. Der Gebrauchswert der in Äquivalentform stehenden Ware – des Lendenschurzes – wird zur Form, in der sein Gegenteil, der Wert, die gesellschaftlich notwendige Arbeitszeit zur Herstellung der in relativer Wertform stehenden Ware – Axt – erscheint. Im Wertverhältnis gilt das sich in der Äquivalentform befindende Produkt als verkörperter Wert, als Wertkörper. Die konkrete Arbeit zur Herstellung des in Äquivalentform stehenden Produkts wird zur Erscheinungsform seines Gegenteils, der abstrakten Arbeit des in relativer Wertform stehenden Produkts. Die Arbeit zur Herstellung des in Äquivalentform stehenden Produkts gilt als abstrakte Arbeit. Die private Arbeit zur Herstellung des in Äquivalentform befindlichen Produkts wird zur Form, in der die gesellschaftliche Arbeit des in relativer Wertform stehenden Produkts erscheint. Sie bestätigt ihr, Teil der gesellschaftlichen Gesamtarbeit zu sein. Diese Eigentümlichkeiten begründen das Geheimnis des Geldes. Aristoteles spricht »*klar aus, dass die*

Geldform der Ware nur die weiter entwickelte Gestalt der einfachen Wertform, d. h. des Ausdrucks des Werts einer Ware in irgendeiner beliebigen andren Ware (ist)«. (MEW 23: 73) Erst wenn alle Waren ihre Werte in einer einzigen Ware ausdrücken, wird diese einzige Ware zum allgemeinen Äquivalent der anderen Waren und ist unmittelbar und jederzeit mit ihnen austauschbar. Falsch ist, zu glauben, die in der Äquivalentform stehende Ware sei dies von Natur aus. Hier liegt der Ursprung des Rätselhaften der Geldform. Die Äquivalentform der Ware ist, wie Marx an der ältesten Wertform zeigt, keine natürliche, sondern eine gesellschaftliche Eigenschaft. Die Ware, die sich in Äquivalentform befindet, gilt unmittelbar als Wert. Der Widerspruch zwischen der relativen Wertform und der Äquivalentform ist der äußere Ausdruck des in der Ware enthaltenen inneren Widerspruchs zwischen Gebrauchswert und Wert. Die historisch älteste Wertform widerspiegelt den unentwickelten Stand der Produktivkräfte innerhalb der urgemeinschaftlichen Produktionsweise. Arbeitsteilung und Produktivität sind gering ausgeprägt. Das Privateigentum an Produktionsmitteln entsteht, als sich die Urgesellschaft aufzulösen beginnt.

2.3. Total und entfaltet

Die Arbeitsteilung schritt voran, die Werkzeuge wurden verbessert, die Produktivität der Arbeit stieg. Es wurde üblich, mehr herzustellen, als man selbst benötigte. Das Mehrprodukt wurde zu einer dauerhaften Erscheinung. Familien- und persönliches Eigentum entstanden. Die Erweiterung des Warensortiments und die Vergrößerung der Produktionsmenge verliehen dem Handel mächtige Impulse. Eine Ware konnte nun ihren Wert mit Hilfe vieler Waren ausdrücken. Die zweite Stufe der Geldentwicklung wird als totale, entfaltete Wertform bezeichnet. Der relative Wertausdruck der Ware ist entfaltet, er kann in allen möglichen Gebrauchswerten ausgedrückt werden. Er ist noch »unfertig«.

Beispiel: 1 Axt = 2 Lendenschürze
oder = 3 Flugenten
oder = 2 kg Tee
oder = 5 Ballen Stroh
oder = x Ware A oder usw.

Die Darstellungsreihe ist nicht abgeschlossen. Es gibt ein buntes Mosaik verschiedenartiger Wertausdrücke.

2.4. Allgemein

Aber je größer das Angebot an Waren wurde, umso umständlicher, unangenehmer und hinderlicher musste der Naturaltausch werden. Aus der gewöhnlichen Warenwelt kristallisiert sich eine heraus, die eine besondere Stellung einzunehmen beginnt: als allgemeines Äquivalent Wertausdruck für alle anderen Waren zu sein und den Warenaustausch zu vermitteln. Der reale ökonomische Entwicklungsprozess lässt sich als die einfache Umkehrung der totalen oder entfalteten Wertform darstellen. Auf der dritten Stufe drücken alle Waren ihre Werte nur noch in einer besonderen Ware aus, z. B. in einer Axt. Aus der Umkehrung der totalen oder entfalteten Wertform ist so eine neue Qualität entstanden:

2 Lendenschürze
oder 3 Flugenten
oder 2 kg Tee = jeweils 1 Axt
oder 5 Ballen Stroh
oder x Ware A

In der einfachen und in der totalen, entfalteten Wertform standen sich jeweils nur zwei Waren oder Produkte gegenüber. Nach Marx war es das Privatgeschäft der einzelnen Ware, sich eine Wertform zu geben, um ihren Wert auszudrücken. (MEW 23: 80) Für das Verständnis des Geldes ist wichtig: Die Funktion des allgemeinen Äquivalents kann prinzipiell von jeder beliebigen Ware übernommen werden. Diese eine Ware benutzen jetzt alle Warenproduzenten als Wertausdruck für ihre Waren. Alle Waren erhalten einen einheitlichen, allgemeinen Wertausdruck. Das allgemeine Äquivalent ist gesellschaftlich anerkannt. »Die allgemeine Wertform entsteht (…) nur als gemeinsames Werk der Warenwelt. Eine Ware gewinnt nur allgemeinen Wertausdruck, weil gleichzeitig alle andren Waren ihren Wert in demselben Äquivalent ausdrücken, und jede neu auftretende Ware muss das nachmachen.« Drücken alle Waren ihren Wert in einer aus, die so zum allgemeinen Äquivalent wird, kommt es zur Trennung des gesellschaftlichen Gebrauchswerts vom naturalen oder zur Verdopplung der Gebrauchswerte. Neben den stofflichen, natürlichen Gebrauchswert tritt der gesellschaftliche, das Medium zu sein, in welchem die Ware und alle anderen ihren Wert ausdrücken. Die allgemeine Äquivalentware ist zur erschöpfenden Erscheinungsform der allgemeinen menschlichen Arbeit geworden. Händler können sie mit jeder Ware tauschen, jede Ware mit ihr bezahlen. Alle akzeptieren sie, obwohl ihr natürlicher Gebrauchswert für den Eintauschenden uninteressant ist. Denn es fällt leicht, sie später und woanders gegen jene Ware zu tauschen, die man will, um seine konsumtiven oder produktiven Bedürfnisse zu befriedigen. Jetzt sticht eine besondere Ware aus der Warenwelt hervor. Darin kommt der fortgeschrittene Stand der gesellschaftlichen Arbeitsteilung zum Ausdruck. Die einfache Warenproduktion hat sich etabliert. Die allgemeine Äquivalentware wird nicht wegen ihres natürlichen Gebrauchswerts begehrt. Prinzipiell könnte sie jede beliebige Ware sein. »*Die allgemeine Äquivalentform ist eine Form des Wertes überhaupt. Sie kann jeder Ware zukommen.*« (MEW 23: 83) Welche Ware in die Rolle des allgemeinen Äquivalents schlüpft, hängt von den besonderen Bedürfnissen und Lebensumständen des jeweiligen Volkes ab. Die Ware muss so beschaffen sein, dass sie jeder nutzen kann. Sie muss Wert besitzen, also nur durch Arbeit erlangt werden. Die Menschen müssen sie begehren. Nur dann können sie diese jederzeit gegen die Dinge tauschen, die sie brauchten oder haben wollten. »Wenn zwei Tauschpartner die Tauschrelation ihrer beiden Waren nicht mehr jeder für sich in der besonderen Ware des anderen bestimmen (...), sondern wenn jeder der beiden seine Ware auf eine gemeinsame dritte Ware bezieht, zu der beide auf Grund der Häufigkeit, mit der diese getauscht wird, die Tauschrelation zu seiner Ware bereits im Kopf fixiert hat, können beide durch diesen Bezug die Tauschrelation zueinander bestimmen. In diesem Falle dient diese dritte Ware als gemeinsames Äquivalent, (...) beziehen sich alle Tauschpartner bei ihren Einzeltauschen regelmäßig auf diese Ware, wird diese dritte Ware im Laufe der Zeit durch die Gewohnheit zum Wertspiegel für alle anderen Waren oder zum allgemeinen Äquivalent.« (Wagner, Mondelears 1986: 9) Die ethnografische Forschung hat den Nachweis erbracht, dass die Völker unterschiedlichste allgemeine Äquivalente nutzten, bevor die Geldform des Werts entstand. (Leverkus 1990: 30f; Lips 1951:) Es waren dies entweder die »*wichtigsten Eintauschartikel aus der Fremde, welche in der Tat naturwüchsige Erscheinungsformen des Tauschwerts der einheimischen Produkte sind*« oder der »*Gebrauchsgegenstand, welcher das Hauptelement des einheimischen veräußerlichen Besitztums bildet, wie z.B. das Vieh*«. (MEW 23: 103) Zu den wichtigsten allgemeinen Äquivalentwaren gehörten:

- Güter, die eine längere Zeit Nutzen abwerfen und sich zur Wertaufbewahrung eignen, wie Sklaven, Vieh oder Saatgut,
- Werkzeuge und Geräte von einheitlicher Beschaffenheit wie Pfeilspitzen, Angelhaken, Äxte, Sicheln, Nägel, Nadeln,

- Spekulative Güter, die einen Wertzuwachs versprechen, wie z. B. Jungvieh,
- Schmückende Güter, mit denen man Reichtum zur Schau stellen konnte wie bunte Federn, Kauri-Muscheln, Muschelschalen, Marmorringe, Totenschädel, Wampums, Glasperlen, Hunde- und Eberzähne, Schalen von Straußeneiern, Steine, vor allem Edel- und Halbedelsteine usw.,
- Rohstoffe, vor allem Metalle in einheitlichen, handlichen Barren oder als Armreifen und abgewogener Goldstaub, auch die Tierfelle des nordamerikanischen Pelzhandels, z. B. Biber- und Elchfelle, Gummi,
- Konsumgüter, v. a. Nahrungsmittel wie z. B. Getreidekörner, Tee, Datteln, Nüsse, Kakao- und Kaffeebohnen, Kokosnüsse, Salz, Zucker, Reis, Fische, Tabak, Whiskey, Kleidungsstücke.

2.5. Geldform

Das Bedürfnis nach einem einheitlichen, beständigen Zahlungsmittel bewirkte den Übergang von der allgemeinen Wertform zur Geldform des allgemeinen Äquivalents. Dies führte auf einer vierten Stufe zum Metallgeld. In Griechenland war Eisen, in Italien das Kupfer, bei den Malaien, reich gesegnet mit entsprechenden Vorkommen, Zinn das erste Geldmetall. Den bevorzugten Platz haben schließlich historisch die Edelmetalle erobert: das Gold und das Silber. »*Man sieht*«, schreibt Marx im Anhang der ersten Auflage des ersten Kapitalbandes, »*die (...) Geldform bietet an sich gar keine Schwierigkeit. Sobald einmal die allgemeine Äquivalentform durchschaut ist, macht es nicht das geringste Kopfzerbrechen zu begreifen, dass sich diese Äquivalentform an eine spezifische Warenart wie Gold festhaftet, umso weniger als die allgemeine Äquivalentware von Natur die gesellschaftliche Ausschließung einer bestimmten Warenart durch alle andren Waren bedingt. Es handelt sich nur noch darum, dass diese Ausschließung objektiv gesellschaftliche Konsistenz und allgemeine Gültigkeit gewinnt, daher weder abwechselnd verschiedne Waren tritt, noch eine bloße lokale Tragweite in nur besondern Kreisen der Warenwelt besitzt. Die Schwierigkeit im Begriff der Geldform beschränkt sich auf das Begreifen der allgemeinen Äquivalentform, also der allgemeinen Wertform überhaupt*«. (Hecker, Stützle 2017: 157f) Die »Neue Marx-Lektüre« glaubt dagegen, zwischen allgemeiner Wertform und Geldform befände sich ein Bruch in der Darstellung und Backhaus nennt das eine widersinnige »Pseudodialektik von Logischem und Historischem«, weil er den Zusammenhang zwischen allgemeiner Wertform und Geldform nicht begreift und daher nicht versteht, wie »die Eigenschaft der Waren, den Tauschwert aller andern Waren zu repräsentieren, auf eine spezielle Ware übertragen wird – das Geld«. (MEW 13: 476) Sein Fehler resultiert aus der Ignorierung des Historischen. Die Fähigkeit, den Wert der Waren auszudrücken, komme »ausschließlich dem Geld zu, nicht aber den Waren, und ist daher nicht erst auf jene dritte Ware zu übertragen«. (Backhaus 2018: 295) Backhaus übersieht die allgemeinen Äquivalentwaren, die als Geldvorläufer Funktionen des späteren Geldes wahrnahmen. Erst mit dem Moment, da die Funktion des allgemeinen Äquivalents auf eine besondere Ware übergeht, spricht Marx davon, dass Geld entstanden war. Aus der Fülle der Geldvorläufer erwiesen sich Gold und Silber am besten geeignet, die Geldrolle zu übernehmen. Schönheit, Glanz und Formbarkeit machten sie zu einem geeigneten und begehrten Werkstoff für Schmuck und sonstige Prunkgegenstände. Gold wird sich gegenüber dem Silber behaupten. Sobald es das Monopol des allgemeinen Äquivalents erobert hat, wird es zur Geldware und übt in seinen natürlichen Formen oder verarbeitet zu Schmuck die Funktionen des Geldes aus. Gold und Silber sind nicht von Natur aus Geld, aber Geld ist von Natur aus Gold und Silber. (MEW 23: 104)

Die besondere Eignung dazu resultiert erstens daraus, dass die Edelmetalle, vor allem das Gold, gegen Umwelteinflüsse widerstandsfähig sind und sich beliebig lange aufbewahren lassen. Gold und Silber sterben nicht und wandern nicht in die Bratpfannen wie Huhn, Schwein und Kalb; sie verderben nicht wie rohes Fleisch, Obst und Gemüse; sie welken nicht wie Tabak; werden nicht sauer wie Wein und schal wie Bier; werden nicht schmutzig, befleckt und zerreißen nicht wie Seide, Tuch und Pelz; sie rosten nicht wie Eisen. Widerstandsfähigkeit gegenüber Umwelteinflüssen und unbegrenzte Lagerfähigkeit ermöglichen es, den Aufwand für die Lagerung und den Transport des Goldes und des Silbers gering zu halten.

2 Lendenschürze
oder 3 Flugenten
oder 2 kg Tee = jeweils eine Viertelunze Gold
oder 5 Ballen Stroh
oder x Ware A

Und zweitens besitzen sie gegenüber allen Geldvorläufern den Vorteil, in allen ihren Teilen vollkommen gleichartig zu sein. Gleiche Mengen desselben Metalls besitzen die gleiche Wertgröße. Edelmetallgewicht und Wert verhalten sich direkt proportional zueinander. Edelmetalle lassen sich drittens in kleinste Teile zerlegen. Selbst dünnste Plättchen und Goldstaub haben ihren Wert. Die problemlose Teilbarkeit und die Möglichkeit, kleinste Metallstückchen wieder zu größeren Gewichtseinheiten zusammenfügen zu können, machen Gold und Silber zu einem idealen Maßstab der Preise. Wertverhältnisse können stabil ausgedrückt, selbst kleinste Werte gemessen, beliebig große Werte dargestellt werden. Da sie sehr wertvoll sind, benötigt man viertens nur eine kleine Menge von ihnen, um Waren zu kaufen. Hoher Wert schon in geringen Mengen ist vorteilhaft für den Tausch. Da das Metallgeld fünftens leicht transportiert werden kann, eignet es sich nicht nur für die Wertmaß- und Rechenfunktion, sondern auch sehr gut für die eines Tauschmittels.

Änderten wir die Gelddefinition, begriffen wir das Geld nicht als Ausdruck oder Äquivalent des Wertes in einer *einzigen* Ware, sondern als Wertausdruck schlechthin, dann könnten wir unterscheiden zwischen a) zufälligem, b) entfaltetem oder totalem, c) warenspezifischem und schließlich d) einheitlichem Geld. Zufälliges Geld stünde am Anfang der Wertformengenese, die dann mutieren würde zu einer Genese der Geldformen. Die Gestalt und Reichweite der Geldformen würden einem historischen Wandel unterliegen. Aber selbst bei einer derartigen Neudefinition wäre Geld die logische Folge des Werts, bliebe diesem nachgeordnet. Primär sind auch jetzt Ware, abstrakte Arbeit, Wert und nachgeordnet der Tauschwert. Von diesen Kategorien ist das Geld logisch abgeleitet. Es kann weder logisch noch historisch das Vorausgesetzte sein. »*Geld ist kein Ding, sondern eine bestimmte Form des Werts, unterstellt also wieder den Wert.*« (MEW 25: 870) Die monetäre Werttheorie ist falsch. Sie stellt den Zusammenhang zwischen Wert und Geld auf den Kopf.

2.6. Einwände kontra historischer Nachweis

Gegen die von Marx in der Wertformanalyse logisch und historisch begründete Geldwerdung werden neben dem bereits erwähnten Einwand – Geld sei älter als der Tausch – zwei weitere, damit zusammenhängende Argumente vorgebracht: Tauschakte vor dem Geld – einen »prämonetären« Tausch – habe es nirgendwo und zu keiner Zeit gegeben oder – einschränkend – ein solcher wäre nie quantitativ bedeutsam oder gar vorherrschend gewesen. Und wenn doch, dann ließe sich nicht nachweisen, dass sich eine Geldware aus dem großen Kreis der Äquivalentwaren abgesondert hätte. Für den Nichtökonomen Graeber ist die Smithsche Mär vom Tauschhandel »der große Gründungsmythos der Wirtschaftswissenschaften«, eine »Fantasievorstellung«, ein von Ökonomen ersonnenes »fernes Märchenland«. (Graeber 2012: 29, 31) Er zitiert aus dem »anthropologischen Standardwerk über Tauschhandel« von Caroline Humphrey von der Universität Cambridge: »Schlicht und einfach wurde nicht ein einziges Beispiel einer Tauschwirtschaft jemals beschrieben, ganz zu schweigen davon, dass daraus Geld entstand; nach allen verfügbaren ethnografischen Daten hat es das nicht gegeben.« (ebenda: 35) Nun, behaupten kann man viel. Muss man aber alles glauben? Graeber sagt, dass er den Tauschmythos für falsch hält, er bringt aber nicht den geringsten Beleg und erst recht keinen Beweis dafür, dass seine Auffassung richtig sein könnte. Umso erstaunlicher, dass sie selbst bei marxistischen Theoretikern auf fruchtbaren Boden gefallen ist, die wie er und andere die schier erdrückende Fülle an wirtschaftshistorischen Erkenntnissen ignorieren. Grundsätzlich muss man beachten, dass Systematisierungen, auch historische, stets in gewisser Weise willkürlich sind. Die Geschichte verläuft uneinheitlich, widersprüchlich, im Zickzack. Völker können stehen bleiben wie die australischen Aborigines, die das Stadium der Jäger und Sammler nie überwanden. Andere fielen zurück, verloren wie die Menschen auf Tasmanien, der isolierten Insel am Rande des Indischen Ozeans, im Laufe der Jahrtausende zivilisatorische Errungenschaften. Historiker nennen das Phänomen die tasmanische Regression. (Eberle 2013: 134-137) Natural- und geldwirtschaftliche Verhältnisse gab es oft nebeneinander, so auch verschiedene Formen des Geldes. Auch die Geldgeschichte ist kein linearer Vorgang. Wir unterscheiden ihre Epochen danach, was in ihnen prägend gewesen ist. Die Formen sind nicht in jedem Fall neu, erleben aber ihre Blütezeit in der jeweiligen Phase. So spielen z. B. Kredit- oder Buchgeld im Kapitalismus eine neue herausragende Rolle; sie sind aber viel älter. Das gilt für das Geld schlechthin. »*Obgleich das Geld sehr früh und allseitig eine Rolle spielt*«, schreibt Marx, »*so ist es im Altertum doch als herrschendes Element nur einseitig bestimmten Nationen, Handelsnationen, zugewiesen. Und selbst im gebildetsten Altertum, bei Griechen und Römern, erscheint seine völlige Entwicklung, die in der modernen bürgerlichen Gesellschaft vorausgesetzt ist, nur in der Periode ihrer Auflösung. (...) Zum Beispiel im römischen Reich, in seiner größten Entwicklung, blieb Naturalsteuer und Naturallieferung Grundlage. Das Geldwesen eigentlich nur vollständig dort entwickelt in der Armee.«* (MEW 13: 634) Das Widersprüchliche, das Neben- und Nacheinander der Formen und Stufen, die regional unterschiedlichen Geschwindigkeiten und Besonderheiten können verwirren: Die Geldgeschichte ist kein linearer Vorgang. Dass es wirtschaftshistorische, ethnographische bzw. ethnologische Belege für die praktisch-historische Relevanz der Wertformenanalyse gibt, habe ich an anderer Stelle ausführlich zu zeigen versucht. (Müller 2015: 95-187) Unter Wirtschaftshistorikern besteht kein Zweifel, dass es einen Tauschverkehr – v. a. einen Fernhandel – auf sehr frühen Stufen der Menschheit gegeben hat. Die Belege darüber können nicht einfach als »Fabeleien« aus der Frühzeit des prämonetären Tauschs abgetan werden. Erste Hinweise darauf, dass Menschen Handel trieben, reichen 50.000 bis 60.000 Jahre zurück, also bis weit vor die neolithische Revolution, mit der der Tausch zwischen den sesshaft werdenden ehemaligen Jägern und Sammlern eine regelmäßige Erscheinung zu werden begann. So gelang es dem Homo Sapiens, der in Ostafrika lebte, vor 45.000 Jahren irgendwie das offene Meer zu überqueren und bis nach Australien vorzudringen. Aus dieser Zeit stammen die ersten Hinweise auf Religion, Handel und gesellschaftliche Schichten. Nach der gängigsten Theorie entstanden damals in der indonesischen Inselwelt die ersten Seefahrernationen. Sie lernten, seetüchtige Schiffe zu bauen, und fuhren weit aufs offene Meer hinaus, um zu fischen, zu handeln und zu forschen. (Harari 2013: 33, 86) Bei der Ausgrabung von 30.000 Jahre alten Sapiens-Fundstätten in Zentraleuropa finden Archäologen immer wieder Muscheln von der Mittelmeer- oder der Atlantikküste. Diese Muscheln gelangten vermutlich durch den Handel zwischen verschiedenen Gruppen von Homo Sapiens ins Innere des Kontinents. (ebenda: 51) Ein anderes Beispiel aus dem Südpazifik: Die Sapiens-Gruppen, die auf der Insel Neuirland nördlich von Neuguinea lebten, benutzten das Vulkanglas Obsidian, um besonders harte und scharfe Werkzeuge herzustellen. Laboruntersuchungen haben gezeigt, dass das Vulkanglas von der vierhundert Kilometer entfernten Insel Neubritannien stammte. Einige Einwohner der Insel müssen also geschickte Seefahrer gewesen sein, die zwischen den Inseln Handel trieben. Das sind eindeutige Hinweise auf einen regen Handel zwischen einigen Inseln. (ebenda: 86) Ihre Lebensweise bringt Nomadenvölker »*beständig mit fremden Gemeinwesen in Kontakt*«, was zum Produktentausch anregt. (MEW 23: 103) Wenn auch nicht bestimmend für die Art des Zusammenlebens der Menschen – die ersten Tauschakte waren nach Marx einzeln und zufällig (!) – wurden Arbeitsteilung und Tausch nach und nach wichtiger und sollten die Entwicklung der Zivilisation prägen.

Von der allgemeinen Wertform zur Geldform ist es ein kleiner, zwingend logischer Schritt. Eine spezifische Warenart wird allgemeines Äquivalent für den Wert aller Waren. Es sind dies die Edelmetalle Gold und Silber. Der Durchbruch spielt sich zwischen 3000 und 2000 v. u. Z. in Vorderasien ab. Den Grund hatte ich genannt: Gold und Silber besitzen die für ein allgemeines Äquivalent nötigen Eigenschaften in der Summe in höherem Maße als alle anderen Waren. Ein zweiter Einwand gegen diese Auffassung: Es gebe »keine historischen Belege für die Existenz von Gemeinschaften, in denen sich über die Exklusion bestimmter Waren als Tauschmittel eine Geldware entwickelt hätte«. (Dunkhase 2016: 198) Solange aber die aus der wirtschaftshistorischen Forschung übernommenen Fakten und Zusammenhänge dem widersprechen und nicht wenigstens entkräftet worden sind, gibt es keinen Grund, die Analyse der Wertformen als »Hirngespinst«, als eine bloße Gedankenkonstruktion abzutun. Sie widerspiegelt das Wesen der Geldwerdung prinzipiell richtig. Vor rund 4.500 Jahren tauchte in Mesopotamien der Silberschekel auf. Der Schekel war keine Münze, sondern entsprach 8,33 Gramm Silber. Neben Getreide wurde immer häufiger Silber als Äquivalent genutzt. Als Zeugnis kann der schwarze Obelisk des Königs Manischtuschu (um 2330-2255 v. u. Z.) dienen. Der Text dieses Denkmals berichtet, dass der König von Akkad für etwa 150 Kilogramm Silber ungefähr 300 ha Land kaufte. (Sellnow 1977: 154) Nach anderen Angaben sollen es 3.430 Hektar Land gewesen sein, die der König für 7,5 Talente Silber (1 Talent = 30 kg) im nördlichen Babylonien kaufte. In der Zeit der III. Dynastie von Ur (2048-1940 v. u. Z.) wurde Silber das Hauptzirkulationsmittel unter den sumerischen Händlern. (Brentjes: 1981: 339) Für lange Zeit galt: Tötete ein Freigeborener eine Sklavin, so hatte er nach den Gesetzen des Hammurapi (1792-1750 v. u. Z.) dem Besitzer 20 Schekel zu zahlen, also 166 Gramm Silber, nicht 20 Münzen, die es noch nicht gab. (Harari 2013: 223) Über die Ägypter sagt Friedell in seiner Kulturgeschichte Ägyptens und des alten Orients: »(…) sie verwendeten als Zahlungsmittel Kupferbarren und Goldringe, die immer erst wieder gewogen und geprüft werden mussten wie jede andere Ware (…)«. (Friedell 1998: 190) Das Beispiel Ägyptens zeigt, dass kein Kredit, keine Schuld- und Schatzscheine, sondern Geldware den Tausch vermittelte. Die wirtschaftliche Blüte Ägyptens hielt länger als in irgendeinem anderen Land an. »Streng genommen erfolgte der Übergang von der allgemeinen Wertform zur Geldform erst, als Gold in einem bestimmten Territorium alle besonderen Äquivalente verdrängt und in dieser gesellschaftlichen Funktion eine Monopolstellung errungen hatte.« (Grünert 1981: 279) Am besten bekannt ist aus zahlreichen Tontafeln der altassyrische Metallhandel in Anatolien – jener Teil der heutigen Türkei, der zu Vorderasien gehört – um 1900 v. u. Z. Dort sei Gold erstmals als »Währung« aufgetreten, in die alle anderen Waren umgerechnet wurden. (Willsdorf 1981: 326) Im Chemnitzer archäologischen Museum können Besucher Bronze- und Goldspiralen bestaunen, die von 1200-1000 v. u. Z. stammen. Sie wurden im sächsischen Weinböhla – ein Ort bei Meißen – gefunden. Größe und Gewicht der Ringe widersprechen der Annahme, dass es sich um Schmuck gehandelt hat. Sie besaßen die Funktion von Barren oder Geldeinheiten und wurden über weite Strecken gehandelt. Das Museum zeigt außerdem Beile und Sicheln, gefunden in Wildenhain bei Meißen, die vermutlich auch als Geld- bzw. Werteinheit dienten. Bei der Geldform unterscheidet man drei Stufen: das vormünzliche Metallgeld in Form von Schmuck und Geräten, das vormünzliche Geld in Form von »Klumpen«- oder Barren und das gemünzte Metallgeld. Münzen aus Gold und Silber, römische und griechische breiteten sich rasch aus. Wie kann man da behaupten, nirgendwo hätten sich aus dem Kreis der Geldvorläufer die Edelmetalle als Geldware durchgesetzt? Betrachten wir es vom (vorläufigen) Ende her: Den Goldstandard besaßen Ende des 19. Jahrhunderts alle wichtigen Industriestaaten. Goldmünzen waren die Hauptform des Geldes. Doch nur wenige waren im Umlauf. Bei der Bezahlung der Waren wurden sie vertreten vor allem durch konvertible Banknoten, die jederzeit zum Nennwert gegen Gold eingelöst werden konnten und Kreditverhältnisse zwischen der Bank und ihren Kunden dokumentierten. Wo ein ausgedehntes Kreditwesen, »*so die Funktion des Geldes als Zahlungsmittel. Als solches erhält es eigne Existenzformen, worin es die Sphäre der großen Handelstransaktionen behaust, während die Gold- und Silbermünze zurückgedrängt wird.*« (MEW 23: 153f) John Fullarton, ein von Marx geschätzter Geldtheoretiker, berichtet, dass bereits Mitte des 19. Jahrhunderts in England neun Zehntel aller Geldgeschäfte bargeldlos abgewickelt wurden. Dass schlechtes Geld das gute aus der Zirkulation in den Schatz treibt, war seit langem bekannt. Thomas Gresham, der Finanzberater der britischen Krone, wusste es ebenso wie Kopernikus und weit früher der griechische Komödiendichter Aristophanes. Was oft übersehen wird: Just in dem Moment, da das Gold als Geld eintrat in die Zirkulation, begann seine Verdrängung aus ihr. Monetisierung und Demonetisierung[12] des Goldes gingen von Anfang Hand in Hand. Wertlose Ersatzgeldzeichen anstelle des Goldes erhöhten die Sicherheit und Rationalität der Zahlungen. Diese Erscheinungen, die heute von vielen als Beleg dafür gedeutet werden, dass Gold kein Geld mehr ist, sind sehr alt und sie waren ohne Abstriche Marx bestens bekannt: Wechsel, konvertible und inkonvertible Banknoten, Buchgeld, Papiergeld mit Annahmezwang. Die Buchgeldformen des digitalen Kapitalismus konnte er freilich nicht kennen. Neues entspringt Altem, und zwar so, wie es Marx beschreibt: Kreditgeld, Papiergeld und sich gegenseitig ausgleichende Zahlungen gehörten zum System, das man Goldstandard nannte. In diesem System bildeten die zentralen Goldvorräte die Hauptreserve der internationalen Zahlungsmittel. Die ungehinderte Ein- und Ausfuhr des Goldes half, die Preise zu sichern, förderte den Handel, trug dazu bei, Ungleichgewichte zwischen den Ländern zu begrenzen und Wirtschaftsabläufe zu koordinieren. In den Lehrbüchern funktionierte das freilich besser als in der Praxis, aber das hat der Goldstandard mit allen Modellen gemein. Dann kamen die Kriege des 20. Jahrhunderts. Um sie zu finanzieren, wurde der Goldstandard aufgegeben. Logisch. Doch das Gold wurde auch juristisch nicht völlig abgeschrieben. Der Gold-Dollar-Standard prägte das Weltwährungssystem bis Anfang der 1970er Jahre. Durchgesetzt hatte sich also das Gold, das lange Zeit sein Geldwarendasein mit dem Silber teilte. Nicht Kaurischnecken, nicht Ochsen! Semantische, philologische Aspekte unterstreichen gleichfalls den Zusammenhang des Geldes – der Geldform – zu seinen Vorläufern, den Äquivalenten der allgemeinen Wertform. Gustav Cassel berichtet, dass vom Atlantischen Ozean bis nach Zentralasien der Ochse Jahrtausende hindurch als Haupteinheit für die Preisrechnung benutzt worden war. Er übte vor allem die Wertmaßfunktion aus. Das lateinische Wort pecunia heißt Geld. Es stammt ab von pecus – dem Vieh. Daneben kamen auch Untereinheiten, wie z. B. das Schaf, vor. Vielleicht wurde auch der Sklave als eine höhere Einheit – vermutlich im Werte von drei Ochsen – benutzt. Schon sehr früh sind aber andere Güter, die Metalle, als allgemeine Tausch- oder Zahlungsmittel in Gebrauch gekommen. Auf den frühes-

12 Demonetisierung wird hier im engeren Sinn als eine Verdrängung der Geldware aus dem Umlauf verstanden. Damit hörte Gold längst noch nicht auf, Geld zu sein. In den anderen Geldfunktionen blieb es wirksam.

ten Stufen wurden die Metalle nach Maß geschätzt, in Stangen hergestellt und mit einer dem menschlichen Körper entnommenen Längeneinheit gemessen. Gold wurde in Form von Armringen als Schmuck, aber auch bei Bedarf als Zahlungsmittel benutzt, wobei die Form die Schätzung der Menge erleichterte. Gustav Cassel schreibt, es sei »eine sehr bemerkenswerte Tatsache, dass Gold immer in einer Einheit gemessen wurde, die dem Wert eines Ochsen entsprach. Diese Einheit hatte das Gewicht von ungefähr 130 grains[13] (= 8,45 g). Das römische Grain entsprach 0,065 Gramm. (Grierson 1976: 314) Auch vor der Erfindung des Wiegens wurde Gold wahrscheinlich in Stücken hergestellt, die den Wert des Ochsens darstellten. Das Gewichtssystem hat sich dann einfach dieser Tradition angeschlossen und die erste Gewichtseinheit wurde das Stück Gold, das seit alters her als die Goldeinheit betrachtet wurde und den Wert eines Ochsens vertrat (…) Es kann keinem Zweifel unterliegen, dass diese Goldmenge als Zahlungsmittel in der noch viel älteren Preisrechnung nach der Ochseneinheit gebraucht worden ist (…) Es ist unter solchen Verhältnissen natürlich, wenn die Goldmenge, die einen Ochsen vertrat, mit dem Namen »Ochse« bezeichnet wurde, und wenn dieser Name auch beibehalten wurde, nachdem die betreffende Goldmenge die Form einer Münze erhalten hatte. Das wesentliche der Entwicklung liegt also darin, dass eine bestimmte Goldmenge, die im Wert dem Ochsen gleich geschätzt wurde, allgemein als Zahlungsmittel mit bestimmter Zahlungskraft anerkannt wurde. Mit dem Hervortreten der Staatsmacht ist diese Zahlungskraft auch eine gesetzliche geworden. Unter diesen Veränderungen ist der Zusammenhang der Rechnungseinheit mit dem wirklichen Ochsen aufgelöst worden. Auch andere Metalle sind als Zahlungsmittel in Quantitäten, die den früheren Rechnungseinheiten angepasst waren, benutzt worden. So in Rom das Kupfer, von dem 100 as dem Wert des Ochsen, 10 as dem Wert des Schafes gleichgesetzt wurde«. (Cassel 1923: 343f) Die Urform des nord- und mittelitalienischen As, das aes grave, wog anfangs exakt ein römisches Pfund (libra) und damit etwa 327,45 Gramm. Diese Begriffe bzw. Gewichtsbezeichnungen belegen eindeutig den Zusammenhang zwischen dem Gold bzw. Metallgeld und seinen Vorläufern, hier dem »Viehgeld«.

Die währungspolitische Bedeutung des Goldes ist auch im 21. Jahrhundert offensichtlich. Es bietet die letzte Sicherheit und geht, wenn nichts mehr geht. Die Zentralbanken der Welt lagern 32.000 bis 35.000 Tonnen Gold, 640.000 bis

---

13 Grain = Gerstenkorn, Maßeinheit der Masse

700.000 Zentner (!) des begehrten Metalls, nicht um mit ihnen die Zahnlücken ihrer Angestellten zu stopfen, sondern um für Krisen gewappnet zu sein. Gold ist auch heute das Metall der Krise. Im Bretton-Woods-Weltwährungssystem tauschten die Zentralbanken 35 US-Dollar gegen eine Unze Feingold, im November 2019 betrug der Goldpreis fast 1500 US-Dollar, im August 2020 kostete die Unze mehr als 2.000 US-Dollar. Die Währungsreserven der USA bestehen zu 75 Prozent aus Gold. Wie, liebe Antigoldtheoretiker und Protagonisten des »Nichts aus Nichts«, könnt ihr das übersehen? Wo ihr doch immer wieder auf die neuen Erscheinungen rekurriert, die vom »alten Denken« nicht wahrgenommen würden. Sicher kann man die ungeheure Menge des Währungsgoldes als ein Überbleibsel, meinetwegen als ein groteskes, aus längst vergangenen Zeiten betrachten, nur erklärt das die Tatsache selbst mit keinem einzigen Wort.

3. Das Geldsystem

3.1. Arten und Struktur

Nachdem sich im 3. Jahrtausend v. u. Z. die Geldform des Wertes durchgesetzt hatte, begann die Geschichte des modernen Geldes. Neue Geldarten entstanden. Sie existierten nicht nur nacheinander, sondern zu fast allen Zeiten auch nebeneinander. Und die Übergänge zwischen ihnen sind fließend. So zirkulierten Edelmetallmünzen, einlösbare Banknoten und uneinlösbare Papierwährungen in Europa des beginnenden 20. Jahrhunderts gleichzeitig. In Deutschland gab es vor dem Ausbruch des Ersten Weltkrieges Gold-, Silber-, Nickel und Kupfermünzen, Reichsbanknoten, in geringerem Umfang Geldscheine der Notenbanken der Bundesländer und privater Notenbanken und Reichskassenscheine. (Helfferich 1923: 163f; Knapp 1921: 84f, 93) Zwischen ihnen, den Elementen des Geldsystems, gibt es geordnete Beziehungen. Man kann fünf Stufen eines pyramidenförmigen Systems der Geldarten unterscheiden: die Geldware Gold, Zentralbanknoten und Münzen, diverse Kreditgeldarten wie konventionelles Digitalgeld in Form des Giralgeldes und neue Formen des Digitalgeldes – Kryptogeld –, geldnahe Forderungen und verschiedene Hilfsmittel des Zahlungsverkehrs wie Geld- und Kreditkarten.

An der Spitze der Hierarchie steht – gemessen an der gesellschaftlichen Wertigkeit, die im umgekehrten Verhältnis steht zur Häufigkeit, mit der sie als Zirkulationsmittel benutzt wird – die Geldware Gold. Sie dient als letzte und absolute Sicherheit, weil sie im Gegensatz zum Kreditgeld keine Forderung ist. Sie ist noch da, wenn das Vertrauen in ihre Zirkulationsvertreter irgendwann aus irgendwelchen Gründen erlöschen sollte. Stephan Krüger weist mit Recht darauf hin, dass dies alles andere als ein wünschenswerter Zustand ist. (siehe S. 124) Für den »Fall der Fälle« wird sie in nahezu unveränderlichen physischen Mengen von den Zentralbanken sorgsam gehütet. Gegenüber dem inflationierenden Papiergeld besitzt sie den Vorteil, wertbeständig zu sein.

Das Zentralbankbargeld – die Noten und Münzen – hat den Charakter des Papiergeldes mit Annahmezwang angenommen und kann wie die Geldware als »letztes« Geld Gläubiger-Schuldner- Verhältnisse auflösen, wird aber dieser aufgrund seiner eigenen Wertlosigkeit vorgezogen.[14]

Eine Vielzahl verschiedenartiger Forderungsarten, d. h. Kreditgeld, drückt Gläubiger-Schuldner-Verhältnisse aus und nimmt die Zirkulationsmittelfunktion des Geldes wahr. Besonders gilt das für das Buchgeld in seinen konventionellen und neuen Formen. Unterstützt wird das Kreditgeld durch Geld-, Scheck- und Kreditkarten. Elektronisches, digitales Geld symbolisiert den Höchststand des wissenschaftlich-technischen Fortschritts im Zahlungs- und Verrechnungsverkehr. Kreditgeld fordert heute »letztes« Geld nicht in Gestalt der Geldware, sondern in Form des Papiergeldes. Ob das letzte als »Scheingold« (Marx) Geldware repräsentiert und welche Geldware gemeint ist, bleibt umstritten. Aus der Sicht der täglich am häufigsten zu erfüllenden Funktion des Geldes, die Warenzirkulation zu vermitteln, werden die Kreditgeldarten dem Betrachter am nachhaltigsten bewusst. Insofern ist es verständlich, im Kreditgeld die dominierende Form des Geldes im gegenwärtigen Kapitalismus zu sehen. Man muss aber beachten, dass die Anwendungshäufigkeit in der Zirkulation im umgekehrten Verhältnis zur gesellschaftlichen Wertigkeit des Geldes steht. So war es in der Geschichte des Geldes immer.

14 Inkonvertible Zentralbanknoten sind nach Stephan Krüger eine Geldform sui generis, ein Hybridgeld, das sowohl Merkmale des Kreditgelds als auch solche des Staatspapiergelds aufweise, für andere sei es nach wie vor Kreditgeld wie es konvertible Noten gewesen sind. Letztlich hängt die Bewertung davon ab, wie man das Kreditgeld definiert. (vgl. Müller 2019: 249-252; Müller, Quaas 2020: 141-150)

Der moderne Kapitalismus besitzt ein neues Geldsystem, aber kein qualitativ neues Geld. Es ist hervorgegangen aus Wandlungen des alten Systems. Ursachen für Veränderungen sind die starken Bedürfnisse nach Rationalität, Sicherheit und Profitabilität und die neuen technischen Fortschritte. Die ökonomischen Gesetze haben die Beziehungen zwischen der Geldware und ihren Surrogaten modifiziert. Die »Neuordnung« dieser Beziehungen geht einher mit dem Rückzug des Goldes aus der Zirkulation, der Emission neuer Arten des Kreditgeldes und der Verwandlung der Zentralbanknoten in inkonvertibles Staatspapiergeld. Die Veränderungen im staatsmonopolistischen Geldsystem resultieren aus Zwängen, die aus der neuen ökonomischen Realität hervorgehen. Monopolistisch erzwungene Preissteigerungen, die Staatsverschuldung, steigender »Bedarf« an ökonomischer Rationalität, die Überwindung des partiellen und relativen Mangels an Geld und Geldkapital bei gleichzeitiger allgemeiner Überliquidität sind ausschlaggebend für die Veränderungen im Geldsystem gewesen. Das Geldsystem passt sich dem wachsenden Vergesellschaftungsgrad der Produktion an.

3.2. Inflation und Repräsentation

Der Begriff Inflation kommt aus dem Lateinischen »inflare« und bedeutet das Sich-Aufblasen, blähen. In der bürgerlichen Volkswirtschaftslehre versteht man darunter ein Anschwellen der Geldmenge und eine allgemeine Erhöhung der Güterpreise. Sie ist gleichbedeutend damit, dass die Kaufkraft der Geldeinheiten sinkt. Steigt die Geldmenge, nicht aber die Preise, spricht man von einer »zurückgestauten« Inflation. Im üblichen Sprachgebrauch verbindet sich der Begriff Inflation mit der Erhöhung des Preisniveaus, landläufig spricht man manchmal bereits von einer Inflation, wenn einzelne Preise steigen. Die bürgerliche politische Ökonomie fasst, so differenziert ihre Versuche zur Deutung des Phänomens auch sein mögen[15],

15 Nach ihren vermeintlichen Ursachen werden unterschieden Varianten einer Nachfrageinflation und einer Angebotsinflation unterschieden. Nach der Stärke der Preissteigerung differenziert man zwischen schleichender, trabender, galoppierender Inflation, nach ihrer Dauer zwischen temporärer, permanenter, nach ordnungspolitischen Aspekten zwischen offener und zurückgestauter, nach geographischer Herkunft zwischen importierter und hausgemachter Inflation – der Inflationsbegriff inflationiert.

Preiswachstum und Inflation als Synonyme auf. Sie reduziert die Inflation auf ein Angebot-Nachfrage-Problem oder betrachtet diese als Aufblähung der Geldmenge. Auch wenn die Inflation sich i. d. R. in einem Preisanstieg äußert, ist es falsch, jene mit diesem zu identifizieren. Die Inflation ist ein Phänomen der Papiergeldwährungen. Sie entspricht einer Änderung des Repräsentationsverhältnisses zwischen dem Papiergeld und der Geldware, die zirkulieren müsste, wenn es ihre Vertreter nicht gäbe. Die im Resultat von Münzverschlechterungen auftretenden Preissteigerungen können als Vorläufer inflationärer Erscheinungen betrachtet werden. Die minderwertigen »Inflationsmünzen« wurden im Unterschied zum Gold und Silber für die Schatzbildung unbrauchbar. Sie verblieben, wie es das Greshamsche Gesetz besagt, im Umlauf und führten zu Preissteigerungen. Die Münzen drücken nicht mehr die Menge Metallware aus, die zirkuliert. Marxistische Ökonomen verstehen unter Inflation eine Geldentwertung. Papiergeld aber ist wertlos. Wie kann Wert verlieren, was keinen Wert besitzt? Inflation ist weder eine Preiserhöhung – obgleich sie sich darin zeigen mag – noch eine Geldentwertung. Was dann? An Abb. 2 wird erläutert, weshalb weder der Begriff Geldentwertung noch die Verringerung der Repräsentation von Wert durch wertlose Geldzeichen dem inflationären Zustand gerecht werden. Das Modell hat zunächst nur theoretischen Wert: Es soll helfen, das gängige Inflationsverständnis zu präzisieren. Unterstellt wird dabei eine Menge der Geldware Gold, die entsprechend den im Umlauf befindlichen Warenwerten unter Abstraktion von ihrer Umlaufgeschwindigkeit zirkulieren müsste, ließe sie sich nicht durch Geldzeichen repräsentieren. Mit dem in den Tresoren der Zentralbanken als Währungsreserve deponierten Gold hat dies nichts zu tun. Die Überlegungen zeigen auch, dass die Goldwerte keinen Einfluss auf die Preise haben können, wenn die Preise in Papierwährungen ausgedrückt werden. Das ist auch empirisch belegt. (siehe Krüger 2012: 367ff) Was sich ändert ist das Verhältnis, in dem die Geldvertreter zur gedachten Geldware stehen, ohne dass das Repräsentationsverhältnis selbst in Frage gestellt wird. Kostete ein Auto Anfang der 1970er Jahre angenommen 6.000 Dollar, so wäre beim damaligen Goldpreis von 100 $ je Unze Feingold der Preis des Autos etwa 1,8 kg Gold gewesen. Der Goldpreis eines Autos, das im Jahre 2020 30.000 $ kostet, wäre knapp 0,5 kg Gold gewesen. Während sich der Preis des PKW in Dollar verfünffacht hat, ist er, in Gold ausgedrückt, auf fast ein Viertel gesunken – auf 27 Prozent.

Abb. 2: Beziehungen zwischen Wertrepräsentation, Preisen und Preismaßstab

	G_s	G_m	G_w	W_m	W_w	P	W_r	M_r
I a	100	100	10	100	10	1	0,1	1
I b	100	100	5	100	5	1	0,05	1
I c	100	100	20	100	20	1	0,2	1
I d	200	200	10	100	10	2	0,05	1
II a	200	100	10	100	10	2	0,05	0,5
II b	200	100	5	100	5	2	0,025	0,5
II c	200	100	20	100	20	2	0,1	0,5
II d	200	100	40	100	40	2	0,2	0,5
III a	100	50	10	100	10	1	0,1	0,5
III b	100	50	5	100	5	1	0,05	0,5
III c	100	200	10	100	10	1	0,1	2
III d	50	50	5	100	5	0,5	0,1	1
III e	200	100	10	200	10	1	0,05	0,5

Es bedeuten:

G_s 1-Dollar-Papierzettel (Stück)
G_m Goldmenge, die entsprechend Geldumlaufgesetz zirkulieren würde (Gramm)
G_w Goldwert (gesellschaftlich notwendige Arbeitsstunden)
W_m Warenmenge (z. B. in Stück)
W_w Warenwert (gesellschaftlich notwendige Arbeitsstunden)
P Preis für eine Ware in Dollar
W_r Wertrepräsentation (gesellschaftlich notwendige Arbeitsstunden je Dollar)
M_r Mengenrepräsentation (Goldmenge je Dollar in Gramm = Preismaßstab, Goldgehalt der Währungseinheit Dollar)

Erläuterung: Gleichmäßige Änderungen des Wertes der Geldware und der »gewöhnlichen« Waren führen zwar zu einer Veränderung der Wertrepräsentation W_r, ohne dass sich aber die Menge der zirkulierenden Geldware G_m ändert (I b, I c). Es gibt keinen Grund zur Annahme, dass sich das Repräsentationsverhältnis zwischen der Geldwarenmenge und der Geldzeichenmenge (M_r) ändert. Die vorstellbare Ursache – veränderte Werte – würde ohnehin nicht unmittelbar sichtbar. Das Gegenteil wäre nur plausibel, wenn Geldzeichen direkt Warenwert repräsentieren könnten. Dann wäre die Geldware überflüssig. Der

Zusammenhang gilt auch, wenn durch Steigerungen der Arbeitsproduktivität bei der Geldwarenherstellung – oder größeren Produktivitätssteigerungen dort im Vergleich zu solchen bei der Herstellung »gewöhnlicher« Waren – die zirkulierende Geldwarenmenge steigen muss (I d). Auch das ist kein zwingender Grund, das quantitative Verhältnis zwischen Geldzeichenmenge und Geldwarenmenge zu ändern. Eine Konstanz des Preismaßstabs durch entsprechendes Wachstum der Geldzeichenmenge ist legitim; nötig ist sie nicht. Es stiege zwar das Preisniveau, die Wertrepräsentation würde kleiner, von Inflation aber ließe sich nicht sprechen, weil die Preissteigerung in diesem Fall nur wertbedingte Veränderungen im Verhältnis zwischen der Geldware und der gewöhnlichen Ware widerspiegelt. Wäre es anders, müsste man die Inflation auch bei direkter Geldwarenzirkulation für möglich halten und die Identifikation von Inflation und Preissteigerung akzeptieren. Eine Geldzeicheneinheit verkörpert nach wie vor die gleiche Geldwarenmenge (M_r=1). Trotz Preissteigerung (von 1 auf 2) gibt es keine Inflation. Kommt es zur Aufblähung der Papierzettelmenge, die nicht auf eine wertbedingte Erhöhung der Geldwarenmenge zurückgeführt werden kann, also zur »Überfüllung der Zirkulationskanäle mit Geldzeichen« (MEW 23: 142), verändert sich die Mengenrepräsentation M_r (Preismaßstab, Goldgehalt). Das Preisniveau steigt. Jetzt ist ein inflationärer Zustand vorhanden und zwar unabhängig davon, ob und in welche Richtung sich die Wertrepräsentation W_r verändert oder ob diese konstant bleibt (II a – II d). Merkmale der Inflation sind die Verringerung der Mengenrepräsentation und der Anstieg des Preisniveaus, nicht aber die Verkleinerung der Wertrepräsentation. Letzte kann, muss aber nicht die Inflation begleiten. Es wird klar, worauf sich die »Überfüllung der Zirkulationskanäle mit Geldzeichen« bezieht, zumal der Begriff »Überfüllung« Verwunderung auslöst, weiß man, dass die Zirkulationskanäle theoretisch ein unbegrenztes Volumen wertloser Geldzeichen aufnehmen können. Wenn auch aus vielen Gründen nicht erwünscht, ist das bei fehlender Konvertibilität möglich, weil die Menge Geldware repräsentierender Geldsymbole nicht durch Eigenwert bestimmt sind. »Überfüllung« kann sich nicht auf die Beziehung der Geldzeichen zum Wertvolumen beziehen. Wie groß auch die Geldzeichenmenge sein mag, sie symbolisiert stets das gegebene Wertquantum. In Bezug auf das Wertquantum kann es kein Zuviel und kein Zuwenig an Geldzeichen geben. Geldzeichenüberschuss kann es auch nicht in Bezug auf die Preise geben. Preise sind Geldausdruck der Werte, damit das Ergebnis der Anwendung von Geldzeichen oder besser Geldnamen, die für die Bildung der Geldausdrücke benötigt werden. Eine Ausdehnung der zirkulierenden Geldmenge über die benötigte Geldmenge hinaus ist unmöglich. Die Inflation kann keine Verletzung des Geldumlaufgesetzes sein. »Überfüllung« der Zirkulationskanäle mit Geld kann sich nur auf den bisher existierenden Preismaßstab beziehen. In Bezug auf diesen existiert ein temporärer Geldüberhang. Er ist die Vorstufe der Inflation, nicht deren Ursache. Zur Inflation kommt es, wenn der Geldüberhang abgebaut wird, indem der Preismaßstab oder, was dasselbe ist, die Mengenrepräsentation verkleinert wird.

Ist der inflationäre Prozess mit einer Konstanz der Preise vereinbar? Steigt der Wert des Goldes z. B. durch ungünstigere Abbaubedingungen, während der Wert der Warenmenge und das Papierzettelquantum konstant bleiben, verringert sich die Mengenrepräsentation, weil die Menge der theoretisch mit Notwendigkeit zirkulierenden Goldmenge sinkt. Wertrepräsentation und Preisniveau blieben unverändert (III a). Wie im Fall I d die Geldzeichenmenge steigen muss, um einen deflationären Zustand zu verhindern, müsste sie jetzt sinken, um Inflation auszuschließen. Bleiben der Wert des Goldes und die Papierzettelmenge konstant, während der Wert der Warenmenge sinkt, wird zwar das Papierpreisniveau nicht beeinflusst, Wert- und Mengenrepräsentation verringern sich aber (III b). Wenn Inflation eine Verringerung der Menge an Geldware ist, die von einem Papierzeichen repräsentiert wird, dann existiert in beiden Fällen (III a, III b) Inflation, obwohl die Preise sich gar nicht ändern. Ist die Inflation mit Preiskonstanz vereinbar, dann muss es auch ihr Gegenteil, die Deflation, sein (III c), ein Zusammenhang, der hier nicht interessiert.

Handelt es sich bei den Varianten III a und III b nur um modelltheoretische Fiktionen ohne jegliche praktische Bedeutung? Die Annahme, dass der Wert der Geldware Gold langsamer sinkt als der Wert der gewöhnlichen Ware – darauf laufen beiden Konstruktionen hinaus – ist nicht ohne Praxisrelevanz. Für die zweite Hälfte des 19. und des 20. Jahrhunderts ist dies empirisch belegt. Dazwischen kommt es zu technischen Neuerungen bei der Goldgewinnung wie das Trennverfahren u. a., welche die umgekehrte Entwicklung ermöglichten. Dass trotz des sinkenden Wertes der Ware oder steigenden Werts der Geldware der Preis im Modell nicht verändert wird, ist keine Unterstellung, die praktische Gegebenheiten ignoriert. Sie scheint im Gegenteil symptomatisch zu sein: Produktivitätserhöhungen, Wertsenkungen bei Nichtgeldwaren führen nicht zu sinkenden Preisen. Mit analogen Wertveränderungen der Geldware kann man das nicht begründen. Das Staatsmonopol lässt eine Reduzierung der Geldzeichenmenge nicht zu, die durch einen Anstieg der Produktivität möglich wird. Das wäre mit Preisrückgängen verbunden (III d). Auch in diesem Fall liegt eine »Überfüllung« der Zirkulationskanäle mit Geld vor, obwohl sich die Geldzeichenmenge nicht geändert hat, sondern nur die wertbedingten Proportionen zwischen der Waren- und der Geldwarenmenge. Das Argument ist nicht überzeugend, dass sich die zirkulierenden Geldzeichen vermehren müssten und nicht überflüssig werden könnten, weil sich das Warenvolumen infolge Produktivitätssteigerungen erhöht habe. Auch hier könnte, würde die Produktivitätserhöhung in sinkenden Preisen weitergegeben, die Papierzettelmenge unverändert bleiben. Sie steigt, weil der orthodoxe Wert-Preis-Zusammenhang nicht funktioniert. Produktivitätssteigerungen, die das Warenvolumen vergrößern, ohne den Preis der einzelnen Waren zu beeinflussen, erzwingen eine Erhöhung der Geldzeichenmenge. Sie führen auch zur Verringerung der Mengenrepräsentation M_r und bedeuten Inflation. Das geschieht in der Praxis. Die Variante III b kann man entsprechend modifizieren. Im Gegensatz zu ihr berücksichtigt Variante III e ein steigendes Warenvolumen. Wert- und Mengenrepräsentation verändern sich wie bei III b. Das Ergebnis ist gleich. Die Inflation ist im technischen Sinn eine Verringerung des Preismaßstabes, d. h. die Verkleinerung der Menge an Geldware, die durch eine Papiergeldeinheit repräsentiert wird. (Müller 1983: 113-117) Je größer die Menge der Geldzeichen, umso kleiner der Wert der Geldware, den eine Papiergeldeinheit repräsentiert, desto kleiner auch die Kraft dieser Geldeinheit, Waren zu kaufen, und umgekehrt. Inflation ist die Verkleinerung des Preismaßstabs, herbeigeführt durch das Wachstum der Papiergeldmenge. Diese Verringerung der Mengenrepräsentation oder des Preismaßstabs ist vereinbar mit einer Konstanz und mit einem Rückgang der Preise. Das neue Inflationsverständnis hat Konsequenzen für die Messung des Zustands: Inflation am Preisniveauanstieg zu messen, ist unzureichend. Die exakte Inflationsrate muss auch den Produktivitätsanstieg berücksichtigen. (Müller 2015: 411f)

3.3. Soziale Aspekte der Inflation

Ein inflationärer Zustand liegt nur vor, wenn sich die rein geldtechnische Komponente der Inflation verbindet mit dem sozialökonomischen Effekt der Umverteilung von Einkommen. Die Inflation ist kein monetäres Phänomen allein. Sie ist ein soziales Phänomen und besteht in der Umverteilung von Einkommen der Arbeiter, Angestellten und Rentner zugunsten des Kapitals, vor allem des Monopolkapitals. Findet die inflationäre Umverteilung auch bei konstanten Preisen statt? Könnte man nachweisen, dass bei einer Verringerung der Mengenrepräsentation diese Umverteilung ausbleibt, wäre nur das geldtechnische, nicht aber auch das soziale Kriterium der Inflation erfüllt. Bei inflationären Preissteigerungen ist der Umverteilungseffekt unumstritten. Es profitieren die, die Preise bilden, und es verlieren die, welche sie bezahlen und keine Möglichkeit haben, Preiserhöhungen weiterzugeben. Und bei Preiskonstanz? Zur Illustration der Zusammenhänge dient Abb. 3. Sie zeigt, dass sich bei einer Produktivitätserhöhung und eingeschränkter Reagibilität des Preises auf die Wertbewegung – Extrem: Preiskonstanz – Mengen- und Wertrepräsentation der Geldzeichen verringern. Das erste Inflationskriterium wäre erfüllt. Erhalten die Arbeiter einen konstanten Nominallohn, blieb auch der Reallohn konstant. Das Arbeitereinkommen verändert sich nicht, aber: Von den Produktivitätserhöhungen profitieren bei Preiskonstanz nur die Eigentümer der Produktionsmittel (I). Selbst Reallohnerhöhungen sind mit Umverteilungsnachteilen für die Arbeiter vereinbar (I a). Das Geschaffene wird in neuen, das Kapital begünstigenden Relationen verteilt. Damit ist auch das soziale Kriterium der Inflation erfüllt und nachgewiesen, dass selbst bei Preiskonstanz und geringfügigen Erhöhungen des Arbeitseinkommens Produktivitätsfortschritte die Verteilungsproportionen des Nationaleinkommens zugunsten des Kapitals verschieben. Äußert sich die Arbeitsproduktivitätssteigerung nicht in einer Erhöhung der Anzahl gefertigter Erzeugnisse, sondern nur in der Senkung der Arbeitszeit zur Herstellung der ursprünglich gefertigten Menge, dann verringern sich auch der Wert- und Mengenrepräsentation. Ein absoluter Rückgang der Nominallohnsumme ist möglich (II a), wenn unterstellt wird, dass dies mit einer Freisetzung von Arbeitskräften verbunden ist. In diesem Fall kommt es aufgrund der Preiskonstanz zu einer beträchtlichen Verteilungsverschiebung zugunsten der Kapitalisten. An der

Verteilungsrelation würde sich nur nichts ändern, wenn der Preis der Ware der Wertbewegung folgt. In diesem Fall (II b) wäre auch das geldtechnische Kriterium der Inflation nicht erfüllt.

Abb. 3: Umverteilung bei konstanten Preisen (unter Abstraktion von verbrauchtem c-Kapital und der Geldumlaufgeschwindigkeit)

	Basis	**I**	**I a**	**II a**	**II b**	**II c**
Arbeitsproduktivität	100	200	200	200	200	200
Produktmenge (Stück)	100	200	200	100	100	100
Wertsumme (Stunden)	100	100	100	50	50	50
Wert je Ware (Stunden je Ware)	1	0,5	0,5	0,5	0,5	0,5
Preis (Geldzeichen) je Ware	1	1	1	1	0,5	1
Wert je Goldeinheit (Stunden)	1	1	1	1	1	1
Benötigte Goldmenge im Umlauf	100	100	100	50	50	50
Preissumme (Papiergeldmenge)	100	200	200	100	50	100
Wertrepräsentation (Stunden je Geldzeichen)	1	0,5	0,5	0,5	1	0,5
Mengenrepräsentation (Preismaßstab, Goldgehalt je Geldeinheit)	1	0,5	0,5	0,5	1	0,5
Lohnsumme, nominal	50	50	60	25	25	50
Produzierter Mehrwert	50	50	40	25	25	0
Realisierter Mehrwert	50	150	140	75	25	50
Lohnsumme, real	50	50	60	25	50	50
Mehrwertsumme, real	50	150	140	75	50	50

Nur unter der rein theoretischen Annahme, dass Produktivitätssteigerungen bei der Fertigung eines gegebenen Gebrauchswertvolumens sich nicht in Freisetzung lebendiger Arbeit und entsprechender Einsparung von v-Kapital zeigten, würde die Fortsetzung der bisherigen Lohnzahlung an der Verteilungsrelation nichts ändern, obgleich geldtechnisch Inflation vorliegt. Diese Modellkonstruktion (II c) ist jedoch unrealistisch, weil zu fragen wäre – wollte man sie akzeptieren – wie die produktivere Erstellung einer Produktmenge denn anders vor sich gehen soll, als in der Ersparnis von bezahlter lebendiger Arbeit.

Da es plausibel ist, anzunehmen, dass die Senkung der Arbeitszeit zur Erstellung einer bestimmten Menge an Produkten mit einer Einsparung von bezahlter lebendiger Arbeit gekoppelt ist, ist damit das Umverteilungskriterium auch bei Preiskonstanz erfüllt. Diese Argumentation kann auf den Einwand stoßen, dass Produktivitätserhöhungen bei Preiskonstanz nur die relative Mehrwertproduktion widerspiegelten. Das hieße, die Verteilungsverschiebung wäre Ergebnis des Produktivitätsfortschritts und nicht der Inflation. Dieser Schluss scheint zwingend, wenn man Inflation mit Preissteigerung identifiziert und bei unterstellter Preiskonstanz und Produktivitätsfortschritt Verteilungswirkungen nachweisen kann. Es ist zu beachten, dass im Modell der relativen Mehrwertproduktion ausschließlich werttheoretisch argumentiert wird, oder anders: Es wird von der Wert-Preis-Identität auch für den Einzelfall ausgegangen. Die relative Mehrwertproduktion ist ein reines Wertproblem und ergibt sich aus der Verschiebung der Wertproportionen. Im Gegensatz zur Umverteilung bei inflationärer Preiskonstanz ist die Umverteilung bei relativer Mehrwertproduktion nicht daran gebunden, dass Preis und Wert divergieren. Diese Betrachtungen führen zu dem Ergebnis, dass bei Preiskonstanz auch außerhalb und neben der Produktion von relativem Mehrwert Umverteilungsprozesse ablaufen können, wenn gleichzeitig Produktivitätsfortschritte Wertsenkungen auslösen. Eine solche Umverteilung ist inflationär: Es lässt sich nicht begründen, weshalb Wertsenkungen bei Preiskonstanz anders beurteilt werden müssten als Preiserhöhungen bei Wertkonstanz.

3.4.
»Gefühlte« Inflation?

Die Statistik ermittelt die Höhe der Inflation, indem sie misst, wie sich Preise für repräsentative Güter und Leistungen der Lebenshaltung geändert haben. Die Konsumenten nehmen die Höhe der Inflation wahr auf der Grundlage ihres individuellen Warenkorbs. Ein Grund für die Abweichungen der »gefühlten Inflation« zur gemessenen Inflation ist der Unterschied zwischen individuellem und dem durchschnittlichen Warenkorb. Der Letztere dient der Statistik dazu, die Inflationsrate zu berechnen. In ihm werden etwa 650 Güter und Dienstleistungen erfasst, die unterschiedlich gewichtet werden. So wird beispielsweise angenommen, dass die Haushalte im Durchschnitt 9,7 Prozent ihrer Konsumausgaben zum Kauf von Nahrungsmitteln und 32,5 Prozent für Wohnen und Heizung ausgeben. Die Produkte des täglichen Bedarfs wie Lebensmittel als auch langlebige Konsumgüter wie Autos, Fernseher, Computer, Waschmaschinen sind in den individuellen Warenkörben der Konsumenten in anderer Zusammensetzung enthalten als im durchschnittlichen. Ärmere Haushalte geben einen höheren Anteil ihres Einkommens für Nahrungsmittel aus als die Reichen. Nahrungsmittel, Mieten, Heizung beanspruchen deutlich mehr ihres Konsumbudgets als die im statistischen Durchschnittswarenkorb veranschlagten 42 Prozent. Die Kunden nehmen Preisänderungen für Waren, die sie täglich kaufen, intensiver wahr als diejenigen für langlebige Konsumgüter, die sie nur in größeren Abständen erwerben. Die »gefühlte« Inflation ist höher als die gemessene, wenn die Preise für Waren des täglichen Bedarfs stärker steigen als die der langlebigen Konsumgüter. Der Unterschied zwischen »gefühlter« und gemessener Inflation verwirrt viele Menschen. Sie fragen sich, ob die offiziellen Preissteigerungsraten richtig sind. Momentan beträgt der Grad der statistisch ausgewiesenen Preissteigerung 1,4 Prozent (2019). Konsumenten merken, dass im Gegensatz dazu Preise für zahlreiche Güter teilweise drastisch steigen. Viele bezweifeln, dass das bekannt gegebene Ausmaß der Inflation korrekt sein kann. Unmittelbar nach der Einführung des Euro mussten sie feststellen, dass bei etlichen Gütern und Leistungen, z. B. Eintrittskarten für kulturelle Veranstaltungen, Obst- und Gemüse, Kraftfahrzeugen, Schuhen, Wohnhäusern und vielen anderen, nur der Name der Währung gewechselt wurde, die Zahl aber stehenblieb. Längst hat man sich daran gewöhnt, dass ein Auto der Mittelklasse, das einst 30.000 DM kostete, heute unter 35.000 Euro nicht zu haben ist. Trotzdem behaupten Politiker und »Geldexperten«, dass die Inflation geringer sei als die »wahrgenommenen« oder die »gefühlten« Preissteigerungen. Beide Betrachtungsweisen schließen sich scheinbar aus. Und doch sind beide richtig. Die Statistik ermittelt die durchschnittliche Preisentwicklung, den Käufern dagegen werden Einzelpreise bewusst. Das Problem kann schon an einem »Warenkorb« mit zwei Gütern erklärt werden: Kostete ein Kilogramm Beeren im Vorjahr 2 Euro, jetzt 4 Euro, hat sich sein Preis um 100 Prozent erhöht. Der Preis eines Mopeds, das einst 1500 Euro und nun nur noch 1425 Euro kostet, hat sich um 5 Prozent verringert. Für beide Waren zusammen musste man vorher 1502 Euro, nach den Preisänderungen 1429 Euro zahlen. Der »durchschnittliche« Preis sank um 4,9 Prozent. Die Inflationsrate als die volkswirtschaftliche Durchschnittsrate eines Warenkorbs sinkt, obgleich in ihre Bestimmung Waren eingehen, deren Preise sich mehr als verdoppeln können. Die Crux der Makrowerte ist das Durchschnittsproblem: Die Kuh ist ersoffen, obwohl das Wasser durchschnittlich nur 60 cm tief ist. Wo das Unglück geschah, betrug die Flusstiefe drei Meter! Den Kunden werden über hohe Preise Einkommen entzogen, obgleich die durchschnittliche Preissteigerungsrate nur gering ist. Normal: Die Inflationsrate kann sinken, obgleich in ihre Bestimmung Waren eingehen, die teurer geworden sind. Das hat jeder Durchschnitt so an sich. Je nach individuellem Warenkorb trifft die Verbraucher die Inflation unterschiedlich stark. Das ist ein Grund für die Kluft zwischen Erfahrung und offizieller Zahl.

Doch, so muss man fragen, ist die Inflation tatsächlich so niedrig, wie die offizielle Statistik verkündet? Zweifel sind begründet. Wenn, wie im Kapitalismus, gelogen, betrogen, geheuchelt und manipuliert wird, sollte man misstrauisch sein. Die Politik und Unternehmer haben ein elementares Interesse daran, die Verbraucherpreise niedrig auszuweisen. Ihr Anstieg ist für die Gewerkschaften ein Grund, höhere Löhne zu fordern. Könnten sie überzeugt werden, dass die Inflation nahe null liegt, entfiele ein Argument für höhere Löhne und höhere Sozialleistungen. Es scheint, als bediene die Statistik dieses Interesse. Preise steigen unaufhörlich. Autos, Schuhe, Blumen, Benzin, Heizöl, viele Nahrungsmittel und Karten für das Fest der Volksmusik kosten in Euro heute mehr als einst in DM. Von wegen ein bis zwei Prozent! »Wirtschaftsfachleute« nennen das herablassend die »gefühlte« Inflation – ein irreführender Begriff. Mit ihm soll der Eindruck erweckt werden, dass die »Fühlenden« sich täuschten. Aber schließlich fühlt man nicht, dass im Portemonnaie oder auf dem Konto 100 Euro fehlen, sondern stellt es fest.

Wie wird die Inflationsrate ermittelt? Die Statistik lässt sich die Preise von Unternehmen mitteilen. Für die Berechnung des Verbraucherpreisindex werden monatlich über 300.000 Einzelpreise in Handels- und Dienstleistungsunternehmen erfragt. Die Preiserhebung erfolgt dezentral in den Geschäften und zentral im Internet. In welchen Läden die Preise für welche Käsesorten erfragt und ob die Preise für Brot im Supermarkt oder beim Biobäcker erkundet werden, ist nicht bekannt. Der Durchschnittspreis steigt schwach, wenn technische Güter einbezogen werden, deren Preise geringer steigen als die der Güter, die man häufiger kauft. Noch schwächer, wenn Sonderposten und Lockvogelangebote berücksichtigt würden, die nur kurze Zeit gelten. Es ist anzunehmen, dass Unternehmer den Statistikern hohe Preissteigerungen verschweigen. Wer will schon als Preistreiber gelten? Statistiker üben sich darüber hinaus in »stabilisierender Kreativität«, halten den Anteil der Waren und Dienstleistungen mit großen Preissprüngen klein, den mit stabil niedrigen Preisen hoch. Folker Hellmeyer von der Bremer Landesbank zeigt, wie die Amerikaner die Inflationsraten verkleinern. Wenn sich Rindfleisch um 30 Prozent verteuere, Pute aber nur um 2 Prozent, werde im Warenkorb Rindfleisch durch Pute ersetzt, obwohl die Leute weiter Rind kaufen. (Hellmeyer 2012: 156) Der Clou ist die sog. hedonische Preisbereinigung: Ein angenommener Zuwachs an Qualität fließt in die Berechnung des Preises ein. Ein PC, der heute wie einst 1.000 Euro kostet, aber doppelt so leistungsfähig wie das Vorgängermodell sein soll, wird nur mit 500 Euro berücksichtigt. Schließlich bekomme die Käuferin für denselben Preis etwas doppelt so Gutes. Seit der Einführung des Euro im Jahr 2002 ist diese Methode der Inflationsmessung auch in Deutschland üblich. Sie bewirkt, dass die Inflation zu niedrig ausgewiesen wird. Der Zweck der geschönten Zahlen: Je niedriger angeblich die Inflation, um so leichter ist es, angemessene Lohnforderungen als überzogen zu bezeichnen und die Anpassungen der Renten im Zaum zu halten. Auch heute ist üblich, worüber Simone Boehringer in der »Süddeutschen« bereits vor Jahren berichtete: Die USA wiesen 2010 die Inflation offiziell mit 4 Prozent aus. Der US-Ökonom John Williams rechnete nach und kam auf 12 Prozent.[16]

Monopole und Oligopole, die weltweit die Märkte beherrschen, werden auch weiterhin Preise absprechen und erhöhen, allen Verboten und Strafen für eine derartige Komplizenschaft zum Trotz. Sie vernichten eher Überschüsse, als dass sie die Preise nachhaltig senken. Mit einer Deflation ist selbst in einer Krise, wie wir sie seit 2020 erleben, nicht zu rechnen. Politik und Medien verharmlosen oder übertreiben Gefahren, verhindern Aufklärung und schönen Wirtschaftsdaten, denn das stabilisiert das System. Tipp: Statt der Statistik blind zu vertrauen, sollte man sich vielleicht doch lieber auf sein »Gefühl« verlassen. Wer es genauer wissen will, kann ja Haushaltsbuch führen und sich seine »persönliche Inflationsrate« berechnen.

---

16 Boehringer, S. (2010), Die USA schönen ihre Daten (17. Mai), in: www.sueddeutsche.de, 08.08.2020.

3.5. Bargeld ohne Zukunft

Metalle und Papier

Bargeld – das sind Münzen und Banknoten. Der Deutsche hat im Schnitt 118 € in der Geldbörse, davon 6,70 € in Hartgeld. Die aus Nickel, Messing und Kupfer bestehenden Euromünzen haben viele Vorläufer: Zu den ersten zählten prächtige römische und griechische Exemplare aus Gold und Silber. Wie so vieles in der Weltgeschichte ist die Münze mehrmals erfunden worden. Nach Herodot waren es die Lydier: Sie haben »dieselben Gebräuche, wie die Hellenen, außer dass sie ihre Töchter Hurerei treiben lassen; sie sind unter allen, die wir kennen, die ersten, welche Münzen von Gold und Silber geprägt«. (Herodot 2011: 80) Die Flüsse Lydiens, in der heutigen Türkei, führten ein Edelmetallgemisch, Elektron genannt. Es bestand aus 80 Anteilen Gold und 20 Anteilen Silber. Daraus prägten die Lyder im 7. Jahrhundert v. u. Z. Münzen. Archäologische Hinweise belegen, dass die Chinesen gemünztes Geld mindestens 2300 v. u. Z., die Perser und Inder spätestens zu Beginn des 9. Jahrhunderts v. u. Z. kannten. Mit der Erfindung der Münze schlägt der Geldgeschichte eine Sternstunde: Durch eine Stempelung, die sich auf die Edelmetalle prägen lässt, werden Gewicht und Feingehalt bestätigt. Wiegen und Prüfen entfallen – der Handel erleichtert, Zahlungen beschleunigt. Die Geschichte des Münzgeldes hat ihre Schattenseite: Münzherren verringerten Schrot – das Gewicht der Münze – und Korn – den Feingehalt, die Relation der Edelmetallmenge zum Gesamtgewicht –, um sich zu bereichern. Könige, Feld- und Landesherren von Philipp VI. über Wallenstein bis zum Alten Fritz finanzierten ihre Hundert-, Dreißig- und Siebenjährigen Kriege, indem sie die Münzen unmerklich verkleinerten und ihnen minderwertige Metalle wie Kupfer, Zinn und Blei beimischten. Für Händler und Verbraucher war es gefahrvoll, Gold- und Silbermünzen mit sich zu führen, um auf fernen Märkten einzukaufen. Das Bedürfnis nach Sicherheit und Bequemlichkeit verlangte neue Lösungen. Als erstes Land in Europa führte Schweden 1661 das »Papiergeld« ein. Es waren dies die Banknoten der Stockholms Banco. Johan Palmstruch brachte sie mit staatlicher Genehmigung in den Umlauf. Sie ersetzten die schweren Kupfermünzen, die Königin Christine (1632-1654) prägen ließ. Die Ungetüme wogen bis zu 20 kg. Sie mussten im Keller aufbewahrt werden, um die Statik des Hauses nicht zu gefährden. Münzen und Banknoten sind auch im 21. Jahrhundert die gesetzlichen Zahlungsmittel und dienen der Wertaufbewahrung.

Die Tage sind gezählt

Doch das Ende des Bargelds scheint begonnen zu haben. Münzen und Noten – vor dem Aus? Dazu Wolfgang Schäuble wie einst Walter Ulbricht über die Mauer: »Niemand hat die Absicht, das Bargeld abzuschaffen.«[17] Neue Technik – neue Verfahren der Zahlung. Die Skandinavier könnten die ersten sein, die das Bargeld durch modernere Zahlungsarten ganz ersetzen. Unsere Nachbarn im Norden bezahlen fast alles mit Kreditkarte. Keine Münzen, keine Scheine, weder auf dem Markt, noch beim Bäcker oder am Kiosk. Selbst in Kneipen oder Bars werden sie vereinzelt durch Kartenzahlung ersetzt. Studenten überweisen die Wohnheimmiete per Handy, Kirchgänger spenden per Mobiltelefon auf das Kirchenkonto, statt ihren Obolus in den Klingelbeutel zu werfen. Selbst die Obdachlosenzeitung wird per Karte bezahlt. Geldautomaten werden abgebaut. In den Bussen und Straßenbahnen der meisten Städte wird kein Bargeld akzeptiert. Bankfilialen haben komplett auf digitalen Zahlungsverkehr umgestellt. Die Schweden bezahlen 20 % der Einkäufe im Einzelhandel bar – im Jahre 2030 soll es Schluss sein mit Barzahlungen –, die Niederländer 37 %, die deutschen Verbraucher aber bezahlen drei von vier Einkäufen mit dem geliebten Bargeld.[18] Vor Jahren waren die Anteile überall höher. Man spricht vom programmierbaren Digitalgeld, das auf der herkömmlichen Kontenbasis beruht. Mit der EU-Geld-Richtlinie (2009/110/EG) soll der Weg frei werden für »innovative und sichere E-Geld-Dienstleistungen« ohne Bargeld. Die EU fordert für alle Bürger der Mitgliedsstaaten die »elektronische Geldbörse in Form einer Zahlungskarte oder einer anderen Chipkarte« sowie »als Speichermedien für E-Geld (…) außerdem Mobiltelefone (mit denen auch bezahlt werden kann) und Online-Zahlungskonten«.[19] Schritt für Schritt wird in der EU das Bezahlen mit Bargeld erschwert, Noten und Münzen aus dem Zahlungsverkehr genommen. Obergrenzen für die Benutzung des Bargeldes

17 Schäuble: Niemand hat die Absicht, Bargeld abzuschaffen, www.verivox.de, 26.05.2016 (13.02.2020)

18 Schmitt, J.-L., Warum Deutschland noch Bargeldland bleibt, Wirtschaftswoche, 13.11.2019, in: www.wiwo.de (13.02.2020)

19 Wie die elektronische Geldbörse das Bargeld ablösen soll, Neue Zürcher Zeitung, 21.06. 2012, in: nzz.ch (13.02.2020)

gibt es in zwölf europäischen Staaten. In Italien ist das Limit von 1.000 € auf 3.000 € angehoben worden. Die Mafia hatte sich wohl nicht beeindrucken lassen. Die Spanier dürfen höchstens 2.500 €, die Griechen nur noch 500 €, die Franzosen und Portugiesen bis zu 1.000 € bar zahlen. In Deutschland wurde die Bargeldobergrenze von 10.000 € ab Januar 2020 auf 2.000 € herabgesetzt.[20] Wer in der EU mit über 10.000 Euro in bar reist, muss auf Anfrage den Betrag beim Zoll anmelden. Höchstgrenzen schränken die Nutzung des Bargelds ein. Ein- und Zwei-Cent-Münzen sind in den Niederlanden schon seit 2004 weg. Als erste deutsche Bank weigert sich die Sparda-Bank Hannover, Hartgeld anzunehmen und auszugeben. Die Sparkasse Köln/Bonn verlangt für die Münzannahme eine Gebühr von 3 € pro Einzahlung, die Volksbank Berlin in Höhe von 5,5 Prozent des eingezahlten Betrages. Die Europäische Zentralbank zieht die 500-Euro-Scheine aus dem Verkehr. Zwar gelten sie formal weiterhin als Zahlungsmittel, Geschäfte und Tankstellen nehmen sie aber schon lange nicht mehr an. In Japan wird das mobile Portemonnaie immer beliebter. Auch in Deutschland, der Schweiz, Österreich und anderswo hat die Zukunft begonnen. Smartphones: die mobilen Kreditkartenterminals. Das neue Bezahlsystem funktioniert über eine App, die man auf seinem Smartphone installiert. Dann wird die Zahlfunktion aktiviert. Es folgt eine mehrstufige Anmeldung, bei der die Bankdaten abgefragt werden. Man wählt einen vierstufigen Code. An der Kasse öffnet der Kunde die App, wählt »Coupon einlösen und bezahlen« und gibt seine PIN ein. Auf dem Display erscheint eine vierstellige Zahl. Der Kunde nennt sie der Kassiererin. Diese gibt die Zahlen in die Kasse ein. Coupons wie Rabatte, Gutschriften und ähnliches werden automatisch berücksichtigt. Der Betrag wird im Lastschriftverfahren abgebucht. Auf dem Handy werden keine Kontodaten gespeichert. Zur Sicherheit kann das Rechnungsvolumen pro Woche begrenzt werden. Über die App können auch Kassenbons vergangener Einkäufe eingesehen werden. Möglich ist, dass auf dem Kassensystem des Händlers neben dem Namen des Kunden ein von ihm auf der App hinterlegtes Foto erscheint. Der Käufer autorisiert sich, indem der Händler ihn mit dem Profilbild vergleicht. Es geht auch kontaktlos: Beim kontaktlosen Bezahlen mit Karte oder Smartphone wird die Plastikkarte weniger als vier Zentimeter an das Terminal des Händlers gehalten. Ohne eine Geheimnummer einzugeben, kann ein kleiner Betrag vom Girokonto abgebucht

20 Das sind die Änderungen zur Bargeldgrenze 2020, www.wirtschaftsforum.de (13.02.2020)

werden. Zunächst nur 25 Euro, später 50 Euro, aus Sicherheitsgründen nur wenige Male hintereinander. Nach fünf Transaktionen oder einer Gesamtsumme von 150 Euro muss die PIN eingegeben werden. Voraussetzung, mit der Girocard kontaktlos zu zahlen, ist der Funkstandard NFC. Die meisten Kreditkarten und Girocards, die Banken und Sparkassen herausgeben, besitzen ihn. Für die Zahlung per Handy muss eine Bezahl-App installiert sein, etwa »Apple Pay« oder »Google Pay«, alternativ eine »Bank App« wie »Mobiles Bezahlen« der Sparkasse oder der »Postbank Finanzassistent«. So wird das mobile Telefon zur Geldbörse und ersetzt nach und nach die Geld- und Kreditkarten – die moderne elektronische Variante des unbaren Zahlungsverkehrs. Geldüberweisungen werden immer schneller. Eine dauert normalerweise mindestens einen Tag. Die neue Technik erlaubt es den Kunden, in Echtzeit über ihre Handys Geld zu überweisen. Nur wenige Sekunden, und das Geld ist beim Empfänger. Der Auftrag erfolgt im Online-Banking oder mit einer Smartphone-App. »Die Überweisung in Sekunden könnte ein Ersatz für Bargeldzahlungen werden«, sagt Michael Kemmer, Hauptgeschäftsführer des Bundesverbandes deutscher Banken.[21] Diese Entwicklung hält niemand auf, mögen die Deutschen noch so sehr verliebt sein in ihre Banknoten und Münzen. Kryptogeld, wie der Bitcoin, sind digitale Zahlungsmittel, die i. d. R. auf Blockchains basieren. Obgleich es weltweit über 4.500 Kryptowährungen gibt, ist ihre Nutzung im Geschäftsverkehr und bei der Verdrängung des Notenbankgeldes bisher unbedeutend. Bitcoins haben sich bislang vor allem als ein ertrag- und verlustreiches Spekulationsobjekt erwiesen. Nach Quaas ähnelt Bitcoin einer Aktie. »Wie bei Aktien kann der Wert, den dieses Geld repräsentiert, sich aufblasen und plötzlich in sich zusammensacken, so dass ein nachvollziehbarer Bezug zu den Sachwerten, die es bei seiner Schöpfung vielleicht hatte, verloren geht. Die Geldschöpfung besteht im Fall von elektronischen Geld (…) im Tausch von kompliziert erzeugten Zahlen gegen ›reale‹ Währungen, Waren oder Dienstleistungen.« (Quaas 2018: 223)

Die Verdrängung des Bargeldes hat Vorteile. Sonst würde nicht der Zahlungsverkehr unter den Geschäftsleuten seit fast zwei Jahrhunderten weitgehend ohne Bares auskommen. Zu Marx' Zeiten brauchte man Metallgeld

21 Geldüberweisung bald sekundenschnell möglich, www.wiwo.de [WirtschaftsWoche], 09.08.2017 (13.02.2020)

nur zur Saldierung des internationalen Handels. Im Inland benötigte man es nicht. Buchgeld und Giroverkehr sind nicht neu. Ihre Spur lässt sich bis in die Antike zurückverfolgen. Inhaber von Getreideguthaben konnten in der altbabylonischen Zeit mittels Anweisungen über diese verfügen. In Griechenland nahmen nach den Perserkriegen (499-490 v. u. Z.) die Trapeziten – Bankiers, die Geldgeschäfte im großen Stil betrieben, – von Privatpersonen Depositen an und wickelten im Auftrag ihrer Kunden Zahlungsaufträge ab.

Vordergründiges

Als Vorwand für die Abschaffung des Bargeldes dienen Bedienungsschwierigkeiten und Ausfälle an Geldautomaten. Geldwäsche und Geldfälschungen würden erschwert, Schwarzarbeit verringert, Banküberfälle sinnlos, illegale Einwanderung aufgehalten, dem Terrorismus ein Schlag versetzt. Ohne Bargeld wären die Zeiten vorbei, da man Steuermillionen in großen Scheinen in Geldkoffern am Fiskus vorbei ins Ausland schleusen konnte. Die Abschaffung des Bargeldes wäre ein Beitrag zu mehr Steuergerechtigkeit, weil Steuerbetrug fast ausgeschlossen werden könnte. Das Totschlagargument: Wer für das Bargeld ist, will Steuern hinterziehen. Eine drollige Logik! Wer es erhalten will, will nicht, dass es die Geldvermögensbesitzer vor dem Finanzamt oder der Justiz verbergen. Klar: Seit Postkutschen nicht mehr übers Land holpern, haben Überfälle auf sie schlagartig aufgehört. Wo es kein Bargeld gibt, stiehlt es keiner. Ein Fahrverbot wäre das wirksamste Mittel, um Unfälle zu vermeiden. Der Arzt wollte mir den gesunden Blinddarm entfernen – ich bin privat versichert (!) –, er könne sich ja später entzünden. Mit der Unterbindung der Bargeldzahlungen kann man, wenn man Glück hat, bestimmte Formen der Kriminalität bekämpfen, nicht aber das Verbrechen an sich. Terroristen, Drogendealer, Steuerflüchtige und andere Kriminelle würden plötzlich sanftmütig, nähme man ihnen das Bargeld? Sie umgehen doch längst die offiziellen Zahlungswege, verwischen die Spuren schmutzigen Geldes über Geheimkonten und Briefkastenfirmen. Auf den britischen Jungferninseln kommen auf jeden Insulaner im Schnitt 15 Firmen. Ähnlich, wenn auch nicht in diesem absurden Ausmaß, ist die Lage auf den Seychellen, den Cayman Islands und in Liechtenstein. Friedrich Schneider, Professor für Volkswirtschaftslehre an der Universität Linz, ist überzeugt, dass die Abschaffung des Bargeldes die Schattenwirtschaft kaum einschränken wird. Denn dadurch werden weder deren Ursachen, noch die Anreize, kriminell zu werden, beseitigt. Es wird nur alles etwas mühsamer.[22] Selbstmordattentäter werden ohne Bargeld den Sprengstoffgürtel anlegen, Bomben basteln oder sich beschaffen. Die Einschränkung und Beseitigung des Bargelds – Wundermittel gegen das Verbrechen? Eine hanebüchene Hoffnung. Fortschritte enthalten Negatives. Neue Techniken bringen neue Gefahren. Adorno nennt dies das absolute Leiden, dass sich bis heute, mit Atempausen, fortwälze. Angriffe auf Geldtransporter und Banküberfälle werden abgelöst von Attacken im Netz, maskierte Gangster durch High-Tech-Bankräuber. Cyberganoven räumen Konten ab. Hackerangriffe im Netz nehmen rasant zu. Europol hat 600.000 Schadprogramme gezählt. Können Hacker in die Geldbörse blicken und sich daraus bedienen? Ohne eine Antivirensoftware sollten die Besitzer ihr Handy-Zahlgerät nicht nutzen. Das gilt auch für das kontaktlose Zahlen mittels Geld- und/oder Kreditkarte: Karten sollten in »pacsafes« aufbewahrt werden. NFC-fähige Karten sollten in einer Schutzhülle aufbewahrt werden, die Funkwellen blockiert und unbefugte Abbuchungen verhindert. Aber beim Zahlen muss die Karte aus dem sicheren Versteck heraus. Prophetischer Gaben bedarf es nicht: Kriminelle Intelligenz wird Wege finden, die Hürden, die man ihr in den Weg stellt, zu umgehen. Auch ohne Bargeld wird getrickst, betrogen, geraubt werden. Das ist sicher wie das Amen von der Kanzel. Die Vorwände für die Ablösung des Bargeldes – lustige Argumente, die Zustimmung zum bargeldlosen Zahlungsverkehr bewirken sollen. Die Experten der Manipulation verstehen ihr Handwerk: Angst machen und Wunder versprechen. Seit Rotwein angeblich die Herzen stärken soll, wofür der wissenschaftliche Beweis fehlt, ist der Konsum stark gestiegen; selbst Alkoholgegner wollen mit Rotem ihr Leben verlängern. Appelle, mehr zu trinken – drei Liter Wasser täglich! – die Manager der Getränkeindustrie feixen.

Den Menschen muss die besiegelte Trennung vom geliebten Bargeld erleichtert werden. Deshalb verkündet Mastercard: »Bargeld ist eine eklige Angelegenheit«.[23] »Wissenschaftliche« Studien belegten: 26.000 potenziell gesundheitsschädliche Bakterien tummelten sich auf einer Banknote. Und zwei Drittel der Europäer seien überzeugt, dass der Umgang mit Münzen oder Banknoten unhygienisch ist. Paypal-Technologievorstand James Bar-

22 Schneider. F., Schattenwirtschaft: Ursachen statt Bargeld bekämpfen, https://dievolkswirtschaft.ch, 25.7.2017 (13.02.2020)

23 Mastercard: »Bargeld ist eine eklige Angelegenheit«, www.cio.de, 20.05.2014 (13.02.2020)

rese in der Frankfurter Rundschau: »Jede Münze und jeder Schein ist durch Tausende Hände gegangen. Und dann nimmt sie die Verkäuferin in der Bäckerei in die Hand und fasst dann wieder das Brot an. Das ist doch ekelhaft.«[24] Verhalten sich die Deutschen weiter störrisch, werden bald die ersten Zahlen über schwer erkrankte Bargeldbenutzer bekannt gegeben. Und danach die Todesopfer, bis auch der letzte begreift, dass er seinen Blauburgunder mit der Kreditkarte zu bezahlen hat. Eines ist sicher: Aus Sorge um die Gesundheit werden Noten und Münzen nicht aus dem Verkehr gezogen. Denn »über Geldscheine geht keine Gefahr aus«, sagt der Infektiologe René Gottschalk angesichts der Coronakrise. »Ich würde auch keinen Tisch unter Quarantäne stellen und ziehe das Bargeld vor und ich werde es auch nicht ändern.«[25]

Worum es geht

Hauptgrund für den Kampf gegen Noten und Münzen: Bargeld kostet und mindert die Profite. Mit ihm kann man kein Geld verdienen. Experten beziffern die Kosten im deutschen Bankensektor rund um die Bargeldversorgung auf knapp 4,5 Milliarden Euro – ein dicker Brocken. Im Einzelhandel ähnlich. Hohe Personalkosten fallen an: Bargeld in den Geschäften sammeln, zählen, sortieren, zu den Banken transportieren, wieder zählen, auf Echtheit prüfen, zurück in den Umlauf bringen. Bundesbank-Vorstand Carl-Ludwig Thiele sagt, seine Bank prüfe jährlich 15 Milliarden Banknoten auf Echtheit und ob deren Zustand noch gut ist. Die Notenbank bewege im Jahr 15.000 Tonnen Geldscheine. Hinzu kommen die Kosten der Bargeldhortung: Um den Strafzinsen der Europäischen Zentralbank (EZB) zu entgehen, bunkern deutsche Kreditinstitute Milliarden Euro Bargeld in ihren Banktresoren.[26] Banken und Handel sind interessiert daran, das Bargeld abzuschaffen. Denn darum geht es: Kosten runter, Profite hoch! Mit Karten und bargeldlosen Zahlungen ist das Profitmachen leicht. Die Kunden zahlen Gebühren für jede Transaktion. Kleinvieh macht Mist. Niels Nauhauser von der Verbraucherzentrale Baden-Württemberg: »Die Banken erhalten Geld für jede Kar-

24 »Nur Freaks werden an Bargeld festhalten«, www.fr.de [Frankfurter Rundschau], 16.01.2019 (13.02.2020)

25 Freie Presse, Chemnitz, 18.03.2020, S. 2.

26 Wettach, S., Bargeld ist teuer: Sollten wir Münzen und Scheine-abschaffen?, Wirtschaftswoche, 07.08.2017 (13.02.2020)

tenzahlung – und zwar vom Verbraucher ebenso wie vom Händler, während sie an Barzahlungen nichts verdienen.«[27] Ein Kunde, der zweimal täglich mit der Girocard statt bar bezahlt, kann, wenn er Pech hat, im Jahr je nach Gebührenhöhe der Banken bis zu 500 Euro zusätzlich zahlen.[28] Dass die Gebühren erhöht werden, ist das Bargeld erst verschwunden, muss angenommen werden.

Wird nur bargeldlos gezahlt, wäre die Konkursgefahr für die Banken gebannt. Als 1974 die Kölner Herstatt-Bank zusammenbrach, weil ihre Devisenhändler sich verspekuliert hatten, bildeten sich Schlangen vor dem Geldhaus. Die Kunden der Bank wollten ihr Geld abheben, das nicht mehr da war. Ist das Bargeld abgeschafft, käme keine Bank in derartige Schwierigkeiten.

Hinter dem Kampf gegen das Bargeld stehen auch politische Ziele: die Menschen zu überwachen, ihnen die Freiheit zu rauben. Die Abschaffung des Bargeldes gleiche einem Terroranschlag des Finanzsystems gegen die Völker. George Orwell hat in seinem Roman »1984« den gläsernen Menschen vorausgesagt. Die totale Kontrolle über ihn wird kommen. Auch wenn gebetsmühlenartig gekrächzt wird, dass der Datenschutz gewährleistet sei, wird gerade das nicht sein. Persönliche Daten werden gespeichert, personengebundene Nutzerprofile erstellt. So entsteht der gläserne Mensch, der leicht manipuliert werden kann. Geld ist geprägte Freiheit, hatte Dostojewski gesagt. Scheine und Münzen im Portemonnaie, unterm Kopfkissen oder in der Blechdose sind sicher vor dem Staat. Und Negativzinsen muss man für sie auch nicht zahlen. Was mit ihnen geschieht, bleibt ihm verborgen. Die Privatsphäre bleibt anonym. Geld, das auf der Bank liegt und hin und her überwiesen wird, kann der Staat dagegen vollständig kontrollieren. Mit dem Bargeld gehen Freiheit und Anonymität verloren. »Wir werden zu Geiseln der Banken. Alle unsere Ein- und Verkäufe werden gespeichert. So kann der Kauf von bestimmten Gütern reglementiert oder es können individuelle Preise und Gebühren festgelegt werden«, heißt es in der Petition »Rettet unser Bargeld«.[29]

---

27 Freie Presse, Chemnitz, 14.05.2020, S. A5.

28 Welche Banken und Sparkassen Gebühren erheben ist aufgelistet unter https://www.biallo.de/girokonto/news/jede-zweite-bank-kassiert-beim-bargeldlosen-zahlen (15.05.2020).

29 https://rettet-unser-bargeld.de (13.02.2020)

Professorale Schützenhilfe

Ökonomieprofessoren waren sich nie zu schade, Unternehmern und Politikern zu raten, was diese hören wollten. Die 1833 erstmalige Festlegung eines Normalarbeitstages in England brachte Erleichterung: 9- bis 12-Jährige durften nur noch 8 Stunden am Tag arbeiten. Die Nachtarbeit für Kinder und Jugendliche wurde verboten. Für erwachsene Arbeiter blieben 12 Arbeitsstunden am Tag die Obergrenze. Unternehmer wehrten sich gegen die Verkürzung der Arbeitszeit. Die Industrie käme unmöglich ohne die Tag- und Nachtarbeit der Kinder und Jugendlichen aus. Die hohe Wissenschaft eilte den bedrängten Fabrikanten zu Hilfe. Ein Nassau William Senior (1790-1864), Professor in Oxford, befand: Wenn der Arbeitstag täglich um eine Stunde reduziert würde, verschwände der Reingewinn. Und der englische Chemiker und Ökonom Andrew Ure (1778-1857) warnte, »dass Fabrikkinder und junge Personen unter 18 Jahren, welche man nicht volle 12 Stunden in die warme und reine Moralluft der Fabrikstube bannt, sondern ›eine Stunde‹ früher in die gemütskalte und frivole Außenwelt verstößt, von Müßiggang und Laster um ihr Seelenheil geprellt werden.« (MEW 23: 237-241) Die Harvard-Professoren Kenneth Rogoff und Larry Summers sowie Nobelpreisträger Paul Krugman machen sich stark für Liquidierung des Bargeldes. In seinem Buch »Der Fluch des Geldes« schreibt der erste, »die allmähliche Abschaffung des Bargeldes (sei) die eleganteste Lösung, um den Zentralbanken eine Negativzinspolitik zu ermöglichen«. (Rogoff 2016: 3) Negative Zinsen brauche man, um die Wirtschaft anzukurbeln. In einem Interview sagte Rogoff, er halte es für möglich, dass die Notenbanken in einer schweren Krise Negativzinsen von 5 % oder 6 % erheben könnten, um die Krise schnell zu überwinden.[30] Solange es Bargeld gibt, können sich die Leute dem Strafzins entziehen, indem sie ihr Geld zu Hause lassen. Ist Bargeld abgeschafft, wären sie in Krisenzeiten dem Staat mehr oder weniger ausgeliefert und es drohte ihnen – auf elektronischem Weg – die Enteignung. Ähnlich famose Ideen hatte Silvio Gesell (1862-1930), der durch die Bestrafung des Geldhortens die Wirtschaft aus der Krise führen wollte. Strafzinsen zwängen die Leute dazu, ihr Geld für Konsum- und Investitionsgüter auszugeben. (Gesell 1920/2007) Doch kein Unternehmer wird investieren, wenn er nicht überzeugt ist, dass er die zusätzliche Produktion verkaufen

30 Ferber, M., Anhaltende Hexenjagd auf Bargeld, Neue Zürcher Zeitung, 21.12.2016, in: nzz.ch (13.02.2020)

kann. Und bei gesättigten Verbrauchern und vielen, die zu arm sind, um zu kaufen, klappt das nicht. Sein neues Kapital wäre totes Kapital und verkaufen könnte er auch dieses nicht. Naiv, wenn Ökonomen und Banker glauben, das schrullige Schwundgeld, durch Negativzinsen vom Konto gedrängt, würde Geschäfte ankurbeln und die Wirtschaft unter Hochdruck halten. Und wenn doch, dann wäre es in gesättigten Ökonomien ein sinnfreies Wirtschaftswachstum, das die Überschüsse mehrt, weitere Ressourcen vergeudet und der Umwelt schadet. Negativzinsen enteignen die Sparer und belohnen die Schuldner. Staaten, die sich verschulden, werden dafür mit Zinsen belohnt. Verrückte Welt! Ähnliche Schildbürgerstreiche begingen SED-Wirtschaftspolitiker. Sie versuchten mit ökonomischen Hebeln, das Aufkommen aus Kleintierhaltung anzuregen. Der Handel zahlte den privaten Produzenten höhere Preise, als er seinen Kunden berechnete. So war es möglich, im Dorfkonsum Hühnereier aus privater Haltung zu einem Preis zu verkaufen, der es gestattete, die höhere Menge zurückzukaufen, quasi 10 Eier gegen 15 Eier zu tauschen.

Wie weiter?

Bargeld wird nicht verboten werden wie das Rauchen in der Kneipe. Es wird schleichend entsorgt. Und die Bürger sollen das Gefühl haben, frei zu entscheiden. Nach und nach wird den Leuten die Wahl erschwert oder die Entscheidung erleichtert, je nachdem, wie man es betrachtet. »Sie können natürlich frei entscheiden, wie Sie Ihre Rechnung begleichen wollen, aber Lidl, Rewe, Edeka und Aldi haben beschlossen, nur noch Karten und Zahlungen via Smartphone zu akzeptieren, ach ja und ihr Vermieter übrigens auch …« Neue kostengünstigere Verfahren des Zahlungsverkehrs werden das Bargeld weiter zurückdrängen. Ob es einst ganz weg sein wird, wer weiß? Und wenn, dann soll es am Ende so aussehen, als habe der Bürger das Nichtgewollte gewollt. Vielen scheint noch nicht klar zu sein, welche Bedeutung programmierbares Digitalgeld auf Kryptobasis künftig spielen wird – vermutlich keine geringe. Allerdings scheinen die Staaten nicht bereit zu sein, eine private, globale Digitalwährung zu tolerieren, die in Konkurrenz stünde zu den Schlüsselwährungen der Welt, wie die Pläne eines Konsortiums rund um Facebook zeigen, eine solches Kryptogeld namens »Libra« in Umlauf zu bringen. Die Regierungen werden schwerlich private anonyme Zahlungssysteme in großem Umfang durchgehen lassen. Es bestünde die Gefahr, dass dadurch ihren

Zentralbanken das geldpolitische Zepter aus der Hand genommen werde. Ihr Einfluss auf Kapitalzu- und -abflüsse, auf Devisenmärkte, Wechselkurse und Zinsen, auch heute schon bescheiden, tendierte gegen Null. Das private Kryptogeld würde zudem Kapitalflucht, Steuerhinterziehungen und diverse Verbrechen erleichtern. Private Währungen, selbstverständlich auch ihre neuesten elektronischen Kreationen, gefährden die staatliche Währungshoheit, sind daher ein Tabu. Wahrscheinlich ist es daher, dass Staaten und Zentralbanken selbst programmierbares Digitalgeld schaffen und international abgestimmte Regelungen treffen, die verhindern, dass privates Digitalgeld auf Kryptobasis die Stabilität der Geld- und Währungssysteme gefährden kann. Technischer Fortschritt, mit Kostensenkungen, Profitsteigerungen und (vermeintlich) höherer Sicherheit verbunden, lässt sich nicht aufhalten. Deshalb betrachten die privaten Banken das programmierbare Digitalgeld, egal, ob zunächst noch auf Kontenbasis oder sie ersetzend auf Blockchains, als eine zukunftsträchtige Innovation mit großem Potenzial. Es sichert die korrekte, automatische, unmittelbare und kostengünstige Ausführung der Bezahlung. Der Bankenverband fordert den programmierbaren digitalen Euro.[31] Er wird kommen und er wird den Zahlungsverkehr europaweit dominieren.

---

31 Jenseits von Libra: Warum die Wirtschaft einen digitalen Euro braucht , https://bankenverband.de, 30.10.2019 (14.02.2020)

Zweiter Teil

EVOLUTION DES KAPITALISTISCHEN GELD- UND WÄHRUNGSSYSTEMS

Von den allgemeinen Bestimmungen des Geldes zu den entwickelten Formen von Geld, Kredit und fiktivem Kapital

von Stephan Krüger

Einleitung

Der beständigen Wandlung der wirtschaftlichen Verhältnisse im Kapitalismus unterliegen das Geld- und Kreditsystem sowie der internationale Währungszusammenhang in besonderer Weise. Dies liegt zum einen daran, dass die entwickelten und die Kapitalakkumulation befördernden Formen des Geldes erst ein spätes Produkt der Zeit nach dem II. Weltkrieg geworden sind, und zum anderen, dass die staatlichen Einflüsse und Regulierungen von Geld, Kredit- und Bankwesen sowie der Währungsverhältnisse nicht nur quantitativ bedeutend, sondern auch nach vielen Seiten hin unabdingbar für die Funktionsfähigkeit des ökonomischen Gesamtsystems sind.[1] Als zentrale Fragen bleiben vor diesem Hintergrund: Haben die Veränderungen und Weiterentwicklungen des Geld- und Währungssystems bereits zu einer derartigen qualitativen Veränderung der kapitalistischen Produktionsweise geführt, dass über die Instrumente der Fiskal- und Geldpolitik eine weitgehend nach politischen Gesichtspunkten vorgenommene Steuerung der Ressourcenallokation ermöglicht wird und Krisen nicht mehr durch die naturwüchsigen Gesetzmäßigkeiten der Kapitalakkumulation erzeugt werden, sondern im Wesentlichen nur durch ein Fehlverhalten der Wirtschaftspolitik? Oder sind die Veränderungen des Geld- und Währungssystems in letzter Instanz nur Ausgestaltungen der in den allgemeinen Bestimmungen von kapitalistischer Warenproduktion und -zirkulation angelegten immanenten Entwicklungstendenzen, die sich an

1 Vgl. Polanyis ›Great Transformation‹ (1944/1971), der das Versagen der Marktutopie und die notwendige Einbettung von Marktverhältnissen und die Verwandlung von Arbeit, Geld und Boden in von ihm so genannte ›fiktive Waren‹ als Bedingung für die Funktionsfähigkeit einer marktwirtschaftlichen Allokation unter kapitalistischen Produktionsverhältnissen herausgestellt hatte. Heute stellt sich nach dem Scheitern des Finanzmarktkapitalismus erneut die Aufgabe einer großen Transformation, die dieses Mal nicht bei Arbeit, Boden und Geld stehen bleiben kann, sondern die Etablierung einer neuen makroökonomische Strukturpolitik erfordert und damit die Systemgrenze der kapitalistischen Produktionsweise überwindet.

der Kategorie des Geldes – sowie den unterliegenden Verhältnissen des Kredit- und Bankenwesens, kurz: den Institutionen und Instrumenten des heutigen kapitalistischen Finanzsystems – nur einen konzentrierten Ausdruck verschaffen und daher mit den von Karl Marx entwickelten allgemeinen Bestimmungen aus dem I. Abschnitt des I. Bandes des ›Kapitals‹ ›eingefangen‹ bzw. vermittelt und daher erklärt werden können? Wenn Letzteres tragfähig ist, fällt die Fortführung der systematischen Formbestimmungen von Geld und Währung bis hin zu ihren modernen, zeitgenössischen Formen in Eins mit historischen Entwicklungsetappen und der Nachvollzug der historischen Entwicklung des kapitalistischen Geld- und Währungssystems in ihren charakteristischen Ausgestaltungsformen wird seinerseits Bestandteil der systematischen Darstellung.

1. Fundamentalbestimmung des Geldes als allgemeines Äquivalent der Warenwerte

»*Jedermann weiß, wenn er auch sonst nichts weiß, daß die Waren eine mit den bunten Naturalformen ihrer Gebrauchswerte höchst frappant kontrastierende, gemeinsame Wertform besitzen – die Geldform.*« (MEW 23: 62) Aber damit stellt sich die Aufgabe: »*Hier gilt es (…) zu leisten, was von der bürgerlichen Ökonomie nicht einmal versucht ward, nämlich die Genesis dieser Geldform nachzuweisen, also die Entwicklung des im Wertverhältnis der Waren enthaltenen Wertausdrucks von seiner einfachsten unscheinbarsten Gestalt bis zur blendenden Geldform zu verfolgen. Damit verschwindet zugleich das Geldrätsel.*« (Ibid.) Die allgemeinen Bestimmungen der Geldform sind kurz zu rekapitulieren, weil auch sich als Marxisten verstehende Autoren dieselben oftmals missachten, missverstehen oder ›vergessen‹.[2]

Marx bestimmt Geld als allgemeines Äquivalent, das den Wert der Warenwelt zum Ausdruck bringt. An der einzelnen Ware ist ihr Wertsein als gesellschaftliche Eigenschaft nur als »*gespenstige Gegenständlichkeit, (…) bloße Gallerte unterschiedsloser menschlicher Arbeit*« (ibid.: 52) vorhanden und da-

---

2 Vgl. die Vertreter einer ›monetären Werttheorie‹ wie z. B. M. Heinrich (2008 und 2010), I. Stützle (2006) oder M. Wendl (2019a und 2019b).

her nicht sichtbar. Der spezifisch gesellschaftliche Charakter warenproduzierender Arbeit erscheint nicht unmittelbar in der Arbeit, sondern macht sich erst anhand des gesellschaftlichen Zusammenhangs der Waren im Austauschprozess geltend, d. h. er ist indirekt, weil die Arbeit als Privatarbeit voneinander unabhängiger Produzenten verausgabt und ihre Beschaffenheit als Teil der gesellschaftlichen Gesamtarbeit erst anhand des gelungenen Austauschs post festum festgestellt wird – was zugleich bedeutet, dass sich rückwirkend ergeben kann, dass verausgabte Arbeit sich nicht oder nicht in vollem Umfang als gesellschaftlich notwendige Arbeit und daher überhaupt als gesellschaftliche Arbeit erweist. Die Wertgegenständlichkeit, in die als genuin gesellschaftliche Eigenschaft kein Atom Naturstoff eingeht und die anhand der einzelnen Ware unfassbar, eben gespenstig ist, kann nur in einem gesellschaftlichen Verhältnis von Ware zu Ware erscheinen. Erst im Wertverhältnis zwischen mindestens zwei Waren kann Wert als Tauschwert ausgedrückt und als Wertgröße sichtbar gemacht werden. Das Wertverhältnis zwischen Waren treibt infolge des allgemein-gesellschaftlichen Charakters der Warenform des Produkts zur Darstellung des Werts der gesamten Warenwelt in einer einzigen Ware und einheitlich in derselben Ware (vgl. ibid.: 79). Die gemeinschaftliche und daher allgemeine Wertform wird, nachdem sich die Ausschließung der Äquivalentware endgültig auf eine spezifische Warenart beschränkt und objektive Festigkeit und allgemein gesellschaftliche Gültigkeit gewonnen hat, zur Geldform. Die Geldform verwächst mit den edlen Metallen, Gold und Silber, und schließlich mit dem Gold als dem wertvolleren Metall. »*Gold tritt den andren Waren nur als Geld gegenüber, weil es ihnen bereits zuvor als Ware gegenüberstand.*« (Ibid.: 84) Gold wird Geld erstens als Vergegenständlichung abstrakt menschlicher Arbeit, d. h. als Gegenständlichkeit und zweitens als Ware mit einem eigenen Wert. Beide Eigenschaften des Geldes folgen mit Notwendigkeit aus der Wertbestimmung der Waren; die Eigenschaft des Goldgeldes als allgemeines Äquivalent ergibt sich sodann per Ausschließung »*als gemeinsames Werk der Warenwelt*«. (Ibid.: 80)

Ein solches gemeinsames Werk der Warenwelt bedingt aber zusätzlich das soziale Handeln der Warenbesitzer im Austauschprozess (d. h. auf dem Markt). Aber aus ihrem willentlichen, bewussten Handeln als Privateigentümer von Waren ergibt sich dieses gesellschaftliche Resultat der Warenwelt gerade nicht, weil für jeden Warenbesitzer der Austausch einerseits einen individuellen, andererseits einen gesellschaftlichen Prozess darstellt, zwei Prozesse, die sich wechselseitig ausschließen. Individueller Prozess, denn »*jeder Warenbesitzer will seine Ware nur veräußern gegen andre Ware, deren Gebrauchswert sein Bedürfnis befriedigt.*« (Ibid.: 101) Gesellschaftlicher Prozess, denn der Warenbesitzer will und muss seine Ware gleichzeitig als Wert realisieren, d.h. in jeder beliebigen anderen Ware von demselben Wert, sodass ihm jede fremde Ware als besonderes Äquivalent seiner Ware, daher seine Ware als allgemeines Äquivalent aller anderen Waren gilt. »*Da aber alle Warenbesitzer dasselbe tun, ist keine Ware allgemeines Äquivalent und besitzen die Waren daher auch keine allgemeine relative Wertform, worin sie sich als Werte gleichsetzen und als Wertgrößen vergleichen.*« (Ibid.) Aus dem individuellen bewussten Handeln der Warenbesitzer lässt sich nicht nur keine Geldform ableiten, sondern es würde sich darüber hinaus sogar die Wareneigenschaft als herrschende Form ihrer Produkte und damit deren Werteigenschaft aufheben: »*Sie (die Waren der Akteure des Austauschprozesses / S. K.) stehn sich daher überhaupt nicht gegenüber als Waren, sondern nur als Produkte oder Gebrauchswerte.*« (Ibid.)

Die Lösung dieses Dilemmas einer nicht gleichzeitigen Möglichkeit für alle Warenbesitzer, dass ihr Austausch individueller und gesellschaftlicher Prozess ist, verweist auf eine Dimension oder Bestimmtheit ihres sozialen Handelns, welche jenseits ihrer bewussten individuellen Motive liegt, vielmehr diesen Motiven unterliegt und das Bewusstsein der Akteure ihrerseits zuallererst bestimmt.[3] »*Sie haben daher schon gehandelt, bevor sie gedacht haben. Die Gesetze der Warennatur betätigten sich im Naturinstinkt der Warenbesitzer.*« (Ibid.) Dieses soziale Handeln ›vor‹ dem bewussten Denken oder die Bestimmtheit des ›Naturinstinktes‹ der Warenbesitzer gründet sich auf ihre Einbindung in einen sachlich vermittelten, arbeitsteiligen gesellschaftlichen Zusammenhang,

3 Damit ist zugleich Wesentliches zur Methodik von Sozialwissenschaften im Kapitalismus gesagt: Gesellschaft kann nicht als bloße Summe des bewussten Handelns der Individuen erklärt werden, auch nicht, wenn man spezifizierend einräumt, dass es unbewusste Handlungsfolgen dieses bewussten Handelns gibt. Hierbei handelt es sich um die prinzipiellen Grenzen eines methodologischen Individualismus, welcher die klassische Gedankenform der bürgerlichen Ökonomie (Neoklassik) und Soziologie ist. Auch die Keynessche Liquiditätsvorliebe als Absicherung der Subjekte gegenüber den unbewussten Handlungsfolgen ihrer bewussten Aktionen bleibt letztlich in diesem methodologischen Individualismus befangen, wenngleich dem bewussten Handeln und seinen eventuellen unbewussten Handlungsfolgen ein systemspezifischer Gegensatz zwischen individuell-einzelwirtschaftlicher Rationalität und gesamtgesellschaftlichen Resultaten in Gestalt der ›Unsicherheit‹ als genuine Eigenschaft einer kapitalistischen Marktwirtschaft attestiert wird; vgl. ausführlich Krüger 2012b: 21ff.

den sie nicht bewusst handhaben und in der Regel nicht durchschauen. Sie sind als Privatproduzenten subsumiert unter ein indirektes System gesellschaftlicher Arbeit, dem sie als sachlich Abhängige vom Warenaustausch nur bei Strafe des eigenen Untergangs entgehen könnten und der daher ihr Handeln und weiter ihr Bewusstsein prädisponiert bzw. allererst erzeugt.[4]

Die Ausschließung einer Ware als allgemeines Äquivalent entsteht nur innerhalb eines gesellschaftlichen Prozesses der Warenbesitzer, aber dieser ist jenseits ihrer bewussten Motive durch ihren spezifischen, sachlich vermittelten gesellschaftlichen Zusammenhang, eben durch die ›Gesetze der Warennatur‹ bestimmt. Es kommt hinzu, dass er als gesellschaftlicher Prozess der Ausschließung des allgemeinen Äquivalents in seinem Resultat, der Geldform, ausgelöscht ist. *»Die vermittelnde Bewegung verschwindet in ihrem eignen Resultat und läßt keine Spur zurück.«* (Ibid.: 107) Diese vermittelnde Bewegung wird beständig wiederholt und bestätigt, indem die Warenbesitzer[5] bewusst mit dem Resultat dieser vermittelnden Bewegung, dem Geld, umgehen. Ihr Handeln ist daher doppelt bestimmt, es ist bewusst-unbewusstes Handeln in jedem Moment bzw. bewusstes Handeln, mit dem zugleich die nicht bewusst durchschauten unterliegenden gesellschaftlichen Verhältnisse als formbestimmte Verhältnisse beständig reproduziert werden.

Sichtbar gemacht werden kann die vollzogene bzw. bestätigte Ausschließung einer Ware als Geld also nicht im Rahmen der kapitalistischen Produktionsweise mit der für sie bereits gegebenen typischen Allgemeinheit des Produkts als Ware, sondern nur durch den Aufweis, wie sich innerhalb eines historischen Prozesses in vorkapitalistischen Gesellschaften nach und nach der unmittelbare Produktenaustausch mit untergeordneter Warenproduktion schließlich zum regelmäßigen, durch Geld vermittelten Warenaustausch ausgebildet hat (vgl. ibid.: 102ff). Dieser historische Exkurs ist damit zugleich Bestandteil der systematischen Darstellung der Kategorien der kapitalistischen Produktionsweise.

---

4 Vgl. MEW 23: 88: »Das Gehirn der Privatproduzenten spiegelt diesen doppelten gesellschaftlichen Charakter ihrer Privatarbeiten nur wider in den Formen, welche im praktischen Verkehr, im Produktenaustausch erscheinen – den gesellschaftlich nützlichen Charakter ihrer Privatarbeiten also in der Form, daß das Arbeitsprodukt nützlich sein muß, und zwar für andre – den gesellschaftlichen Charakter der Gleichheit der verschiedenartigen Arbeiten in der Form des gemeinsamen Wertcharakters dieser materiell verschiednen Dinge, der Arbeitsprodukte.«

5 Dies gilt allgemein, d. h. später auch für alle Akteure des kapitalistischen Finanzsystems und nachgerade der (bewusste) Geldpolitik betreibenden Zentralbanken.

2. Die Fundamentalbestimmung des Geldes als Wertmaß

Als allgemeines Äquivalent der Warenwelt ist Geld allgemeines Maß ihrer Werte. Dies ist die erste und fundamental-wertbestimmte Geldfunktion: »*Gold als Wertmaß ist die notwendige Erscheinungsform des immanenten Wertmaßes der Waren, der Arbeitszeit.*« (MEW 23: 109) Sie verschafft den Waren ihren Preis als ›reflektierte Bestimmung‹, weil der Akt des Auspreisens ein bewusster Akt der Warenbesitzer ist.

In dieser Funktion als Wertmaß fungiert das Geld aber nur als ideelle, vorgestellte Form. »*Jeder Warenhüter weiß, daß er seine Waren noch lange nicht vergoldet, wenn er ihrem Wert die Form des Preises oder vorgestellte Geldform gibt, und daß er kein Quentchen wirkliches Gold braucht, um Millionen Warenwerte in Gold zu schätzen.*« (Ibid.: 111) Jedoch hängt der Preis ganz vom reellen Geldmaterial ab; so unterscheiden sich die Warenpreise als Silber- oder Goldpreise je nach dem relativen Wertverhältnis zwischen beiden Metallen. Es macht sich hierin geltend, dass das Geld nur und soweit als Wertmaß fungiert, soweit es selbst Wert besitzt. Systematisch ursprünglich kann nur etwas als Geld fungieren und in der Funktion als Wertmaß dienen, was selbst Verkörperung von Wert oder Vergegenständlichung abstrakter, wertbildender Arbeit ist. In diesem Sinne ist Geld in letzter Instanz stets an ein allgemeines Äquivalent mit Selbstwert gebunden und die Geldware Gold stets Geld.

Nichts kann daher falscher sein als aus der ideellen Form des Geldes als Wertmaß zugleich auf einen ideellen Charakter des Geldes, d.h. seine komplette Loslösung von einer materiellen Geldware zu schließen; diese Auffassung ist als Demonetisierung der Geldware Gold seiner weitgehenden Idealisierung im historischen Prozess der Evolution des kapitalistischen Geld- und Währungssystems gegenübergestellt worden. Von den sich auf Marx berufenden Autoren wird in diesem Zusammenhang auf eine in der 1. Auflage des I. Bandes des ›Kapitals‹ angeführte Aussage rekurriert,[6] die dort als Analogie zur Verdeutlichung des Charakters des allgemeinen Äquivalents als »*Gattungsform des Aequivalents für alle andern Waaren*« (MEGA II, 5: 37) dient: »*Es ist als ob neben und außer Löwen, Tigern, Hasen und allen andern wirklichen Thieren, die gruppiert die verschiednen Geschlechter, Arten, Unterarten,*

6 Vgl. z.B. Heinrich 2008 und Stützle 2006.

Familien u.s.w. des Thierreichs bilden, auch noch das Thier *existierte, die individuelle Incarnation des ganzen Thierreichs. Ein solches Einzelne, das in sich selbst alle wirklich vorhandenen Arten derselben Sache einbegreift, ist ein* Allgemeines, *wie* Thier, Gott *u.s.w.*« (Ibid.; Hervorh. im Original) Da Tier, Gott etc. ideelle Abstraktionen oder rein gedankliche Vorstellungen sind, wird sodann geschlussfolgert, dass auch das allgemeine Äquivalent nicht prinzipiell einer Äquivalentware bedürfe, sondern auch als nicht-materielle, ideelle Größe von Marx bereits bei der Analyse der Wertform antizipiert worden sei – ungeachtet seiner vielen anderslautenden Aussagen. Es wird damit eine bloße Analogie aus einem ganz anderen Bereich als der Warenwelt, die von Marx nur zur Verdeutlichung eines singulären Umstands, nämlich des besonderen Charakters der in der allgemeinen Äquivalentware vergegenständlichten besonderen Arbeit, die jetzt als *»allgemeine Verwirklichungsform der menschlichen Arbeit, als allgemeine Arbeit«* (ibid.) gilt, als Begründungszusammenhang ökonomischer Kategorien missinterpretiert; dies ist ein gänzlich untauglicher Versuch, die Validität der Marxschen Wert- und Geldtheorie für heutige Verhältnisse, die ihr scheinbar entgegenstehen, zu ›retten‹.

Die Funktion des Geldes als Wertmaß enthält die Bestimmung des Maßstabs der Preise in sich, mit dem die Goldquanta gemessen und daher vergleichbar gemacht werden. Die Trennung der Geldnamen der Metallgewichte von ihren ursprünglichen Gewichtsnamen im Rahmen dieses Preismaßstabs – dies ist ein historischer Prozess mit unterschiedlichen, zum Teil national spezifischen Einflussfaktoren – provoziert die bürgerliche Ökonomie dazu, die ganz verschiedenen Bestimmungen des Geldes als Maß der Werte und Maßstab der Preise miteinander zu vermengen und damit den Charakter des Geldes zu mystifizieren; Geld wird als Rechnungseinheit definiert.[7] Da der Geldmaßstab als technische Größe (Maßeinheit und Maßstab) *»einerseits rein konventionell ist, andrerseits allgemeiner Gültigkeit bedarf (und daher) zuletzt gesetzlich reguliert (wird)«* (MEW 23: 115), wird – zusammen mit der Fixierung eines Zwangskurses als politischer Akt für den Annahmezwang von Zeichengeld (legal ten-

7 Vgl. Keynes 1931: 3: »Wir gehen aus von dem Begriff der Rechnungseinheit, also jener Einheit, in der Schulden, Preise und allgemeine Kaufkraft ausgedrückt werden. (…) Der Charakter des Geldes, jenes Gegenstandes, durch dessen Übergabe Schuldverträge und Preisverträge erfüllt werden und der die Haltung eines Vorrats an allgemeiner Kaufkraft ermöglicht, leitet sich her aus seiner Beziehung zur Rechnungseinheit, da die Schulden und Preise vorher in der letzteren ausgedrückt werden müssen.« (Hervorh. im Original)

der) – der Vorstellung Vorschub geleistet, dass der Staat zum Schöpfer des Geldes wird und dieser staatliche Schöpfungsakt eine bewusste gesellschaftliche Tat sei. Georg F. Knapp als Begründer des Chartalismus steht für diese Mystifikation, mit der gezeigt werden soll, dass der Staat und seine Zentralbank die rechtliche Form für die Geldschöpfung durch Kreditschöpfung und für reines, nicht von Gold und Silber abhängiges Zeichengeld schaffen (vgl. Knapp 1905 sowie Wendl 2019: 28)[8] – in der sog. Modern Monetary Theory erfährt diese Vorstellung eine aktuelle Renaissance. Die staatlich-gesetzlichen Fixierungen technischer Bestimmungen der naturwüchsig-gewohnheitsmäßig hervorgebrachten Verhältnisse werden zu Konstitutionsprinzipien des Geldes erklärt. Geld wird damit zum bewusst geschaffenen Instrument und ›pfiffig ausgedachten Auskunftsmittel zur Erleichterung des wirtschaftlichen Verkehrs‹ (Marx). Es ist dann nur noch ein weiterer Schritt, wenn gesagt wird, dass der Staat (inkl. Zentralbank) mit seiner Fiskal- und Geldpolitik die Ressourcenallokation umfassend steuern kann und der indirekt gesellschaftliche Charakter der Arbeit mit seinem für den Kapitalismus typischen Gegensatz zwischen Privat- und gesellschaftlicher Arbeit einer substanziellen Wandlung im zeitgenössischen Kapitalismus unterzogen worden sei.[9]

3.
Evolution des kapitalistischen Geld- und Kreditsystems: Ersatz von Gold durch Zeichen und Denomination von Repräsentativgeld

Geld als Geldware Gold stellt zwar die Fundamentalbestimmung dar – jedoch zeigt die historische Entwicklung, dass die Geldware in sukzessive mehr Funktionen und Zirkulationssphären durch Repräsentativgeldformen ersetzt worden ist. Diese Idealisierung der Geldware Gold ist dabei ein wesentliches

8 Auch Vertreter, die sich intentional als Marxisten verstehen, folgen dieser Vorstellung: »Die staatliche Monopolisierung des Geldes und seine Verwendung als vorgeschriebenes Zahlungsmittel für Steuern reichen aus, um die Akzeptanz von Geld in Buchgeld und Bargeld zu sichern.« (Wendl 2019: 28)

9 Konsequenterweise müsste dann auch der kapitalistische Charakter von Wirtschaft und Gesellschaft in Frage gestellt werden – was die bürgerliche Ideologie mit ihrer ›Sozialen Marktwirtschaft‹ auch tut.

Mittel, die Geldzirkulation von naturwüchsigen Beschränkungen zu befreien und damit die Kapitalverwertung und Kapitalakkumulation zu befördern. Es ist hier zwischen verschiedenen Geldfunktionen und Geldformen zu unterscheiden.

a) Zirkulationsmittel: (Scheide-)Münze und Wertzeichen (Staatspapiergeld)

Marx bestimmt als ökonomische Basis für die Ersetzung des Geldes mit (vollem) Selbstwert durch Münzen und Wertzeichen, also die Idealisierung der Geldsubstanz, die in der Funktion des Geldes als Zirkulationsmittel enthaltene *»selbständige Darstellung des Tauschwerts der Ware (als) flüchtiges Moment. (…) Verschwindend objektivierter Reflex der Warenpreise, funktioniert es (das Geld als Zirkulationsmittel / S. K.) nur noch als Zeichen seiner selbst und kann daher auch durch Zeichen ersetzt werden. Nur bedarf das Zeichen des Geldes seiner eignen objektiv gesellschaftlichen Gültigkeit, und diese erhält das Papiergeld durch den Zwangskurs.«* (MEW 23: 143) Diese aus der Funktion des Geldes als Zirkulationsmittel entspringende Idealisierung des Geldes durch Wertzeichen gilt für sich genommen zunächst nur für *»Staatspapiergeld mit Zwangskurs, (welches) unmittelbar aus der metallischen Zirkulation (herauswächst).«* (Ibid.: 141)

Die Menge des als Zirkulationsmittel fungierenden Geldes ist bestimmt durch die in einem Zeitraum (1 Jahr) zu zirkulierende Summe an Warenpreisen sowie die Umlaufsgeschwindigkeit des zirkulierenden Mediums, welche Menge durch Geschwindigkeit ersetzt, also $\Sigma WP = M_{Zirk} \times v$, wenn WP die Warenpreise, M_{Zirk} die Menge des Zirkulationsmittels und v die Geldumlaufsgeschwindigkeit bezeichnen. Dabei ist klar, dass in dieser Gleichung die Größe ΣWP die unabhängige Variable darstellt und das Produkt $= M_{Zirk} \times v$ die abhängige; der Kausalprozess geht also von links nach rechts.[10] Allerdings

10 Die Gleichung weist Ähnlichkeit mit der (später) von I. Fisher aufgestellten Quantitätsgleichung des Geldes $Q \times P = M \times v$ auf, wenn Q das gesamtwirtschaftliche Realprodukt einer bestimmten Periode und P sein allgemeines Preisniveau bezeichnen. Damit soll zugleich die Abhängigkeit des Preisniveaus von der Geldmenge im Sinne der Quantitätstheorie des Geldes zum Ausdruck gebracht werden. Tatsächlich treten die Waren aber nicht als Produkte Q, die erst in der Zirkulation ihren durch die Geldmenge (mit-)be-

schwankt die Geldmenge, welche die Zirkulationssphäre absorbiert, mit der Menge der zu zirkulierenden Waren und ihren resp. Preisen, unterschreitet aber nie ein gewisses Minimum, welches erfahrungsmäßig festgestellt wird; insofern enthält die Geldfunktion des Zirkulationsmittels die Unterscheidung zwischen aktiver und passiver Zirkulation (Geld als suspendierte Münze, zeitweilige Schatzform) in sich.

Lag die Ersetzbarkeit des Geldes als Zirkulationsmittel an der bloß flüchtigen Darstellung des Tauschwerts der Waren, so die genauere quantitative Bestimmtheit dieser Ersetzung des Goldgeldes durch Zeichen an dem erfahrungsmäßig festgestellten Minimum der Masse des aktiv zirkulierenden Mediums (als Zirkulationsmittel). Damit ergibt sich zugleich die Möglichkeit einer quantitativen Inkongruenz zwischen Geldmenge in Gold und in Papier. »*Werden (…) heute alle Zirkulationskanäle zum vollen Grad ihrer Geldabsorptionsfähigkeit mit Papiergeld gefüllt, so können sie infolge der Schwankungen der Warenzirkulation morgen übervoll sein. Alles Maß geht verloren. Überschreitet aber das Papier sein Maß, d.h. die Quantität von Goldmünze gleicher Denomination, welche zirkulierenen könnte, so stellt es, von der Gefahr allgemeiner Diskreditierung abgesehn, innerhalb der Warenwelt dennoch nur die durch die allgemeinen Gesetze bestimmte, also auch allein repräsentierbare Goldquantität vor.*« (Ibid.: 142)

Damit ergibt sich ein spezifisches Gesetz der Papiergeldzirkulation, welches durch das Repräsentationsverhältnis zwischen Wertzeichen und Geldware Gold bestimmt ist: »*Ein spezifisches Gesetz der Papierzirkulation kann nur aus ihrem Repräsentationsverhältnis zum Gold entspringen. Und dies Gesetz ist einfach dies, daß die Ausgabe des Papiergelds auf die Quantität zu beschränken ist, worin das von ihm symbolisch dargestellte Gold (resp. Silber) wirklich zirkulieren müßte.*« (Ibid.: 141) Damit ist für diese Geldform ein allgemeiner Anstieg der Warenpreise (Inflation) – abgesehen von Wertveränderungen aufseiten der Waren sowie der Geldware – abhängig von und bedingt durch eine Veränderung des Repräsentationsverhältnisses infolge der sich in der Zirkulation befindlichen Menge an Papiergeld.

---

stimmten Preis erhalten, ein, sondern als preisbestimmte Waren WP, was, wie zu zeigen ist, nicht aus-, sondern einschließt, dass es innerhalb der Zirkulation weitere Einflussfaktoren für die Warenpreise gibt, sodass es in der oben vorgestellten Gleichung auch eine Rückwirkung von der rechten auf die linke Seite der Gleichung gibt. Wir kommen hierauf zurück.

Während beim Geld als Maß der Werte alles auf die Qualität des Geldmaterials ankam und die Quantität desselben wegen der Preisform der Waren als ideeller Form unwesentlich war, ist es mit Bezug auf das Geld als Zirkulationsmittel umgekehrt. Jetzt ist wegen der Idealisierung der Geldware und ihrer Ersetzung durch Wertzeichen die reale Existenz der Geldsubstanz oder Geldware innerhalb der Zirkulation unwesentlich, die Menge des Geldes allerdings entscheidend, weil sie vermittelst des Repräsentationsverhältnisses über die Höhe der Warenpreise und damit über die Kaufkraft einer Geldeinheit am Warenmarkt (mit)entscheidet. Die Kaufkraft einer Geldeinheit, ausgedrückt auf der Grundlage repräsentativer Warenkörbe, wird nunmehr in Gestalt verschiedener Preisindizes zur Maßgröße von Geldentwertung (oder -aufwertung) und Inflation (oder Deflation).

Die Geltendmachung des Repräsentationsverhältnisses zwischen Gold und Wertzeichen erfolgt an der Schnittstelle zwischen beiden Geldformen; dies bezeichnet die ökonomisch-faktische Konvertibilität des Wertzeichens, auch wenn es formal oder de jure inkonvertibel ist.[11] Die Denomination des Wertzeichens als Geld und Wertmaß beruht also ökonomisch auf seiner faktischen Konvertibilität gegenüber dem Geld mit Selbstwert (Geldware Gold). Der modus operandi einer Veränderung eines gegebenen Repräsentations- oder Konvertibilitätsverhältnisses – durch Vermehrung der Papiergeldsumme bei gleichbleibender zu zirkulierender Warenmenge mit konstantem Wert oder einer Reduzierung der Warenmenge (mit konstantem Wert) und gleichbleibender Menge an Papiergeld – unterstellt die Geltendmachung der dauerhaft überzähligen Papiergeldsumme als Nachfrage an den Warenmärkten. Während bei metallischer Zirkulation eine beginnende Nachfragesteigerung zu einem Anstieg der Marktpreise der Waren führt, der in der kurzen Frist eine Erhöhung der Auslastung der vorhandenen Produktionskapazitäten nach sich zieht und damit, ceteris paribus, die Preise wieder auf ihr vorheriges Maß

11 Vgl. MEW 42: 68: »Konvertibilität in Gold und Silber ist also praktisches Maß des Werts eines jeden Papiergelds, das seine Denomination vom Gold oder Silber erhält, das Papier sei legal konvertibel oder nicht. Ein Nominalwert läuft nur als Schatten neben seinem Körper her; ob beide sich decken, muß die wirkliche Konvertibilität (Austauschbarkeit) desselben beweisen. Sinken des Realwerts unter den Nominalwert ist Depreziation. Wirkliches Nebeneinanderlaufen, sich Vertauschen ist Konvertibilität. Bei nicht konvertiblen Noten zeigt sich die Konvertibilität nicht an der Kasse der Bank, sondern im tagtäglichen Austausch zwischen Papier und dem Metallgeld, dessen Denomination es trägt.« Vgl. auch ibid.: 70.

zurückführte, wäre bei überschüssiger Papiergeldmenge nicht nur ein äquivalenter Mengeneffekt der Vermehrung der Waren, sondern zugleich eine dauerhafte Preissteigerung gegeben. Die Entwertung des Papiergeldes zeigt sich sodann sowohl anhand einer verringerten Kaufkraft einer Geldeinheit (auf dem Warenmarkt) als auch anhand einer Veränderung der faktisch-ökonomischen Konvertibilität des Papiergeldes gegenüber der Geldware Gold.

All dies gilt – zunächst – nur für die binnenwirtschaftliche Zirkulation. National ist auch der staatlich fixierte Zwangskurs der Wertzeichen als dekretierter Annahmezwang, was den Wertzeichen Bargeldcharakter verschafft: »*Nur bedarf das Zeichen des Geldes seiner eignen objektiv gesellschaftlichen Gültigkeit, und diese erhält das Papiergeld durch den Zwangskurs. Nur innerhalb der von den Grenzen eines Gemeinwesens umschriebnen oder innern Zirkulationssphäre gilt dieser Staatszwang, aber auch nur hier geht das Geld völlig auf in seine Funktion als Zirkulationsmittel oder Münze und kann daher im Papiergeld eine von seiner Metallsubstanz äußerlich getrennte und bloß funktionelle Existenzweise erhalten.*« (Ibid.: 143)

Damit das Wertzeichen als Geld(ersatz) anerkannt wurde und der staatliche Zwangskurs nicht bloßer Wille der Regierung war, musste das seinerzeitige historische Staatspapiergeld, welches durch staatliche Käufe geschaffen und in die Zirkulation geworfen worden war, auch vom Staat durch die Steuerzahlung der Bürger zurück genommen werden. Die Steuer als Schuldforderung des Staates überschritt bereits die Geldfunktion des Zirkulationsmittels und griff über auf diejenige des Zahlungsmittels und des damit bewerkstelligten Rückflusses der Wertzeichen zum ausgebenden Pol. Gleichzeitig ergaben sich dadurch neben Schwankungen der zu zirkulierenden Warenmenge und -preise weitere Gründe für Veränderungen des Repräsentationsverhaltnisses zwischen Gold und Papier durch quantitative Inkongruenzen zwischen ausgegebener Menge an Wertzeichen und steuerbedingten Rückflüssen. Diese konnten bis zur Diskreditierung dieses Staatspapiergeldes führen, d.h. zu einer rückwirkenden faktischen Aufhebung seiner Denomination als Geld in einer Hyperinflation. In der historischen Entwicklung ist dies oftmals im Zuge von staatlicher Kriegsfinanzierung oder bei tiefgreifenden wirtschaftlichen Krisen vorgekommen und zwar bis auf den heutigen Tag. Die erscheinenden Formen waren und sind dabei durchaus unterschiedlich – die ökonomische Formbestimmung von Repräsentativgeld als Wertzeichen und seine Zirkulationsgesetze, die die Wertmaßfunktion und ihre Geltendmachung durch die faktische Konvertibilität desselben mit der Geldware – später gegenüber anderen, auf dem Weltmarkt fungierenden Währungen – einschließen, stellten jedoch die ökonomische Ursache für die Entwertungen der Kaufkraft dieses Geldes dar.

b) Zahlungsmittel: Evolution der Formen des Kreditgeldes

Während beim Wertzeichen die flüchtige Existenz des Tauschwerts innerhalb der Warenmetamorphosen W – G – W die raison d'être für die Ersetzung des Geldes mit Selbstwert durch Wertzeichen ist, ist es beim Kreditgeld als der anderen und vom Wertzeichen unterschiedenen Geldform die Beschaffenheit bzw. Qualität des Kredits der ausgebenden Stelle, d.h. deren Bonität.

Die naturwüchsige Grundlage des Kreditgeldes als Zeichen- oder Repräsentativgeld ist der Handelswechsel, der Kredit ist dabei ein privater Kredit des Wechsel ausstellenden Kapitalisten oder Unternehmens (kommerzieller Kredit). Der Wechsel übernahm durch Indossamente Geldfunktionen innerhalb der Zirkulation zwischen Unternehmen und fungierte als Zahlungsmittel, womit zugleich die Bonität der durch den Wechsel verbrieften kommerziellen Kreditverhältnisse bestätigt und verstärkt wurde. War bare Zahlung notwendig, wurde der Wechsel vor Ablauf seiner Laufzeit bei einer Bank diskontiert. Diese Diskontoperationen vollzogen die Banken historisch-anfänglich durch Privatbanknoten. Diese Banknoten waren Wechsel, die auf die ausgebende Bank bezogen und des Übertritts in die allgemeine, zunächst regional begrenzte Zirkulation fähig waren. Eine entwickeltere Form der Banknotenzirkulation war erreicht, nachdem die Notenausgabe auf eine einzige Bank als Monopol übergegangen war und diese Bank als Bank und Finanzier des Staates nicht nur privaten Bankkredit, sondern als National- oder Zentralbank den Kredit der gesamten Nation hinter sich hatte. Zunächst allerdings waren diese Zentralbanknoten nicht nur faktisch, sondern auch de jure goldkonvertibles Repräsentativgeld und mussten von der ausgebenden Bank auf Anforderung ihres Besitzers gegen die Geldware Gold eingelöst werden. Durch diese Goldkonvertibilität war zugleich die Wertmaßfunktion für diese Banknoten praktisch durch ihren Eintausch gegen Gold vollzogen bzw. bestätigt herausgesetzt, d.h. ihre Denomination als Geld gegeben und ihr staatlich dekretierter Annahmezwang ökonomisch fundiert.

Meine Anschrift (bitte gut leserlich)

Name, Vorname

Straße und Nr.

PLZ und Ort

☐ **Senden Sie mir bitte kostenlos (etwa jährlich) Informationen zum Buchprogramm per Post zu.**

☐ **Ja, ich möchte Ihren eMail-Newsletter erhalten.**

meine eMail-Adresse

☐ **freiwillige Angaben**

Diese Karte habe ich aus folgendem Buch entnommen:

Von dem Buch erfuhr ich über ein/e: (Mehrfachantwort mögl.)

☐ Buchhandlung – ☐ persönl. Empfehlung – ☐ Rezension

☐ Lesung/Messe – ☐ Autor/in – ☐ Internetseite (s.u.)

☐ Verlagsanzeige in:

Telefon: +49-(221)-44 85 45, Fax: 44 43 05 – www.papyrossa.de – mail@papyrossa.de

bitte ausreichend frankieren

Deutsche Post
ANTWORT

PapyRossa Verlag
Luxemburger Str. 202
50937 Köln

Die nationalen Geldwesen der führenden kapitalistischen Volkswirtschaften zeichneten sich zu Beginn der industriellen Zeit durch unterschiedliche Geldformen aus. Sie dominierten jeweils in verschiedenen Zirkulationskanälen als Handelsgeld einerseits sowie sog. Einkommensgeld andererseits, was dem inneren Zusammenhang der Kapital- und Einkommenskreisläufe nicht entsprach. In der britischen Binnenzirkulation z. B. beherrschte die Zirkulation von Handelswechseln durch Indossamente die Sphäre der Beziehungen zwischen Industriellen und Kaufleuten; Barzahlung wurde auf Basis der Diskontierung von Wechseln (sowie Beleihung von Konsols und anderen Schuldtiteln) durch Banknoten geleistet. Das Recht der Notenausgabe besaßen neben der im Jahr 1694 ursprünglich als Privatbank gegründeten Bank of England (BoE) auch andere Privatbanken in der Provinz (sog. Zettelbanken).[12] Mit der Entwicklung der BoE als Bank des Staates und als Clearingstelle des nationalen Zahlungsverkehrs erhielten die von ihr ausgegebenen Banknoten staatlichen Zwangskurs als gesetzliches Zahlungsmittel (legal tender ab 1833) und wurden damit neben der Geldware Gold zum Reservemedium der Privatbanknoten emittierenden Provinzbanken. Erst seit 1923 war die BoE die einzige Notenbank in England und Wales.[13]

Zur Sicherung der (Gold-)Konvertibilität der Banknoten bestanden spezifische Deckungsvorschriften für den (inländischen) Notenumlauf durch den Goldschatz der Privatbanken bzw. die zentrale goldene Währungsreserve der Zentralbank. Diese Konvertibilität sicherte zugleich den staatlichen Zwangskurs der Noten und ihre Bestimmtheit als Bargeld. Im 19. Jahrhundert waren – national spezifische – Deckungsvorschriften der Banknotenzirkulation in allen kapitalistischen Metropolen die Regel. Vorbildcharakter besaß die britische Gesetzgebung (Peelsche Bankacts von 1844/45), durch welche die Bank von England als Zentralbank in ein Notenausgabe- und ein Bankdepartment aufgeteilt wurde.[14] Die strenge Konvertibilitätsvorschrift für den Banknoten-

12 Im Jahr 1790 gab es in ganz England rd. 350 Notenbanken. Zur Charakterisierung der realhistorischen Verhältnisse des englischen Geld- und Bankwesens sowie zur Einordnung der Currency-Banking-Kontroverse vgl. Burchardt 1977.

13 Zu dieser Zeit existierten in Schottland und Irland noch 6 Emissionsbanken. Nach der Unabhängigkeit Irlands 1921 zirkulierten bis in die jüngere Vergangenheit im Vereinigten Königreich noch Noten schottischer Banken, die im praktischen Verkehr den Noten der BoE gleichgestellt sind.

14 Vgl. MEW 25: 561f: »Der Bankakt von 1844 teilt die Bank von England in ein Notenausgabe-Department und ein Bankdepartment. Das erste erhält Sicherheiten – größtenteils

umlauf galt als die ›ideale Papierzirkulation‹ des ›Currency Principle‹, die sich genau nach den Gesetzen der metallischen Zirkulation richten sollte und Geldkrisen durch eine Entwertung des umlaufenden Repräsentativgeldes infolge Überemission unmöglich machen sollte. Die geldtheoretische Diskussion der damaligen Zeit, die als Currency-Banking-Kontroverse in die Geschichte der Geldtheorie eingegangen ist, zu der Marx sich im V. Abschnitt des III. Bandes des ›Kapitals‹ verhalten musste und deren einzelne Elemente auch in der Folgezeit und teilweise bis heute nachwirken, drehte sich um die Frage, inwieweit eine über die prinzipielle Goldkonvertibilität der Banknoten hinausgehende Beschränkung des Notenumlaufs durch die Größe der Goldreserve in den Kellern der Zentralbank notwendig war, um die Stabilität des Geldsystems zu sichern. Die Vertreter der Currency-Schule – der Bankier Lord Overstone alias Samuel Jones Lloyd, Robert Torrens, George W. Norman und John R. MacCulloch – waren stark von David Ricardos Geldtheorie beeinflusst, die er in seiner Studie ›The High Price of Bullion: A Proof of the Depreciation of Bank Notes‹ (vgl. Ricardo 1810/1979) dargelegt hatte und die, in Verbindung mit seiner Außenwirtschaftstheorie, den gravierenden Sündenfall gegenüber der ansonsten von ihm strikt durchgehaltenen Wertbestimmung durch Arbeit darstellt. Marx war nicht müde geworden, Ricardo wegen der Konsequenz, mit der er gegenüber scheinbar widersprechenden Phänomenen an der Oberfläche an dieser Wertbestimmung festhielt, als *den* Vertreter der klassischen politischen Ökonomie zu würdigen. In seiner Geldtheorie jedoch fällt Ricardo aus dieser Linie heraus und bestimmt den Wert des Goldes nicht nach der gesellschaftlich notwendigen Arbeitszeit, sondern entsprechend seiner Menge, d. h. nach seiner Reichlichkeit bzw. Knappheit. Die Currency-Schule setzt auf dieser Bestimmung des Goldwerts auf und postuliert, die Menge der umlaufenden Noten an die Bewegung der Goldreserve zu binden, um so negativen Preiseffekten an den Warenmärkten durch Entwertung der im Umlauf befindlichen Noten vorzubeugen. Das Ergebnis dieser quantitativen Bindung

Regierungsschuld (dies markiert den Staatskredit / S. K.) – für 14 Millionen (Pfd.St. / S. K.) und den gesamten Metallschatz, der zu höchstens ¼ aus Silber bestehn darf, und gibt für den Gesamtbetrag beider eine gleiche Summe von Noten aus. Soweit sich diese nicht in den Händen des Publikums befinden, liegen sie im Bankdepartment und bilden, mit der wenigen zum täglichen Gebrauch nötigen Münze (etwa 1 Million) dessen stets bereite Reserve. Das Ausgabe-Department gilt dem Publikum Gold für Noten und Noten für Gold; den übrigen Verkehr besorgt das Bankdepartment.«

der umlaufenden Banknoten an die fluktuierende Reserve des Ausgabedepartments bestand in der faktischen Verunmöglichung geldpolitischer Interventionen der Zentralbank in Zeiten von Liquiditätsanspannung und Krise. Denn mit jeder Verringerung des Metallschatzes der BoE durch Goldabfluss ins Ausland wurde die Bank gezwungen, der binnenwirtschaftlichen Zirkulation eine entsprechende Notenmenge zu entziehen. Das Ergebnis war eine massive Verschärfung zyklischer Krisen: »*Der Bankakt von 1844 provoziert also die sämtliche Handelswelt direkt dazu, bei hereinbrechender Krise sich einen Reserveschatz von Banknoten beizeiten anzulegen, also die Krise zu beschleunigen und zu verschärfen; er treibt durch diese, im entscheidenden Augenblick wirksam werdende, künstliche Steigerung der Nachfrage nach Geldakkomodation, d. h. nach Zahlungsmittel, bei gleichzeitiger Beschränkung der Zufuhr davon, den Zinsfuß in Krisen zu bisher unerhörter Höhe;*[15] *statt also die Krisen zu beseitigen, steigert er sie vielmehr bis auf den Punkt, wo entweder die ganze industrielle Welt in die Brüche gehen muß oder der Bankakt.*« (Ibid.: 570f) Letzteres geschah dann auch in den Krisen 1847/48 und 1857.

Diese die geldpolitischen Möglichkeiten der BoE beschränkende Regelbindung der Currency-Vertreter wurde durch die Repräsentanten der Banking-Schule, zuvorderst von Thomas Tooke und John Fullarton, abgelehnt. Ihr Gegenargument bestand in der Betonung des Kreditgeldcharakters der Banknoten, d. h. dem Tatbestand des automatischen Rückflusses ausgegebener Noten zum Ausgangspunkt mit Löschung des ihrer Emission unterliegenden Kreditverhältnisses (Refluxgesetz). Die Banking-Theoretiker sahen die Goldkonvertibilität der Banknoten als ausreichend für ihre Wertstabilität an und gingen davon aus, dass es allein von den Bedürfnissen des Verkehrs abhängt, wie groß die in der Zirkulation befindliche Notenmenge ist. Insofern waren sie der Auffassung, »*daß die Zwecke eines aus Münze und Papier gemischten Geld-Umlaufes zur Genüge erreicht würden, solange die Münze vollhaltig und das Papier stets gegen Münze einlösbar sei; und daß die einzigen Nachteile, vor welchen man sich durch eine Regelung schützen müsse, in der Gefahr einer Zahlungs-Unfähigkeit der Banken läge, von denen viele die Ausgabe von Noten mit ihren übrigen Geschäften verbinden.*« (Tooke, zit. nach: Asher 1858: 628) Dieser Bewertung unterliegt, im Unterschied zur naiven Quantitäts-

15 Bis 1833 war durch die sog. Wuchergesetze ein Zinsfuß über 5 % verboten. Erst mit Aufhebung dieses Gesetzes konnte die BoE das Instrument der Diskontpolitik effektiv, d. h. restriktiv anwenden.

theorie der Currency-Vertreter, die Position, dass die Preise der Waren und die Masse der Transaktionen im Verein mit der Umlaufsgeschwindigkeit des Geldes die Geldmenge bestimmen. Dem stimmt Marx explizit zu: »*Dasselbe Gesetz herrscht bei der Notenzirkulation.*« (MEW 25: 538) Ebenso folgt er der Banking-Schule, dass »*die Notenzirkulation (ebenso unabhängig ist) vom Stand des Goldschatzes in den Kellern der Bank, der die Konvertibilität dieser Noten sichert, (wie vom Willen der Bank von England).*« (Ibid.: 541) Zusammenfassend: »*Es sind also nur die Bedürfnisse des Geschäfts selbst, die einen Einfluß auf die Quantität des zirkulierenden Geldes – Noten und Gold – ausüben.*« (Ibid.) Umgekehrt bewertet er die Funktion des Goldschatzes der BoE als quantitativ bestimmenden Konvertibilitätsfonds für umlaufende Banknoten als »*weitere Komplikation, (die) (…) diesem Schatz ganz willkürlich (aufgeladen ist).*« (Ib.: 470f) Der Goldschatz als Reservefonds an Weltgeld und als Konvertibilitätsfonds für die binnenwirtschaftliche Banknotenzirkulation »*können in gefährlichen Konflikt geraten.*« (MEW 23: 160, Fn)

Wenn Marx also im Hinblick auf den Kreditgeldcharakter der Banknoten sowie die Abhängigkeit der Geldzirkulation von der Waren- und weiter Kapitalzirkulation mit der Auffassung der Banking-Schule einig ist, so markiert er doch einen wesentlichen Kritikpunkt, der sich auf die seinerzeitige desintegrierte Geldzirkulation bezieht, die für Tooke und Fullarton zur Folie ihrer Unterscheidung zwischen Kapital und Zirkulation (›currency‹) wurde; dies wurde durch unterschiedliche Bestandteile der Geldmenge sowie verschiedene vorherrschende Geldfunktionen, die in verschiedenen Zirkulationskanälen anzutreffen sind, scheinbar nahegelegt. Die Sphäre der die Beziehungen der Industriellen und Kaufleute vermittelnden Zirkulation galt Tooke als Sphäre des Kapitals, in welcher Wechsel und (großgestückelte) Banknoten zirkulierten. Als durch Kreditgeld beherrschter Zirkulationskanal mit der Dominanz der Geldfunktion des Zahlungsmittels war er, was genuin monetäre Einflüsse betrifft, weitgehend preisneutral: Der kommerzielle Kredit vermittelte eine Menge von Transaktionen durch Wechsel und weitgehend ohne Dazwischenkunft von Bargeld (Banknoten); wo sich der kommerzielle Kredit mit dem kurzfristigen Bankkredit im Wechseldiskonto der Geschäftsbanken bzw. im Rediskont der durch die Geschäftsbanken diskontierten Handelswechsel bei der Zentralbank verband, sorgte das Refluxprinzip für die Anpassung der Notenmenge an die Bedürfnisse der Zirkulation. Demgegenüber war die Revenuezirkulation die Domäne von Gold- (und Silber-)Münzen sowie Wertzeichen in Form von

Kupfermarken etc.; das Geld fungierte im Wesentlichen als Zirkulationsmittel bei Käufen für Zwecke der individuellen Konsumtion sowie als Zahlungsmittel bei Steuerzahlungen. Solange nun das in dieser Sphäre anzutreffende (inkonvertible) Repräsentativgeld mengenmäßig eng beschränkt war, war ein monetärer preisbestimmender Einfluss ebenso beschränkt. Kam es allerdings zu vermehrter Ausgabe von Wertzeichen als inkonvertibles Papiergeld durch den Staat,[16] so war trotz der Möglichkeit, die Steuerzahlungen in diesem Geld vorzunehmen und damit wieder zum Emittenten zurückzusenden, die Möglichkeit seiner Überausgabe gegeben, wenn der Staat beständig mehr Wertzeichen zur Bestreitung seiner Käufe ausgab, die nicht durch die Steuerzahlung wieder zu ihm zurückflossen. Zusammen mit der kreislauftheoretischen Auffassung von der Revenuezirkulation als finalem Zweck der gesamtwirtschaftlichen Produktion erhielt sodann dieses ›Einkommensgeld‹ als ›bestimmendes und begrenzendes Prinzip für die Nachfrage nach Waren‹ einen preisbestimmenden Einfluss.

Marx' Kritik setzt an der missachteten Verbindung der Sphären, die bei Tooke Kapital- und Revenuezirkulation darstellen, an; denn wie bei der Zirkulation und Reproduktion des gesellschaftlichen Gesamtkapitals im III. Abschnitt des II. Band des ›Kapitals‹ gezeigt worden ist, stehen *»beide Zirkulationssphären in einem innern Zusammenhang, indem einerseits die Masse der zu verausgabenden Revenuen den Umfang der Konsumtion und andrerseits die Größe der in Produktion und Handel zirkulierenden Kapitalmassen den Umfang und die Geschwindigkeit des Reproduktionsprozesses ausdrücken.«* (Ibid.: 462) Kapital- und Revenuezirkulation verschlingen sich ineinander, wenn die Verausgabung des Arbeitslohns der Arbeiter nicht nur die Geldform des variablen Kapitals wiederherstellt, sondern z. B. auch die Verausgabung der Revenuen aus der Produktionsmittel-Abteilung I in Konsumtionsmitteln die Geldform des konstanten Kapitals in Abteilung II restituiert. Die Geldzirkulation ist also, ungeachtet der seinerzeitigen Verwendung unterschiedlicher Geldarten in beiden Zirkulationssphären, als einheitliche Gesamtgröße zu bestimmen, die von ihrem Umfang sowie ihrer Geschwindigkeit durch die Bedingungen der

16 In der seinerzeitigen englischen Diskussion war von einem Missbrauch des Emissionsrechts von uneinlösbaren Noten durch die BoE selbst ›zur Befriedigung persönlicher Bedürfnisse‹ bei Fullarton die Rede, was insofern irreführend ist, weil eine Missbrauchsmöglichkeit durch die BoE in Bestreitung ihrer Ausgaben quantitativ vernachlässigbar war. Bedeutsam ist dies nur im Hinblick auf Ausgaben des Staates insgesamt.

Warenproduktion und Kapitalakkumulation beherrscht wird. Die Begrenzung der Möglichkeit eines genuin monetären Einflusses auf die Warenpreise, d.h. die beschränkte Gültigkeit der Quantitätstheorie des Geldes, hängt also nicht an der Revenuezirkulation bzw. der Zirkulation eines ›Einkommensgeldes‹, sondern an der Wertzeicheneigenschaft von Geld im Unterschied zu seiner Bestimmung als Kreditgeld.

Damit ist zugleich die Frage nach dem Charakter der Banknoten als Wertzeichen oder als Kreditgeld gestellt. Faktisch sind sie beides, Wertzeichen durch ihre Repräsentanz des Goldschatzes als zentraler Währungsreserve, was durch ihre de jure Goldkonvertibilität auch formell festgelegt wurde, Kreditgeld aufgrund ihrer in Zirkulation befindlichen Menge, die den Betrag der nationalen Goldreserve bei weitem überstieg. Hinzu kommt ihr spezifisches Zirkulationsgesetz, wenn ihr Austritt durch ein Kreditverhältnis bedingt ist, welches automatischen Rückfluss impliziert. In diesem Refluxgesetz der Notenzirkulation reproduziert sich zudem die bereits für eine metallische Geldzirkulation gültige Kreislaufbewegung von als Kapital vorgeschossenem Geld und selbst seiner Verausgabung als Revenue, die beide den Einbezug der Geldzirkulation in den Zirkulationsprozess des gesellschaftlichen Gesamtkapitals als Reproduktionsprozess zum Ausdruck bringen.[17]

Gleichwohl ist ein von Deckungsvorschriften befreiter Banknotenumlauf noch keineswegs die entwickelte Form desselben, die dem passiven Charakter der Geldzirkulation gegenüber reproduktiver Wertschöpfung und Kapitalakkumulation entsprochen hätte. Im Maße, wie die letztere mit ihrer Höherentwicklung in den kapitalistischen Metropolen an Kontinuität gewann und nur kurzfristig-zyklisch durch konjunkturelle Krisen gestört wurde, konnte in der Binnenzirkulation auf eine gesetzlich fixierte Konvertibilitätsvorschrift der Banknoten verzichtet werden und konnten auch die (binnenwirtschaftlichen) Funktionen des Geldes als Geld (Schatz und Zahlungsmittel) durch de jure inkonvertibles Repräsentativgeld vollumfänglich vollzogen werden.

Als inkonvertible Zentralbanknote, der durch den staatlich fixierten Annahmezwang Bargeldcharakter in der binnenwirtschaftlichen Zirkulation verliehen wird, ist sie eine Geldform sui generis und eine Symbiose zwischen Wertzeichen und Kreditgeld. Da sie auch als goldkonvertible Note bereits

17 Vgl. dazu die Zirkulation und Reproduktion des gesellschaftlichen Gesamtkapitals im III. Abschnitt des II. Bandes des ›Kapitals‹ (MEW 24).

sowohl Wertzeichen- als auch Kreditgeldeigenschaften besaß, bedeutete die gesetzliche Aufhebung ihrer Konvertibilität gegen die Geldware die Akzentuierung oder Verstärkung ihres Wertzeichencharakters; zudem war die Aufhebung ihrer Konvertibilität zunächst auf die Binnenzirkulation beschränkt.

Der Unterschied zwischen Wertzeichen und Kreditgeld zeigt sich innerhalb der Notenmenge und ergibt sich aus den unterschiedlichen Entstehungsgründen der in der Zirkulation befindlichen Noten. Als Wertzeichen repräsentieren die Noten die Goldreserve und ihre Menge ist durch deren Veränderungen bestimmt, wenn durch Außenwirtschaftstransaktionen auch ohne gesetzliche Deckungs- und/oder Konvertibilitätsvorschriften Goldzufluss durch die nationalen Exporteure in nationales Repräsentativgeld umgewechselt bzw. Goldabfluss durch die Importeure durch Hingabe nationaler Noten finanziert wird. Als Kreditgeld treten die Noten durch die Kreditbeziehungen der Zentralbank mit den Geschäftsbanken in die Zirkulation ein; mit Rückzahlung dieser Kredite fließen die Noten wieder zur Zentralbank als ausgebendem Pol zurück. Die als Kreditgeld zirkulierenden Zentralbanknoten stellen also einen beständig revolvierenden Fonds dar. Die Denomination der inkonvertiblen Zentralbanknoten als Geld und damit ihre Wertmaßfunktion übernimmt die Wertzeichenzirkulation innerhalb der Zentralbankgeldmenge und breitet sie auf den anderen Teil, der als Kreditgeld zirkuliert, aus. Da beide äußerlich identische Geldarten sind, erübrigt sich eine besondere Schnittstelle, an der sich die Wertmaßfunktion als spezifische Konvertibilitätsbeziehung äußert.

Eine weitere Evolution des kapitalistischen Geldwesens schließt an die Funktionen des Geldhandlungskapitals an, die neben der Kredit- und Anlagefunktion (zinsabhängiges Geschäft) als zinsunabhängige Dienstleistung durch die Banken übernommen werden. Die Etablierung eines bankvermittelten Verrechnungssystems, in dem Bankdepositen (Buchgeld) durch Überweisungen und Lastschriften an (Bar-)Zahlungsstatt übertragen werden, verbindet sich mit der Schöpfung von (privatem) Bankkredit und beruht in der Grundbestimmung auf der Verfügung der Bank über Zentralbankgeld. Dessen Zirkulation wird in erster Instanz[18] ersetzt und ökonomisiert. Obwohl Bankde-

18 Zunächst innerhalb zyklischer Grenzen, dann auch durch überzyklisch-langfristigere Verschuldungsprozesse kann durch die Geschäftsbanken eine kreditvermittelte Geldschöpfung erfolgen, welche die aus Zentralbankgeld (Bargeld mit staatlichem Zwangskurs) und (jederzeit fälligen) Bankdepositen (ohne Zwangskurs) gebildete Geldmenge nicht nur umschichtet, sondern positiv durch Buchgeld erhöht; vgl. dazu später.

positen keinen gesetzlichen Zwangskurs besitzen und auch als jederzeit fällige Sichtdepositen kein Bargeld im strikten Sinne darstellen, fungieren sie im normalen Gang der Verhältnisse als solches. Ihre Denomination als Geld (Wertmaß) erhalten sie durch das Zentralbankgeld, welches sie in der Zirkulation ersetzen.

Zusammenfassend zeigt die historische Entwicklung vom Staatspapiergeld über die verschiedenen Formen der Banknoten bis zur inkonvertiblen Zentralbanknote eine Evolution des Umlaufsmittels, die bis auf den heutigen Tag mit neuen Übertragungs- und Kreditformen andauert. Werden die Verhältnisse des Geldsystems im 19. Jahrhundert zunächst der heutigen Geldverfassung in der Binnenwirtschaft gegenübergestellt, so sind folgende Unterschiede herauszustellen.

Erstens. An die Stelle von Goldmünzen, konvertiblen Banknoten und inkonvertiblem Staatspapiergeld (Wertzeichen) als Bargeld neben Handelswechseln ist mit dem inkonvertiblen Zentralbankgeld ein einheitliches Umlaufsmittel sui generis in der Binnenzirkulation getreten. Die Geldmenge schließt von der äußeren Form her die Scheidemünze in kleiner Stückelung ein und wird ergänzt durch Bankdepositen (Sichteinlagen), die mittels Überweisung, Scheck oder Lastschrift mittlerweile zunehmend auf der Basis digitaler Techniken zur Zahlung bzw. genauer: an Zahlungsstatt übertragen werden. Letztere haben im Vergleich zu Marx' Zeiten quantitativ gegenüber dem Bargeld (Zentralbankgeld) massiv an Bedeutung gewonnen und beginnen bereits das Zentralbankgeld als Bargeld zu verdrängen.

Zweitens. Die Einheitlichkeit des Umlaufsmittels (Zentralbankgeld) fußt auf der Integration der verschiedenen nationalen Zirkulationskanäle. Sowohl in der interindustriellen Zirkulation zwischen den Kapitalen als auch in ihrer Verschlingung mit Einkommenskreisläufen fungieren dieselben Geldformen. Die schwerpunktmäßige Zuordnung der Funktionen des Zahlungsmittels auf die Zirkulationsprozesse zwischen Kapitalen sowie des Zirkulationsmittels auf Transaktionen der individuellen Konsumtion bleibt dabei erhalten.

Drittens. Die Zweistufigkeit des Bankensystems – Zentralbank mit Banknotenausgabemonopol, Verwalterin der zentralen Währungsreserven sowie als gesamtwirtschaftliche Clearingstelle des Zahlungsverkehrs zwischen den Spitzeninstituten des Geschäftsbankensektors einerseits sowie Geschäftsbanken (und andere Kapitalsammelstellen) für die Geldanlage, Kreditvergabe und die Zahlungsverkehrsabwicklung des Publikums andererseits – hat sich im historischen Prozess rein herausgearbeitet. Die modernen Zentralbanken sind heutzutage, bei aller unterschiedlichen Akzentuierung der jeweiligen Stellung der Geldpolitik zur Fiskalpolitik der Regierungen, weniger die weisungsabhängigen Währungsbehörden alter Prägung, sondern funktionieren als mehr oder weniger unabhängige Bankinstitute. Die Geschäftsbanken sind entweder Universalkreditinstitute oder spezialisiert auf bestimmte Kreditformen wie Hypotheken- oder private Ratenzahlungskredite oder weisen im Rahmen eines sog. Trennbankensystems eine institutionelle Trennung zwischen ›commercial banks‹ und ›investment banks‹ auf; letztere sind dabei nicht nur auf die Vergabe langfristiger Bankkredite spezialisiert, sondern begleiten Wertpapieremissionen, finanzieren Merger- & Acquisition-Transaktionen und sind im Eigenhandel an den Börsen aktiv (modernes Investment-Banking).

Gegenüber dem Ausland, d. h. für Weltmarkttransaktionen als Weltgeld blieben vor dem I. Weltkrieg und in der Zwischenkriegszeit sowohl die Goldversendung als auch die de jure Konvertibilität der Banknoten gegen die Geldware zunächst noch essentiell.

c) Außenwert und Binnenwert des inkonvertiblen Zentralbankgeldes

Die Evolution des Umlaufsmittels vollzog sich stets in einem Zusammenspiel zwischen binnenwirtschaftlicher und internationaler Zirkulation. Im Weltgeld wird die Daseinsweise des Geldes seinem Begriff adäquat (vgl. MEW 23: 156). Zu Marx' Zeiten bestand das Weltgeld im strikten Sinne »*in der ursprünglichen Barrenform der edlen Metalle*«. (Ibid.) Erst auf dem Weltmarkt »*funktioniert das Geld in vollem Umfang als die Ware, deren Naturalform zugleich unmittelbar gesellschaftliche Verwirklichungsform der menschlichen Arbeit in abstracto ist*«. (Ibid.) Als Weltgeld fungiert das Gold als »*allgemeines Zahlungsmittel, allgemeines Kaufmittel und absolut gesellschaftliche Materiatur des Reichtums überhaupt (universal wealth)*«. (Ibid.: 157)

Am Beginn der modernen Periode des Kapitalismus als Industriezeitalter, d. h. am Ende des 18. bzw. Beginn des 19. Jahrhunderts, sind die internationalen Verhältnisse zwischen den Nationalökonomien und Nationalstaaten durch einen Bimetallismus von Gold und Silber auf den Weltmärkten geprägt. Dieser doppelte Standard für die Funktion des Geldes als Weltgeld zwingt zur beständigen Umrechnung der Gold- in Silberpreise und umgekehrt, weil in der inneren Zirkulation stets nur eine Ware als Maß der Werte dient; Verschiebungen im relativen Wert des Goldes gegen Silber komplizieren diese Operationen. Am Ende derartiger Wirren setzt sich schließlich das wertvollere Gold als allgemeines Äquivalent und Wertmaß auch im internationalen Verkehr durch (internationaler Goldstandard).

Mit der Höherentwicklung der kapitalistischen Produktionsweise und der Zunahme ihrer internationalen Handelsbeziehungen sowie der grenzüberschreitenden Kapitalbewegungen vollzieht sich auch in der internationalen Zirkulation eine evolutionäre Idealisierung der Geldware, die rückwirkend zu einer weitgehenden Immobilisierung der nationalen Goldreserven der Zentralbanken führt. Im kommerziellen internationalen Verkehr behält der Handelswechsel länger als im Inland seine Funktion als Geldsurrogat, d.h. als privates Kreditgeld, bevor er durch das heute gängige Dokumentenakkreditiv zwischen Inlands- und korrespondierenden Auslandsbanken abgelöst wird. Ein Großteil des internationalen Handels wird daher bereits in frühen Stadien der kapitalistischen Produktionsweise nicht durch Gold, sondern durch Wechsel finanziert; nur überschießende Positiv- oder Negativsalden der jeweiligen nationalen Handels- bzw. Zahlungsbilanzen werden durch physische Versendungen des goldenen Weltgeldes ausgeglichen. *»Der Barometer für die internationale Bewegung der Geldmetalle ist (...) der Wechselkurs. Hat England mehr Zahlungen zu machen an Deutschland als Deutschland an England, so steigt in London der Preis von Mark, in Sterling ausgedrückt, und in Hamburg und Berlin fällt der Preis von Sterling, ausgedrückt in Mark. Gleicht sich dies Übergewicht der Zahlungsverpflichtungen Englands an Deutschland nicht wieder aus, z.B. durch überwiegende Einkäufe Deutschlands in England, so muß der Sterlingpreis für Markwechsel auf Deutschland bis zu dem Punkt steigen, wo es sich lohnt, statt Wechseln Metall – Goldgeld oder Barren – aus England in Zahlung nach Deutschland zum schicken.«* (MEW 25. 581f) Die sog. Goldpunkte, bestimmt durch die Transport- und Versicherungskosten für die grenzüberschreitende Versendung von Gold, bilden die Trennlinien für die Ersetzung des goldenen Weltgeldes durch Repräsentativgeld (Wechsel). Darüber hinaus fungiert das Gold in Barrenform für internationale Kapitalübertragungen, seien es internationale Anleihen durch Staaten oder private Kredite, die nicht durch den Warenhandel zwischen verschiedenen Ländern bedingt sind.

Die Wechselkurse zwischen nationalen (Repräsentativgeld-)Währungen sind unter diesen Bedingungen des internationalen Goldstandards Spiegelbilder ihrer nationalen Repräsentationsverhältnisse gegenüber Gold als Weltgeld; sie drücken zugleich ihre Außenwerte (als Kehrwerte ihrer nationalen Goldpreise) aus. Zwischen diesen Außenwerten und der Binnenkaufkraft der nationalen Währungseinheiten besteht unter diesen Bedingungen noch eine enge Beziehung, wenn in der Binnenzirkulation die Goldkonvertibilität der Banknoten und ihr praktischer Vollzug noch ökonomisch bedeutsam sind. Erst wenn im Innern eines Landes inkonvertible Noten zirkulieren, eröffnet sich ein Spielraum für eine auf die binnenwirtschaftlichen Verhältnisse gerichtete Geldpolitik der nationalen Zentralbanken; damit sind Außen- und Binnenwert einer Währung keine bloß formellen Unterschiede mehr. Der Goldgehalt einer Währungseinheit im Sinne des Repräsentationsverhältnisses und die Kaufkraft einer goldinkonvertiblen Geld- oder Währungseinheit in der Binnenwirtschaft treten qualitativ als Wertmaßausdrücke auseinander und beherbergen auch einen quantitativen Unterschied. Das Ausmaß dieses quantitativen Unterschiedes zwischen dem Preis von (Export-)Waren in Gold einerseits und in binnenwirtschaftlichen Preisen (als Preisniveau eines Warenkorbes) andererseits hängt ab von der Intensität des Außenhandels bzw. dem Anteil der nationalen Exportproduktion am gesamtwirtschaftlichen Warenprodukt, dem Anteil der Importe an der gesamtwirtschaftlichen (produktiven und individuellen) Konsumtion sowie der Geschwindigkeit, mit der Bewegungen der nationalen Zahlungsbilanz zu Veränderungen des binnenwirtschaftlichen Preisniveaus führen.

Für die Wertmaßfunktion des inkonvertiblen Zentralbankgeldes bedeutet dies, dass seine Beziehung zur Geldware durch seinen Außenwert gegenüber Gold oder sein Repräsentationsverhältnis und weiter durch die Wechselkurse gegenüber anderen konvertiblen Währungen bestimmt ist. Auf diese außenwirtschaftlich bestimmte Wertmaßfunktion wirkt nunmehr aber die Geldpolitik der Zentralbank in der Binnenzirkulation durch ihre Geldmengen- und/oder Zinspolitik ein und damit bestimmt sie die Entwicklung der Binnenkaufkraft des nationalen Geldes – neben den markt- bzw. wertbestimmten Faktoren für die Warenpreise – mit. Der ursprünglich, d.h. bei konvertiblen Banknoten strikte Zusammenhang zwischen Außen- und Binnenwert des Geldes wird gelockert: Der Außenwert bestimmt den Binnenwert des inkonvertiblen Repräsentativgeldes, aber letzterer wirkt wiederum durch die monetären Einflussfaktoren für die Zahlungsbilanzentwicklung auf den ersteren zurück. Es verquicken sich die nur theoretisch voneinander differenzierbaren reproduktiven und finanziellen von den rein monetären Einflussfaktoren für die

Entwicklung der Zahlungsbilanz. Wie immer handelt es sich auch bei dieser Beziehung zwischen dem Außen- und dem Binnenwert des inkonvertiblen Geldes um eine Wechselwirkung ungleicher Kräfte bzw. eine ursprünglich kausale Wirkung und eine auf dieser Grundlage rückwirkende Beziehung. In diesem Sinne bleibt Marx' Formulierung, dass *»das wirkliche Geld stets Weltmarktsgeld ist und das Kreditgeld stets auf dem Weltmarktsgeld beruht«* (Ibid.: 552), auch für inkonvertible Noten richtig.

Inkonvertibles Geld in der Binnenzirkulation und Konvertibilität der Währungen im internationalen Verkehr entsprachen den Nachkriegsverhältnissen im Bretton-Woods-Währungssystem. Allerdings war die außenwirtschaftliche Goldkonvertibilität der Bretton-Woods-Währungen bereits über den Umweg ihrer (festen) Wechselkurse gegenüber dem US-Dollar bestimmt, denn nur die Devise des Nachkriegs-Weltmarktdemiurgen USA besaß mit der (festen) Gold-Dollar-Parität (zu 35 US-$ pro Feinunze Gold) einen direkten, in Gold ausgedrückten Außenwert. Zudem war die Einforderung der außenwirtschaftlichen Goldkonvertibilität der Bretton-Woods-Währungen auf ausländische Zentralbanken beschränkt.[19] Durch die festen, gleichwohl aber prinzipiell veränderbaren Wechselkurse der Währungen gegenüber dem US-Dollar war die Beziehung der inkonvertiblen nationalen Zentralbanknoten zur Geldware und damit ihr Außenwert und ihre Wertmaßfunktion noch weitläufiger vermittelt als im Gold-Devisen-Standard der Zwischenkriegszeit. Spiegelbildlich war der entsprechende Spielraum der nationalen Geldpolitiken höher und wurde nur durch die jeweilige Verteidigung ihrer Wechselkurse gegenüber dem Dollar und den anderen Bretton-Woods-Währungen beschränkt. Die Wechselkurse konnten jedoch bei sich verfestigenden Überschüssen oder Defiziten der Zahlungsbilanzen neu festgesetzt werden; dies geschah auch. Damit trat als weiterer Einflussfaktor für den Unterschied zwischen den Binnen- und Außenwerten der Währungen eine der Möglichkeit nach gegenläufige Bewegung zwischen dem bilateralen Dollar-Wechselkurs und dem multilateralen Wechselkurs gegenüber anderen Währungen hinzu.

---

19 Dies führte bei der sich im Zuge von US-Devisenbilanzdefiziten entwickelnden Dollarschwemme zu einer dauerhaften Reduzierung der US-Goldreserven, wenn und weil etliche Zentralbanken von Überschussländern die Goldeinlösung ihrer Dollarguthaben einforderten. Bereits in den 1960er Jahren traf daher die amerikanische Federal Reserve Bank mit ausländischen Zentralbanken Abkommen zur Verringerung bzw. Beseitigung der Einlösung ihrer Dollars gegen US-Gold.

Der US-Dollar war nicht nur die einzige Währung, die im internationalen Verkehr eine offizielle Goldkonvertibilität besaß, sondern darüber hinaus war die Beziehung zwischen Gold und der US-Währung auch als fixe Parität von 1 Unze Feingold = 35 US-Dollar bestimmt. An und für sich widersprechen derartige fixe Paritäten variablen wertbestimmten Beziehungen.[20] Jedoch bestätigte die Fixität der Goldparität des US-Dollars infolge der herausgehobenen Stellung der US-Devise im internationalen Verkehr das Vertrauen in die Stabilität der kapitalistischen Weltwirtschaft als hierarchisches Gebilde mit einem Demiurgen des bürgerlichen Kosmos (USA) an ihrer Spitze. Tatsächlich fußte sie allerdings auf der eher zufälligen Koinzidenz einer im Wesentlichen gleich gerichteten Wertentwicklung der nationalen US-Warenproduktion (Durchschnittswert) sowie der (internationalen) Goldproduktion; Letzteres war bedingt durch die Exploitation von Goldminen in Südafrika, die von ihrer natürlichen Ergiebigkeit (Goldgehalt einer Tonne geförderten Erzes) sowie gesellschaftlichen Produktivitätsfortschritten im Goldbergbau diese gleichgerichtete Wertentwicklung des Goldes bei gleichzeitiger erheblicher Vergrößerung des Outputs ermöglichten.[21] Umgekehrt fielen eine sich deutlicher manifestierende Schwäche der US-Ökonomie und ihrer Währung sowie ein Zurückbleiben der Produktivität im Goldbergbau zu Beginn der 1970er Jahre wiederum zusammen. Die zweimalige Abwertung des Dollars gegenüber Gold vermochte diese veränderten Konstellationen nicht aufzufangen. Auf die Spekulation privater Akteure gegen den US-Dollar und den Goldabfluss aus der US-Goldreserve aufgrund von Einforderungen der Konvertibilität seitens ausländischer Zentralbanken reagierte die US-Regierung unter der Nixon-Administration einseitig mit der Aufkündigung des offiziellen Dollar-Goldankers.

Damit wurde die weitläufige Beziehung des inkonvertiblen nationalen Geldes zur Geldware nochmals gelockert. Mit dem Übergang zu flexiblen

20 Dies gilt natürlich auch für feste Wechselkurse, die zwar einerseits größere Planbarkeit für die Wirtschaftsakteure erbringen und die aus der Zwischenkriegszeit bekannten (und gefürchteten) Abwertungswettläufe zwischen Währungen bzw. Ländern beseitigen soll(t)en. Bei strukturell-fundamentalen Veränderungen zwischen den Volkswirtschaften – d. h. konsolidierten Veränderungen der internationalen Stufenleiter produktiver Nationalarbeiten – waren die fixen Wechselkurse im Bretton-Woods-System daher anpassbar – wenngleich diese Neujustierung in der Praxis oftmals schlecht, d. h. zu spät und in zu geringem Umfang vorgenommen wurde.

21 Vgl. zu den Bedingungen der Goldproduktion (international) nach dem II. Weltkrieg ausführlicher Krüger 2012a: 137ff.

Wechselkursen zwischen den wichtigsten Währungen[22] blieb nur noch ihre gegenseitige Devisenkonvertibilität im praktischen Alltagsverkehr übrig. Mit dem sog. Devisen-Standard seit 1971 ist eine institutionell-gesetzlich fixierte (Ausländer-)Konvertibilität der Währungen gegenüber der Geldware Gold nicht mehr existent. Die Geltendmachung der Wertmaßfunktion des nationalen Geldes ist damit vollends auf die Geldpolitik der nationalen Zentralbanken übergegangen, die durch die Befreiung von dem Zwang, den festen Wechselkurs ihrer Währung zu verteidigen, ihren Handlungsspielraum nochmals erweitert haben; sie sind damit endgültig die Lender of last Resort für ihre Binnenwirtschaften geworden. Mit der Fortschreibung eines gegebenen (binnenwirtschaftlichen) Preisniveaus zuzüglich einer geldpolitisch bestimmten Zielinflationsrate – und damit auch der ursprünglich einmal bestandenen offiziell-gesetzlichen Beziehung des nationalen Geldes gegenüber dem Gold – haben sie die kontemporäre Geltendmachung der Wertmaßfunktion des Geldes übernommen. Dabei ist letztendlich nicht entscheidend, ob die durch die Zielinflationsrate näher definierte Preisniveaustabilität erreicht wird, sondern dass überhaupt eine im Großen und Ganzen kontinuierliche gesamtwirtschaftliche Preisniveauentwicklung realisiert werden kann. Mit dieser geldpolitisch vermittelten Übernahme der Wertmaßfunktion des Geldes durch die Zentralbanken sind die nationalen Goldreserven (weitgehend) immobilisiert worden – was keineswegs heißt, dass sie ökonomisch irrelevant geworden wären –, und eine die Preisentwicklung (an den nationalen Warenmärkten) direkt regulierende Beziehung zwischen dem nationalen inkonvertiblen Geld und der Geldware Gold im Sinne eines Repräsentationsverhältnisses zwischen beiden besteht im kontinuierlichen Gang der Dinge nicht mehr.[23]

22 Eine Ausnahme stellt das Europäische Währungssystem (EWS) einiger westeuropäischer Staaten dar, die fixe Wechselkurse untereinander beibehalten (Währungsschlange im Tunnel). Als Keimform der späteren europäischen Wirtschafts- und Währungsunion mit dem Euro als Gemeinschaftswährung der Europäischen Zentralbank (EZB) markiert das EWS ein Mini-Bretton-Woods-System. Gold bleibt im EWS und für die EZB offiziell anerkannte Geldware; bei Eintritt in das Eurosystem haben die Teilnahmestaaten einen Teil ihrer Währungsreserven in Gold bei der EZB einzubringen.

23 Dieses ›lose Ende‹ der Denomination des inkonvertiblen Repräsentativgelds gegenüber der Geldware Gold sieht Klaus Müller in seinem Beitrag nicht in dieser Weise; er geht von einer nach wie vor bestehenden direkteren und durch das Repräsentationsverhältnis näher bestimmten Beziehung zwischen Geldware und Repräsentativgeld aus.

Die letztere Einschränkung ist allerdings bedeutsam. Denn die Übernahme der Wertmaßfunktion für das Repräsentativgeld durch die Zentralbank im Sinne der jährlichen Fortschreibung einer konstanten Kaufkraft bzw. einer Zielinflationsrate für den binnenwirtschaftlichen Preisindex konstituiert ein loses Ende für die Denomination des inkonvertiblen Geldes. Solange die Reproduktion weitgehend störungsfrei verläuft, d. h. gesamtwirtschaftliche Inflations- (oder Deflations-)Prozesse ein gewisses Maß nicht überschreiten, findet nicht der von Marx für die Krisen im Rahmen des seinerzeitigen Geld- und Währungssystem konstatierte Umschlag des Kreditsystems in das Monetarsystem statt. Aber das Repräsentationsverhältnis des inkonvertiblen Geldes zur Geldware Gold bleibt als Goldpreis der nationalen Währung bzw. Kehrwert ihres Außenwerts ein geheimer Bezugspunkt für die Entwertung des Repräsentativgeldes. Im Zuge einer tiefen, internationalen Finanzkrise mit einer Infragestellung und Zerstörung der Zentralbankfunktion als Lender of last Resort könnte die faktische Goldkonvertibilität des de jure inkonvertiblen Geldes wieder eingefordert werden und der Goldpreis der nationalen Währung als Ausdruck ihres Repräsentationsverhältnisses zur Geldware träte aus den Niederungen der Rohstoff- und Sachvermögensmärkte wieder an die Oberfläche der gesamtwirtschaftlichen Geldzirkulation und der alltäglichen Handlungen aller Gesellschaftsmitglieder.

Es ist bei einem krisenhaften Umschlag des Kreditsystems in das Monetarsystem von einer kaskadenartigen Steigerung auszugehen. In der ersten Stufe würde die Entwertung der Kaufkraft der nationalen Repräsentativgeldwährung ihren multilateralen Wechselkurs durch Abwertung betreffen. Eine galoppierende bis Hyperinflation in der Binnenwirtschaft würde sodann die Geldfunktion des Schatzes (Wertsicherung) beeinträchtigen und eine sich beschleunigende Flucht in Sachwerte provozieren. Schließlich würden auch die Funktionen des Zirkulations- und Zahlungsmittels beeinträchtigt und ein Ausweichen auf eine auswärtige stabilere Alternativwährung käme hinzu, sodass sich die Konstellation einer Doppel- oder Parallelwährung ergäbe; alles dies ist in Vergangenheit und Gegenwart immer wieder für nachgeordnete Währungen vorgekommen. Würde allerdings die Depreziation auch eine international bedeutendere Währung betreffen und dementsprechend die Funktion der betreffenden Zentralbank als Lender of last Resort in Frage stellen, ergäbe sich in einer nächsten Stufe die Notwendigkeit, auf die hegemoniale internationale Transaktions- und Reservewährung – d. h. für die Zeit nach dem II. Weltkrieg bis heute den US-Dollar – auszuweichen, sodass nunmehr die US-Zentralbank als Globaler Lender of last Resort die offenen Positionen eines in die Krise geratenen nationalen Banksystems ausgleichen müsste; dies war z. B. für die Europäische Zentralbank zur Zeit des Höhepunktes der letzten internationalen Finanzmarktkrise 2007/08 der Fall. Würde schließlich auch der Rückgriff auf den globalen Lender of last Resort nicht mehr genügen, wäre endlich das Geld mit Selbstwert gefragt – das lose Ende des Denominationsprozesses des inkonvertiblen Repräsentativgeldes würde auf seinen Ursprung und Ausgangspunkt zurückgebunden. Dies käme allerdings einem katastrophischen Zusammenbruch des gesamten internationalen Geld- und Währungssystems gleich. Ein solcher ist aber für eine sich in fundamentalen Widersprüchen bewegende kapitalistische Produktionsweise nicht prinzipiell auszuschließen, wenngleich zuvor wirtschaftspolitisch alles daranzusetzen wäre, einen derartigen Zusammenbruch zu verhindern. Die Alternative zu dieser Krisenkaskade besteht in der Schaffung eines internationalen Geldes als Transaktions- und Anlagemediums, wie es seinerseits insbesondre von J. M. Keynes vorgeschlagen worden war, aber mit den später vom Internationalen Währungsfonds zugeteilten Sonderziehungsrechten bis heute nur in ersten Ansätzen umgesetzt worden ist;[24] dies setzte allerdings eine internationale Übereinkunft für ein qualitativ anderes internationales Weltmarkt- und Akkumulationsregime voraus, das bei dem gegenwärtigen Kräfteverhältnis in der Weltwirtschaft und Weltpolitik nicht in Sicht ist. Es würde darüber hinaus auch in den wichtigsten Ländern die Überwindung der Dominanz kapitalistischer Produktionsverhältnisse unterstellen.

3.
Geldmenge und Geldzirkulation

Die (binnenländische) Geldmenge M besteht aus Bargeld und Sichteinlagen. Das Bargeld seinerseits umfasst die Scheidemünzen in kleiner Stückelung für tagtägliche Käufe der individuellen Konsumtion sowie die inkonvertiblen Zentralbanknoten. Letztere besitzen ihre Gegenbuchung im Konto der Zentral-

24 Vgl. Keynes 1943; zur ausführlichen Interpretation und Weiterentwicklung vgl. Krüger 2010: 518ff sowie Krüger 2019: 260ff.

bank zum einen durch die zentralen Währungsreserven, die ihrerseits aus dem nationalen Goldbestand, der Reserveposition der Zentralbank beim internationalen Währungsfonds IWF (Ziehungsrechte aus in Gold und nationalen Devisen eingezahlten Fondsmitteln sowie zugeteilten Sonderziehungsrechten) sowie aus in konvertiblen Währungen gehaltenen Devisenreserven bestehen. Diese Währungsreserven beinhalten in ihrem Devisenbestandteil die kurzfristig nach Maßgabe der nationalen Zahlungsbilanz fluktuierende Valutakasse. Hat die nationale Devisenbilanz – als Gegenbuchung zu der Gesamtheit der Außenwirtschaftstransaktionen inländischer Nichtbanken und Geschäftsbanken oder als Summe des nationalen Leistungsbilanzsaldos, des Saldos des langfristigen Kapitalverkehrs sowie des Saldos der kurzfristigen Kapitalverkehrs der Geschäftsbanken – einen Überschuss, fließen der Zentralbank ausländische Devisen zu, die sie den Akteuren, über die Geschäftsbanken vermittelt, in inländisches Zentralbankgeld umtauscht. Im Resultat einer positiven Zahlungs- bzw. Devisenbilanz haben sich somit die nationalen Währungsreserven erhöht und spiegelbildlich die inländische Zentralbankgeldmenge; im Falle einer defizitären Devisenbilanz geschieht das Umgekehrte. Selbst unter hypothetischen Bedingungen vollständig flexibler Wechselkurse kann ein Zahlungsbilanzausgleich mit einem steten Devisenbilanzsaldo von Null nicht stattfinden, sodass Variationen der nationalen Währungsreserven stets vorkommen müssen. Gegenüber der kurzfristig fluktuierenden Valutakasse der Zentralbank verändern sich allerdings die anderen Bestandteile der zentralen Währungsreserven nur nach Maßgabe außerordentlicher Ereignisse, seien es Goldkäufe oder -verkäufe der Zentralbank, Erhöhung (oder Verminderung) der nationalen Ziehungsrechte durch zusätzlich eingezahlte bzw. ausgekehrte Mittel des IWF oder seien es neu zugeteilte Sonderziehungsrechte. Der Goldbestand der Zentralbanken variierte im Rahmen des Bretton-Woods-Systems bei Einforderung der Goldkonvertibilität von US-Dollars – er nahm spiegelbildlich bei der amerikanischen Zentralbank ab – sowie durch Käufe am Goldmarkt oder Abgaben im Rahmen von Goldversteigerungen nach 1972. Nach dem Zusammenbruch des Bretton-Woods-Systems dominierte im Rahmen des Second Amendment des IWF die Abgabe von Währungsgold durch nationale Zentralbanken im Zuge einer beabsichtigten Demonetisierung des Goldes; allerdings war das Ausmaß der Abgabe von Währungsgold seitens der einzelnen Zentralbanken sehr unterschiedlich. Mittlerweile sind die Zentralbanken (als Gesamtheit und per Saldo) wieder als Käufer in jährlich zunehmendem Umfang am Goldmarkt zurück und kürzlich wurde auch das Second Amendment des IWF formell aufgehoben; damit ist der Versuch einer Demonetisierung des Goldes nicht nur gescheitert, sondern auch offiziell beendet.

Die Gegenbuchung der zentralen Währungsreserven im Zentralbankgeldumlauf variiert also namentlich nach Maßgabe der Entwicklung des Saldos der nationalen Devisenbilanz; hinzu kommt als weitere kurzfristig variierende Größe die seitens der öffentlichen Haushalte bei der Zentralbank (als Bank des Staates) deponierten Finanzmittel in Abhängigkeit von Steuerterminen und laufenden Ausgaben (staatliche Kassenposition). Dieser gesamte erste Bestandteil der Zentralbankgeldmenge funktioniert nach den Gesetzmäßigkeiten der Wertzeichenzirkulation, d. h. seine Entstehung ist (in verschiedener Form) marktbestimmt; ebenso sein Rückfluss zur Zentralbank, der nur bei einer Umkehrung der nationalen Außenwirtschaftsposition (sowie veränderter Kassenpositionen des Staates) stattfindet.

Dies gilt nicht (in der unmittelbaren Form) für den zweiten Bestandteil der Zentralbankgeldmenge, deren Gegenbuchung in der Zentralbankbilanz die Kreditvergabe der Zentralbank an die Geschäftsbanken (abzüglich der von den Banken gehaltenen [Mindest-]Reserve) darstellt. Dieser Teil des Zentralbankgeldes unterliegt den Bedingungen der Kreditgeldzirkulation und stellt einen beständig revolvierenden Fonds dar. Die Laufzeit der Kredite ist in der Regel kurzfristig und bildet den Ansatzpunkt für die eigentliche Geldpolitik der Zentralbank. Ursprünglich waren es Wechselrediskontkredite und die Lombardierung von öffentlichen Geldmarktpapieren, später sind es Wertpapierpensionsgeschäfte und regelmäßige Versteigerungen (Auktionen) von in die Geldmarktregulierung einbezogenen öffentlichen Wertpapieren, die diese Kreditgeldzirkulation auslösen. Die mittlerweile (bei der Europäischen Zentralbank) dominierende Form der Geldpolitik gegenüber den Geschäftsbanken sind entweder Mengentender oder Zinstender, d. h. Versteigerungen entweder mit vorgegebenen Zinssätzen und von den Banken nachgefragten Mengen oder einer von der Zentralbank vorgegebenen Geldmenge und von den Banken als Nachfragern offerierten Zinssätzen; durch die Auktionen werden Menge sowie die Kurse zwischen Ankaufs- und Verkaufsbedingungen der von den Geschäftsbanken in Pension genommenen Wertpapiere festgelegt. Damit erhält die Zentralbank noch größeren Einfluss auf die marktbestimmten Zinssätze am Geldmarkt und hat gegenüber der ursprünglichen Diskont-

und Lombardpolitik ihr Potenzial zur Feinsteuerung für die Entwicklung der Zentralbankgeldmenge vergrößert.

Gleichwohl ist festzuhalten, dass die Geldpolitik der Zentralbank in erster Instanz reaktiv gegenüber den marktbestimmten Größen ist. Sie setzt auf dem vorhandenen allgemeinen Preisniveau am gesamtwirtschaftlichen Warenmarkt auf und orientiert entweder in monetaristischer Orientierung auf eine Zuwachsrate der Geldmenge oder versucht, die Marktzinssätzen am (kurzfristigen) Geldmarkt zu beeinflussen. Beide Zielgrößen, Zentralbankgeldmenge und/oder Geldzinssätze, werden über die Konditionen der Refinanzierungspolitik gegenüber den Geschäftsbanken und deren Liquiditätsausstattung und Kreditschöpfungspotenzial modifiziert und zu steuern versucht. Der Transmissionsprozess der geldpolitischen Impulse geht also jeweils vom kurzfristigen Geldmarkt aus, wirkt auf die Kreditvergabe der Banken ein und beeinflusst somit akkumulative Prozesse der Unternehmen, in deren Ergebnis sich eine gesamtwirtschaftliche Wachstumsrate, Produktivitätseffekte und als Endpunkt ein allgemeines Preisniveau bzw. eine Veränderungsrate der Kaufkraft einer Geldeinheit ergeben. Zum gegebenen marktbestimmten Aufsetzpunkt der Geldpolitik kommen somit vielfältige, ebenfalls marktbestimmte und für die Geldpolitik exogene Einflussfaktoren hinzu: Ausmaß des Paralleleffektes zwischen kurzfristigen Geldmarktzinsen und dem investitionsbestimmenden Kapitalzinsfuß, (Fremd-)Finanzierungsbedarf der Investitionen und davon beeinflusste Kreditnachfrage der Unternehmen, Geschwindigkeit der Kapitalakkumulation sowie, darin eingeschlossen, Produktivitätsentwicklung, Outputsteigerung (gesamtwirtschaftliche Wachstumsrate des Bruttoinlandsprodukts) sowie Außenwirtschaftseinfluss[25] und schließlich Zusammensetzung der nationalen Geldmenge nach Wertzeichen- und Kreditgeldzirkulation. Mit einem Wort: Der Transmissionsprozess der Geldpolitik wirkt seinerseits nur indirekt und zwar steigert sich seine Unbestimmtheit, je weiter vom Finanzmarkt und seinen beeinflussbaren Variablen zur Wert-

25 Der Außenwirtschaftseinfluss wird dabei nur unvollständig durch den Saldo aus Exporten und Importen (sog. Außenbeitrag als Einflussfaktor des Bruttoinlandsprodukts) erfasst. Für das allgemeine (nationale) Preisniveau sind die Terms of Trade als Verhältnis zwischen Import- und Exportpreisen sowie die resp. Anteile der Importe an der Inlandsverfügbarkeit und der Exporte an der Inlandsproduktion wichtiger; auch sie geben allerdings die Entwicklung/Veränderung der Gewichtung der wertschöpfenden Potenz der produktiven Nationalarbeit auf der internationalen Stufenleiter der Arbeiten auf dem Weltmarkt nur ansatzweise wider.

schöpfung und reproduktiven Kapitalakkumulation fortgeschritten wird. Vor diesem Hintergrund sind die Zielverfehlungen der Geldpolitik nicht verwunderlich.[26]

Die aus Bargeld (Zentralbankgeld) bestehende Geldmenge wird ergänzt um Bankdepositen, die in erster Instanz eine Ökonomisierung des Bargeldes bedeuten. Die Depositenübertragung ist wie die Bargeldzirkulation grundlegend durch die Umschlagsbedingungen des gesellschaftlichen Kapitals sowie den Stand des Kredits bestimmt und wirkt auf die Umlaufsgeschwindigkeit der Gesamtgeldmenge. Die Depositenentstehung ist im Grundsätzlichen zum einen an die Einlagen, zum anderen an die Kreditschöpfung der Geschäftsbanken gebunden. Ihre Kreditschöpfung ist neben der Nachfrage nach Kredit durch ihre Verfügung über Zentralbankgeld – bei gegebenem Rückfluss von Bargeld und Depositen sowie gegebenen Barabhebungsquoten – langfristig begrenzt.

Eine jenseits dieser Grenzen liegende ›Geldschöpfung aus dem Nichts‹ (Schumpeter) durch die Kreditschöpfungsfunktion der Geschäftsbanken wird unter der Überschrift der ›Nicht-Neutralität des Geldes‹ verhandelt und meint einen eigenständigen Einfluss der Geschäftsbanken auf die Geldmenge M (›Endogenität der Geldmenge‹). Tatsächlich ist das Kreditschöpfungspotential der Geschäftsbanken auch bei gegebenen Vorgaben bezüglich Mindest- und Barreserven an Zentralbankgeld sowie Regulierungsvorschriften keine konstante Größe, sondern abhängig vom Stand der (reproduktiven) Kapitalakkumulation innerhalb der verschiedenen Phasen des industriellen Zyklus.[27] In

26 Die Deutsche Bundesbank hatte dies in den letzten Jahren ihrer geldpolitischen Verantwortung in Gestalt eines Zielkorridors für die Zentralbankgeldmenge als Geldmengenziel umgesetzt. Die Europäische Zentralbank (EZB) hat nach 1999 ihr ursprünglich an der Geldmenge M3 ausgerichtetes Geldmengenziel immer verfehlt. Seit der Orientierung auf eine Ziel-Inflationsrate von etwas unter 2 % des Harmonisierten Verbraucherpreis-Indexes in der Euro-Zone (HVPI) gab es vor der Finanzmarktkrise und vor dem Übergang zu der ultralockeren Geldpolitik in den Jahren von 2002 bis 2007 nur geringe Verfehlungen. Für die EZB kommt allerdings als zusätzliche Schwierigkeit hinzu, dass ihr Inflationsziel für die gesamte Euro-Zone als Durchschnitt gilt, hinter dem wiederum unterschiedliche Preissteigerungsraten in den verschiedenen Ländern versteckt sind.

27 Im Monatsbericht April 2017 hat auch die Deutsche Bundesbank zur Geldschöpfung der Geschäftsbanken durch ihre Kreditgeschäfte Stellung genommen. Obwohl ausgeführt wird, dass »die Fähigkeit der Banken, Kredite zu vergeben und Geld zu schaffen, nicht davon (abhängt), dass sie bereits über freie Zentralbankguthaben oder Einlagen verfügen« (BBK 2017: 15), ist damit nur gemeint, dass eine Geschäftsbank bei der de-

der Phase der Prosperität sowie in ihrem Übergang zur zyklischen Überproduktion wirken die kumulativen Expansionsprozesse (einkommensinduzierte Erweiterungsinvestitionen) als Umkehrung der funktionellen Beziehungen zwischen Investitionen und Ersparnis, Investitionen und Profiten sowie Investitionen und Einkommen (Witwenkrug).[28] Die Kreditvergabe der Banken ist in diese Multiplikatorprozesse eingebunden und führt als zuschüssige, d. h. marginale Kreditvergabe, analog zum Ersparnis- bzw. Profit-Investitions-Effekt, zu einer Umkehrung der Depositenentstehung und damit zu weiterer Kreditvergabe in den Bilanzen der Geschäftsbanken: Zuschüssiges Aktivgeschäft führt zu wachsenden Einlagen auf der Passivseite.[29] Zugleich liegen hierin die Möglichkeit und Gefahr, dass die Banken die Prinzipien einer vorsichtigen Geschäftspolitik verlassen und sich auf risikoreichere Finanzierungen einlassen, die ihre eigenen Liquiditätspositionen ausreizen und überreizen. Damit

positengestützten Kreditschöpfung zum einen durch ihr Kosten-Ertrags-Kalkül sowie mikro- und makroprudenzielle Regulierungsvorschriften (d. s. Liquiditäts- und Eigenkapitalvorschriften für die einzelnen Banken sowie die Überwachung der Stabilität des Finanzsystems im Ganzen) und zum anderen durch die Kreditnachfrage sowie Portfolioumschichtungen der Nichtbanken, also des Marktes, begrenzt wird (vgl. ibid.). Damit ist aber nur ein – korrektes – Gegenargument gegenüber einer unbegrenzten autonomen Geldschöpfungsfähigkeit der Geschäftsbanken formuliert und der Banksektor als in gesamtwirtschaftliche Zusammenhänge integriert bestimmt worden. Der empirische Umstand, dass die lockere und ultralockere Geldpolitik der Europäischen Zentralbank auf der einen Seite zu hohen positiven Ausschlägen der Zentralbankguthaben der Geschäftsbanken, auf der anderen Seite aber kaum zu vergleichbaren Bewegungen der Geldmenge M3 (Bargeld, Sichteinlagen bis Spareinlagen sowie sonstige marktfähige Finanzinstrumente) geführt hat, liegt daran, dass die Geldmengenabgrenzung M3, dies gilt auch für M1 und M2, nur Verbindlichkeiten der inländischen Geschäftsbanken (MFI-Sektor) gegenüber inländischen Nichtbanken enthält. Die unterschiedliche Entwicklung der Zentralbankguthaben der Geschäftsbanken und der Geldmenge M1 bis M3 zeigt also nur, dass die Zentralbankgeldschöpfung durch langfristige Refinanzierungsgeschäfte und das Wertpapierankaufsprogramms (Expanded Asset Purchase Programm) der EZB im inländischen Bankensektor verbleibt und in andere als in M3 zusammengefasste Anlageformen angelegt wird oder ins Ausland geht. Damit werden die Grenzen einer geldpolitischen Konjunkturstimulierung unterstrichen; vgl. auch Punkt 4.

28 Vgl. ausführlich Krüger 2010: 345ff.

29 Es ergibt sich daraus der Kredit-Investitions-Einkommens-Mechanismus, der »Güter aus dem Nichts heraus(zieht), in dem sie ohne Kreditvermehrung unproduktiv verbleiben wären.« (Hahn 1930: 125) Es nimmt nicht Wunder, dass der Monetärkeynesianismus sich diese Sichtweise zu Eigen macht (vgl. Herr 1986), weil sie auf einer Linie mit der überzogenen Bewertung des Finanzsektors und spiegelbildlich der Missachtung von Wertschöpfung durch Verausgabung produktiver Arbeit liegt.

ist aber Schluss, wenn die der zyklischen Prosperität nachfolgende Phase der Überproduktion mit der Krise als oberem Wendepunkt des Zyklus mehr oder weniger gewaltsam beendet wird. Die Nicht-Neutralität des Geldes durch expansive marginale Kreditschöpfung der Banken bzw. die Endogenität der durch das Geschäftsbankensystem selbstständig bestimmten Geldmenge bzw. Geldmengenvermehrung stellen somit zunächst zeitlich befristete Sonderbedingungen in bestimmten zyklischen Konstellationen dar und unterliegen sowohl im Gesamtzyklus und noch mehr langfristig-überzyklisch den durch die Wertschöpfung durch produktive Arbeit begrenzten und bestimmten reproduktiven Basisverhältnissen. Eine ›Überlistung‹ im Sinne der Überschreitung der zyklischen, durch die Krise bestimmten Grenzen und eine überzyklische Verlängerung dieser Prozesse setzt ihre Finanzierung durch abgeleitete Kreditformen (öffentlicher Kredit, privater Konsumkredit und bloße Betriebsmittelkredite an Einzelkapitale, die keine Investitionsprozesse finanzieren) sowie eine die Funktion als Lender of last Resort offensiv in Anspruch nehmende Geldpolitik der Zentralbank voraus. Hierbei handelt es sich dann aber um eine durch immer größere Schuldenakkumulation gestützte und finanzierte Politik, die bereits im Krisenmodus verläuft und daher nicht ad infinitum verlängerbar ist.[30]

Die Dynamik für die Kreditschöpfungsfähigkeit des Geschäftsbankensystems kommt also aus der Kapitalakkumulation und ihren zyklischen Agentien. Dies ist die Gegenthese zur ›Geldschöpfung aus dem Nichts‹ im Resultat einer autonomen Kreditvergabe. Damit sind wir bei Schumpeter: »*Woher kommen die Summen, die zum Ankauf der für die neuen Kombinationen nötigen Produktionsmittel gebraucht werden, wenn sie das betreffende Wirtschaftssubjekt nicht – grundsätzlich – zufällig schon hat? Die konventionelle Antwort darauf ist einfach: aus dem jährlichen Zuwachs des volkswirtschaftlichen Sparfonds plus den jährlich freiwerdenden Teilen desselben. (…) Aber von dieser Sparsumme dürfen wir nicht ausgehen. Denn ihre Höhe erklärt sich nur aus den privatwirtschaftlichen Resultaten schon in Gang befindlicher Entwicklung. (…) Im Dienst gedanklicher Klarheit müssen wir (…) von der Selbstfinanzierung, die eine der bedeutsamsten Charakteristiken in erfolgreichem Gang befindlicher Entwicklung ist, absehen. (…) (Die) andere Art der Geldbeschaffung ist die Geldschaffung durch die Banken. Gleichgültig, welche Form sie annimmt, ob das durch Einzahlung*

30 Wir kommen darauf zurück; vgl. weiter unten.

entstandene Kassaführungsguthaben dem Kunden wie Bargeld dient, während doch ein Teil des eingezahlten Betrages zur Grundlage einer weiteren Gutschrift an jemand anderen wird, der dieses Guthaben ebenfalls verwendet wie Bargeld, oder ob Noten emittiert werden, die nicht voll gedeckt sich durch Münzsorten, die gleichzeitig aus der Zirkulation treten, oder ob Bankakzepte kreiert werden, die im Großverkehr Zahlungen erledigen können wie Geld: immer handelt es sich nicht um Transformation von Kaufkraft, die bei irgendwem schon vorher existiert hätte, sondern um die Schaffung neuer aus dem Nichts – auch dann aus Nichts, wenn der Kreditvertrag, zu dessen Erfüllung die neue Kaufkraft geschaffen wird, sich auf irgendwelche reale Sicherheiten, die nicht selbst Zirkulationsmittel sind, stützt –, die zur Zirkulation, die es vorher gab, hinzutritt. Und das ist die Quelle, aus der die Durchsetzung neuer Kombinationen typisch finanziert wird (…)« (Schumpeter 1934/1964: 107ff).

Die Vorstellung ist also eigentlich ganz simpel. Als Engpass der kapitalistischen Produktion wird die Größe des Geldkapitalvorschusses bestimmt, der auf der Grundlage eines inkonvertiblen Geldes mit einem Banksystem, welches dieses Geld aus dem Nichts schaffen kann, beseitigt werden kann. Bei Schumpeter überlistet diese Geldschöpfung aus dem Nichts, wenn sie auf innovationsfähige und risikobereite Unternehmer in entsprechender Zahl trifft, die inneren Gegensätze der kapitalistischen Akkumulation in der aufsteigenden Phase eines Kondratieff-Zyklus, die eine ganze Reihe von sog. Juglar-Zyklen, d. h. ›klassische‹ industrielle Zyklen umfasst. Erst die Erschöpfung der innovativen Kombinationen/Produkte und das vermehrte Auftreten von Imitatoren bedingen dann den oberen Wendepunkt dieser langen Welle.

In erster Näherung ist mit Bezug auf diese Geldschöpfung aus dem Nichts durch das Bankensystem aber zu unterscheiden zwischen Zentralbankgeldschöpfung und Kreditschöpfung durch die Geschäftsbanken. Dies hatte Keynes in seiner ›Treatise on Money‹ klar herausgestellt. Die Höhe der Reserve der Geschäftsbanken in Abhängigkeit von den gegebenen Zahlungsusancen, d. h. der Barabhebungsquote ihrer Kunden sowie vom Umfang der Geschäfte der Bank, d. h. der Höhe ihrer Depositen setzt die Grenze für ihr Kreditangebot, auf welches die Zentralbank den bestimmenden Einfluss ausübt. Eine Vermehrung der Depositen in gesamtwirtschaftlicher Dimension, d. h. eine ›endogene‹ Steigerung der Geldmenge und in diesem Sinne eine Geldschöpfung durch das Geschäftsbankensystem ist nur unter extremen Modellvoraussetzungen entwickelbar: »*Wenn wir von einem geschlossenem Banksystem ausgehen, das keine Beziehungen zum Ausland unterhält und in einem Land betrieben wird, in dem alle Zahlungen mittels Schecks beglichen werden und Bargeld unbekannt ist, und wenn wir weiter annehmen, daß die Banken es unter diesen Umständen für unnötig halten, Barreserven zu halten, vielmehr jede zwischenbankliche Verschuldung durch Übertragung anderer Aktivposten regeln, so ist klar, daß der Betrag an Bankgeld, den die Banken bei Beachtung solider Bankgrundsätze schaffen können, unbegrenzt ist,* ***vorausgesetzt, daß sie sich im Gleichschritt vorwärts bewegen****. Die gesperrt gedruckten Worte enthalten den Schlüssel für das Funktionieren des Systems.«* (Keynes 1930: 20f) Abgesehen von den restriktiven Voraussetzungen, ist diese Bewegung im Gleichschritt eine sich selbst aufhebende Voraussetzung, denn es ist klar, *»daß nicht für die einzelnen Banken ein Zwang besteht, sich im Gleichschritt vorwärts zu bewegen, sondern auch die Gesamtheit der Banken in dieser Bewegung gehemmt ist«*. (Ib.: 23) Conclusio: *»Somit bestimmt die Gesamtmenge der vorhandenen Reserven das ›Tempo‹, in dem sich das Banksystem als Ganzes bewegt. (…) Nehmen wir an, die Zentralbank sei (…) die Stelle, der das Notenausgaberecht zusteht, dann werden die gesamten Reservemittel der Mitgliedsbanken unter der Kontrolle der Zentralbank stehen, vorausgesetzt, diese besitzt die Kontrolle über ihre gesamte Notenausgabe und ihre Depositen. In diesem Falle ist die Zentralbank der Dirigent des Orchesters und gibt den Takt an.«* (Ib.) Die ›Endogenität der Geldmenge‹ als Ergebnis einer zusätzlichen Geldschöpfungsaktivität des Geschäftsbankensystems ist also im Gegensatz zu Schumpeters Vorstellung[31] nur eine modifizierende Rückwirkung, die grundsätzlich zeitlich begrenzt und quantitativ nachgeordnet gegenüber der Zentralbank-Geldschöpfung ist.

Es ist also falsch, Zentralbank und Geschäftsbanken gleichermaßen umstandslos eine Geldschöpfung und damit einen überragenden Einfluss auf die Geldmenge zu vindizieren. Die Geschäftsbanken hängen an der Leine der

31 Schumpeters Geldschöpfung ›aus dem Nichts‹ ist bei linken Ökonomen, die der Modern Monetary Theory anhängen, populär – ganz wie seine Thesen zur ›schöpferischen Zerstörung‹ als Bedingung für einen längerfristigen Prosperitätsprozess. Dies kann eigentlich nur mit der Verzweiflung kritischer Ökonomen gegenüber der Flexibilität der kapitalistischen Produktionsweise und ihrer bisherigen Fähigkeit, auch tiefgreifende Wirtschafts- und Finanzkrisen zu überstehen, erklärt werden, weil ein kruder Marxismus und/oder Keynesianismus hierfür nicht ausreicht. Meines Erachtens ist Schumpeter neben P. Sraffa einer der am meisten überschätzten Ökonomen, gerade auch von linken Vertretern dieses Faches.

Zentralbank (sowie der Kreditnachfrage der ›Nichtbanken‹); aber auch die Zentralbank ist im normalen Gang der Verhältnisse nur ein Dirigent unter Bedingungen, die die Märkte setzen, ausgedrückt durch die marktbestimmten Daten der Schöpfung und Vernichtung der Wertzeichenzirkulation in Abhängigkeit von Zahlungsbilanz und Wechselkurs sowie der Marktzinssätze, an denen sich die Geldpolitik zu orientieren hat. Erst nachdem ggf. unerwünschte Geldmengenentwicklungen der Wertzeichenzirkulation durch gegengerichtete Geldmengenentwicklungen der Kreditgeldzirkulation kompensiert sind (Sterilisationspolitik), erschließt sich ein aktiver Steuerungseinfluss der Zentralbank-Geldpolitik für die Geldmenge sowie das Kreditangebot der Geschäftsbanken.

So sehr nun die Geschäftsbanken als Geschäftsziel die Verlängerung ihrer Bilanz durch Kreditvergabe betreiben mögen, sie bleiben abhängig sowohl von der Nachfrage des Publikums sowie vom Depositenrückfluss durch gutgeschriebene Überweisungen etc. ihrer Kunden. Als Saldo verbleibt die Kassenreserve, die hinreichend sein muss, unter ›normalen Bedingungen‹ die jederzeitige Barauszahlungsnachfrage des Publikums zu gewährleisten. Nur wenn die Zentralbank im Rahmen eines strukturell-krisenhaften Verlaufs der gesamtgesellschaftlichen Reproduktion zuschüssige Refinanzierungen anbietet oder durch Wertpapierankäufe bei Banken und am Kapitalmarkt Zentralbankgeld im Rahmen des Quantitative Easing zur Verfügung stellt, ist die Kreditvergabekapazität des Bankensektors längerfristig-überzyklisch zu erhöhen. Dies setzt voraus, dass entweder eine bonitätsadäquate Kreditnachfrage besteht oder, im zugespitzten Krisenfall, die Banken gezwungen sind, sog. Zombie-Unternehmen und -Staaten weiter zu finanzieren, weil ihre Bilanzpositionen keine Spielräume für Wertberichtigungen an und für sich uneinbringlicher Kreditengagements zulassen. Es bleibt also dabei: Die Geschäftsbanken betreiben grundsätzlich Kreditschöpfung unter Bedingungen der Zentralbankrefinanzierung und der Nachfrage der Nichtbanken. Nur unter dieser Voraussetzung kann sich zeitweise im Rahmen eines kreditfinanzierten zyklischen Aufschwungs eine durch die Kreditschöpfung der Geschäftsbanken bewerkstelligte Geldmengenerhöhung einstellen. Diese Kreditvergabe oder -schöpfung erscheint nur dann als autonome Geldschöpfung, wenn man den Standpunkt des Banksystems und der Verwertung des Bankkapitals einnimmt und die Dynamik der Kapitalakkumulation nicht aufseiten von Wertschöpfung und reproduktiver Kapitalakkumulation, sondern aufseiten des

Finanzsystems verortet und zusätzlich zyklische und zeitlich begrenzte Konstellationen verallgemeinert.[32]

Die gesamtwirtschaftliche inländische Geldmenge außerhalb der Zentralbank ist also die Summe aus umlaufenden Zentralbanknoten (inkl. Scheidemünze) als Bargeld M_{ZBG} sowie jederzeit fälligen Sichtdepositen innerhalb des Geschäftsbankensystems M_{SD}; eine etwas weitere Geldmengenabgrenzung würde zusätzlich die Termingelder mit einer Befristung von 3 Monaten entsprechend der durchschnittlichen Umschlagsperiode des zirkulierenden Kapitals hinzunehmen (M_{TG3}). Diese Geldmenge steht der Summe der in einem gegebenen Zeitraum zu realisierenden Warenpreise Σ WP gegenüber, wobei die zu zirkulierenden Warenpreise nicht nur die am Warenmarkt WP_{WM} ausgetauschten Waren beinhalten, sondern darüber hinaus die Transaktionen am Arbeitsmarkt WP_{AM} und die an den Börsen umgesetzten Wertpapiere (aller Art) als fiktives Kapital WP_{FK}. Je nach dem Auf- und Abfluten von Σ WP innerhalb eines kürzeren Zeitraums (1 Jahr) teilt sich die Geldmenge M in einen aktiven Bestandteil und eine passive zeitweilige Schatzbildung. Letztere kann anhand der Bargeldreserve der Geschäftsbanken sowie an der Bewegung von Bankdepositen mit längerer Laufzeit (Termingelder über 3 Monaten, Spardepositen) sichtbar gemacht werden.

Nach den Geldhaltungsmotiven der Warenbesitzer kann die Geldmenge darüber hinaus, hier Keynes folgend, als Transaktionskasse für reproduktive Umsätze, die eine Barreserve oder Vorsichtskasse einschließt, sowie eine Spekulationskasse aufgegliedert werden. Die Letztere steht in einer inversen Beziehung zum Kapitalmarktzinsfuß, d. h. nimmt bei einem sinkenden Zinsfuß und der Erwartung ansteigender Wertpapierkurse zu; umgekehrt, umgekehrt.

32 Es kann sich in diesem Zusammenhang auch nicht auf Marx' Aussage vom ›fiktivem Geldkapital‹ im Zusammenhang mit Bankdepositen bezogen werden. Marx meinte damit nicht Wertpapiere (Effekten), sondern Depositen des Publikums als Bestandteile des Bankkapitals: »Mit der Entwicklung des zinstragenden Kapitals und des Kreditsystems scheint (Hervorh. / S. K.) sich alles Kapital zu verdoppeln und stellenweis zu verdreifachen durch die verschiedne Weise, worin dasselbe Kapital oder auch nur dieselbe Schuldforderung in verschiednen Händen unter verschiednen Formen erscheint. Der größte Teil dieses ›Geldkapitals‹ ist rein fiktiv. Die sämtlichen Depositen, mit Ausnahme des Reservefonds, sind nichts als Guthaben an den Bankier, die aber nie im Depositum existieren. Soweit sie zum Girogeschäft dienen, fungieren sie als Kapital für die Bankiers, nachdem diese sie ausgeliehen haben. Sie zahlen sich untereinander die wechselseitigen Anweisungen auf die nichtexistierenden Depositen durch Abrechnung dieser Guthaben gegeneinander.« (MEW 25: 488f)

Vor diesem Hintergrund lässt sich die auf I. Fisher zurückgehende Verkehrsgleichung des Geldes werttheoretisch umformen und statt einer definitorischen Identitätsbeziehung als kausaler Prozess der Veränderung der Warenpreise interpretieren. Auf der linken Seite steht anstatt des Produkts aus gesamtwirtschaftlichem Realprodukt Q und allgemeinem Preisniveau P mit der Summe der in einem bestimmten Zeitraum in die Zirkulation eintretenden gesamtwirtschaftlichen Preissumme ∑ WP eine einheitliche wert- bzw. preisbestimmte Größe. Auf der rechten Seite steht das Produkt aus Geldmenge M und durchschnittlicher Geldumlaufsgeschwindigkeit v. Die Umlaufsgeschwindigkeit der Geldmenge ist grundlegend durch die Kapitalumschläge bestimmt und variiert darüber hinaus auch mit dem jeweiligen Anteil der verschiedenen Geldfunktionen (Zirkulationsmittel, Zahlungsmittel, suspendierte Münze/Schatzbildung und Vorsichtskassen- sowie Spekulationskassenhaltung).

Die primäre Wirkungsrichtung dieser Verkehrsgleichung des Geldes geht von links nach rechts, indem ∑ WP die Geldmenge M unter Berücksichtigung der Umlaufsgeschwindigkeit v bestimmt. Soweit die Geldmenge M allerdings nicht als Kreditgeld, sondern als Wertzeichen zirkuliert, besteht ein prinzipieller rückwirkender Einfluss von der rechten auf die linke Seite der Gleichung, d. h. eine mögliche monetär induzierte Wirkung auf die Preise (im Sinne des allgemeinen Preisniveaus bzw. im Sinne der Kaufkraft einer Geldeinheit). Es ist dies, weil sich für die in der Veränderung der zentralen Währungsreserven spiegelnde Zentralbankgeldmenge außenwirtschaftlich-marktmäßige und daher für die Binnenzirkulation exogen bestimmte Mengeneinflüsse ausdrücken, die preis(mit)bestimmend wirken, wenn sie nachfragewirksam auftreten. Im Gegensatz zu dem anderen Teil des Zentralbankgeldes, der nach den Gesetzen des Kreditgeldes zirkuliert, sowie den sie ersetzenden bzw. nur innerhalb zyklischer Grenzen autonome Bewegungen ausübenden Bankdepositen ist hier kein kurzfristiger Rückfluss eingeschlossen, der die Geldmenge quasi-automatisch an die zu zirkulierende Preissumme bindet. Mit dieser differenzierten Wechselwirkung beider Seiten der Verkehrsgleichung des Geldes ist zugleich der rationelle Kern der Quantitätstheorie für das heutige Geldwesen identifiziert.

4. Das kapitalistische Geld- und Kreditsystems als das ›ausgebildetste Produkt, wozu es die kapitalistische Produktionsweise überhaupt bringt‹ (Marx)

Die Nachzeichnung der Evolution des kapitalistischen Geld- und Währungssystems mit dem Fokus auf die fortschreitende Idealisierung der Geldware Gold im nationalen und internationalen Rahmen hat die auf die oberflächlichen Formen fixierten (bürgerlichen) Ökonomen, aber auch etliche sich als Marxisten verstehende Theoretiker dazu gebracht, den Kapitalismus zu Marx' Zeiten als historisch bereits überwundene Produktionsweise und die heutige Marktwirtschaft als qualitativ veränderte Wirtschaftsform zu begreifen. Folgt man diesen Einschätzungen, wäre es konsequent, auch die Werttheorie als nicht mehr zeitgemäß zu bewerten; denn Geld als Erscheinungsform des Werts oder als gesellschaftlich gültiger Tauschwert ist die Fundamentalkategorie der Marxschen Kritik der politischen Ökonomie, die das ganze ökonomische und gesellschaftliche System trägt. Wenn von einer qualitativen Veränderung des Geldsystems ausgegangen wird, wäre es konsequent, die Werttheorie insgesamt als überholt und für heutige Verhältnisse nicht mehr gültig zu bewerten. Es geht dabei zentral um den nur indirekten Charakter der gesellschaftlichen Arbeit und dementsprechend die Bestimmtheit des Werts als vergegenständlichte gesellschaftliche Arbeit sowie seine Darstellung als allgemeines Äquivalent als Geldware Gold, die sich in handgreiflicher Form und in letzter Instanz in der nationalen Währungsreserve der Zentralbank verkörpert. Die Alternative lautet dann: Ist der nationale Goldschatz nur noch eine letztlich illusionäre Reminiszenz an vergangene Zeiten und hat er heutzutage nur noch eine rein symbolische Existenz? Oder haben die Zentralbanken, die seit der Finanzmarkt- und Weltwirtschaftskrise von 2007-09 ihre Währungsreserven nicht nur nach anderen Währungen als den US-Dollar diversifizieren, sondern auch ihren Goldbestand aufstocken, eine tiefergehende Ahnung davon, dass – in erster Linie für die Verstärkung des Vertrauens in den hinter dem nationalen Geld stehenden Staatskredit, weniger oder gar nicht, um intentional zu einem überkommenen Goldgeld zurück zu kehren, – die nationale Goldreserve nach wie vor und weiterhin eine eminente ökonomische Bedeutung besitzt?

Marx hat in diesem Zusammenhang bemerkt, dass »*nie vergessen werden (muss), daß (…) das Geld – in der Form der edlen Metalle – die Unterlage bleibt, wovon das Kreditwesen* ***der Natur der Sache nach nie loskommen kann.***« (MEW 25: 620; Hervorh. / S.K.) Oder auch: »*Das Banksystem zeigt (…) durch die Substitution verschiedner Formen von zirkulierendem Kredit an Stelle des Geldes, daß das Geld in der Tat nichts andres ist als ein besondrer Ausdruck des gesellschaftlichen Charakters der Arbeit und ihrer Produkte, der aber als im Gegensatz zu der Basis der Privatproduktion* ***stets in letzter Instanz als ein Ding, als besondre Ware neben andren Waren sich darstellen muß.***« (Ibid.: 621; Hervorh. S.K.) Auch bei formeller Aufhebung der Konvertibilität des Geldes gegenüber Gold bleibt daher die nationale Goldreserve »*Angelpunkt des Kreditsystems. Die Zentralbank ist Angelpunkt des Kreditsystems. Und die Metallreserve ihrerseits ist Angelpunkt der Bank.*« (Ibid.: 587)

Dementsprechend waren hier, ausgehend von den allgemein konstitutiven Bestimmtheiten des Geldes, seine zeitgenössischen Formen zu erschließen bzw. kategorial zu entwickeln. Gleichzeitig wurden damit aber implizit weitere Funktionszusammenhänge der kapitalistischen Produktionsweise als nach wie vor gültige Beziehungen und Strukturen unterstellt, die nachfolgend nochmals kurz zusammenzufassen sind.

Erstens. Waren treten als preisbestimmte Waren in die Zirkulation ein und nicht als Produkte (Gebrauchswerte), die erst innerhalb der Zirkulation einen Preis erhalten. Dies schließt sowohl ein, dass die Einjustierung des Werts der Waren nachfrageinduzierte Veränderungen ihrer Angebotspreise enthält[33], als auch, dass genuin monetäre Einflüsse auf die Preise im Sinne des gesell-

33 Die Vertreter der sog. monetären Werttheorie schlussfolgern aus dem modifizierenden Einfluss der Nachfrage (oder des ›Marktmagens‹) auf die gesellschaftlich notwendige Arbeit auf die Einebnung des Unterschieds zwischen Tauschwert und Wert: »Der Unterschied von Wertgröße und Wertform besteht darin, dass erst die Form der Beziehungen zwischen den Waren, ausgedrückt durch die Tauschwerte dieser Waren, es ermöglicht, die Wertgrößen festzustellen.« (Wendl 2019: 241) Oder noch deutlicher: »Der Wert der Ware ist (…) von Anfang an eine Preisgröße.« (Ib.: 245 Fn) Die Bestimmtheit der Ware als »Durchschnittsexemplar ihrer Art« (MEW 23: 54) im 1. (und 2.) Kapitel des I. Bandes des ›Kapitals‹, welche ein marktbestimmtes quantitatives Maß ihres Gebrauchswerts implizit einschließt, ist nicht verstanden worden. Wendl beruhigt sich mit der Formulierung, dass als Wert nur zählt, was auch in Geldform, d.h. als Preis realisiert worden ist – dies ist aber nur eine oberflächlich zusammenfassende Formulierung, die weder die grundlegende Determination der in der gesamtwirtschaftlichen Nachfrage aufscheinenden Distributionsverhältnisse durch die Bedingungen der Produktion zum Ausdruck bringt, noch die Zeitdimension der Ausgleichung der Marktpreise zu Werten (bzw. zu Marktproduktionspreisen) expliziert.

schaftlichen Durchschnittspreises oder des allgemeinen Preisniveaus davon zu unterscheiden sind.[34]

Zweitens. Der Umfang der zu zirkulierenden Waren an allen drei Märkten (Waren-, Arbeits- und Finanzmarkt/Börsen) bestimmt die Geldzirkulation nach Quantität sowie ihre Bewegung entsprechend der Rückkehr des vorgeschossenen Geldkapitals oder als Revenue verausgabten Geldes zu ihren jeweiligen Ausgangspunkten.[35] Dies gilt bereits für eine hypothetische Metallzirkulation; natürlich auch für ihre ›reflektierte Form‹ unter Berücksichtigung von Kredit und Banken, indem das Banksystem stellvertretend für die Kapitalistenklasse Ausgangs- und Rückkehrpunkt der Geldzirkulation wird und schließlich für die entwickelten Formen des inkonvertiblen Repräsentativgeldes mit ihrer Differenzierung zwischen Wertzeichen- und Kreditgeldzirkulation.

Drittens. Die Kapitalakkumulation schöpft ihre primäre oder Grunddynamik aus der Produktion von Mehrwert (auf stets höherer Stufenleiter) und damit dem produktiv-industriellen Kapital und nicht aus der Verwertung von

---

34 Damit ist der Status der Quantitätstheorie des Geldes als Beschreibung eines rückwirkenden monetären Einflusses des Geldsystems auf die Warenpreise eingegrenzt – Wirkung von rechts nach links in der Geldgleichung auf Grundlage der unterliegenden Wirkungsrichtung von links nach rechts: »Die Illusion, daß umgekehrt die Warenpreise durch die Masse der Zirkulationsmittel und letztre ihrerseits durch die Masse des in einem Lande befindlichen Geldmaterials bestimmt werden, wurzelt bei ihren ursprünglichen Vertretern in der abgeschmackten Hypothese, daß Waren ohne Preis und Geld ohne Wert in den Zirkulationsprozeß eingehn, wo sich dann ein aliquoter Teil des Warenbreis mit einem aliquoten Teil des Metallbergs austausche.« (MEW 23: 137f)

35 Vgl. MEW 24: 400: »Es folgt allgemein: Von dem Geld, das die industriellen Kapitalisten in Zirkulation werfen zur Vermittlung ihrer eignen Warenzirkulation, sei es nun auf Konto des konstanten Wertteils der Ware oder des in den Waren existierenden Mehrwerts, soweit er als Revenue verausgabt wird, kehrt so viel zurück in die Hände der respektiven Kapitalisten, als sie für die Geldzirkulation vorschossen.« Dies gilt auch für den variablen Kapitalvorschuss der Konsumtionsmittel-Produzenten. Und: »Das bei der Zahlung der Arbeitskraft in Geld vorgeschossene variable Kapital kehrt also nicht direkt an die Kapitalisten I zurück. Es geht durch die Käufe der Arbeiter über in die Hände der kapitalistischen Produzenten der dem Arbeiterkreis notwendigen und überhaupt zugänglichen Waren, also in die Hände der Kapitalisten II, und erst indem diese das Geld zum Ankauf von Produktionsmitteln verwenden – erst auf diesem Umweg kehrt es zurück in die Hände der Kapitalisten I.« (Ibid.: 401) Entsprechendes gilt für den Ersatz des fixen Kapitals sowie die Erweiterung der Reproduktionsstufenleiter nach vorheriger Geldakkumulation.

Geldkapital, gleichgültig, in welcher Weise es angewandt wird.[36] Wie immer in der Wirklichkeit schließt dies Rückwirkungen ein; aber diese Wechselwirkung ist eine solche ungleicher Kräfte, die zyklisch zum Tragen kommt und erst dadurch auch langfristig wirkt.

Viertens. Dementsprechend ist der gesamtwirtschaftliche Finanzsektor eine abgeleitete ökonomische Sphäre gegenüber seiner reproduktiven Basis, der Akkumulation des produktiv-industriellen (und kommerziellen) Kapitals. Diesem Abhängigkeitsverhältnis wiederum unterliegt die Unterscheidung zwischen produktiver Arbeit und (verschiedenen Formen) unproduktiver Arbeit – und dies führt zurück zu Wertschöpfung, Mehrwertproduktion und Reproduktion des sozialen Verhältnisses zwischen Arbeit und Kapital als Klassenverhältnis.

Fünftens. Die langfristige Tendenz der Verselbstständigung des Finanzsektors (bzw. aller Formen des zinstragenden Kapitals) gegenüber der (re-) produktiven Basis ist ein allgemeines Gesetz der kapitalistischen Akkumulation. Es wird letzten Endes durch den immanenten Widerspruch der kapitalistischen Mehrwertproduktion – Widerspruch zwischen Steigerung der Rate und der Masse von Mehrwert (auf industrieller Grundlage) oder allgemeiner zwischen Produktivkräften und Produktionsverhältnissen – bestimmt. Dieser Widerspruch der Mehrwertproduktion beherrscht die Dynamik der Kapitalakkumulation und offenbart sich langfristig-überzyklisch als (endliche) beschleunigte Kapitalakkumulation, die durch eine strukturelle Überakkumulation von Kapital abgelöst wird. Diese Abwechslung zwischen beschleunigter Akkumulation und struktureller Überakkumulation von Kapital vollzieht sich innerhalb jeweiliger Arbeits- und Betriebsweisen des gesellschaftlichen Reproduktionsprozesses, die als distinkte Entwicklungsperioden der kapitalistischen Produktionsweise den institutionellen, sozioökonomischen und gesellschaftlich-politischen Rahmen für die Entfaltung des Wertgesetzes bilden.[37]

---

36 Auch wenn das Geldkapital als »primus motor, anstoßgebend dem ganzen Prozeß (erscheint)« (MEW 24: 354), sind es die inhärenten Elastizitäts- und Variabilitätspotenziale des (unmittelbaren) Produktionsprozesses, »deren Schranken nicht durch seine Wertschranken gegeben sind, sondern die innerhalb eines gewissen Spielraums extensiv und intensiv verschieden wirken können« (Ibid.: 357), welche den Umfang der Wertschöpfung und Kapitalakkumulation neben dem Profitmotiv und den Zwangsgesetzen der Konkurrenz bestimmen.

37 Vgl. dazu ausführlich Krüger 2019: 13ff.

Sechstens. Der aktuelle Finanzmarktkapitalismus ist die bislang weitestgehende Verselbstständigung der Finanzsphäre von ihrer reproduktiven Grundlage. Die unter diesen Bedingungen betriebene Wirtschaftspolitik enthält den Versuch, über die Entwicklung der Finanzsphäre und Forcierung aller Formen der Geldkapitalakkumulation (samt Anlageformen des Leihkapitals) – asset-based wealth driven accumulation, fortwährende Steigerung der Verschuldung –, Wertschöpfung und Kapitalakkumulation zu stabilisieren und zu stimulieren. Mit diesem Versuch instrumentell-politischer Rückwirkung der Akkumulation des Geldkapitals auf Wertschöpfung und reproduktive Kapitalakkumulation erweist sich das kapitalistische Geld- und Finanzsystem als das *»künstlichste und ausgebildetste Produkt, wozu es die kapitalistische Produktionsweise überhaupt bringt.«* (MEW 25: 620). Letzteres ist nachfolgend genauer zu betrachten.

5.
Finanzmarktkapitalismus: Geldpolitik des Quantitative Easing und Zentralbank als Lender of last Resort

Die Notwendigkeit der Analyse der Geldpolitik der Zentralbank von der Marktseite aus scheint unter Bedingungen des Finanzmarktkapitalismus ihrer Funktion als Lender of last Resort zu widersprechen, wird ihr doch mit dieser Bestimmung die Fähigkeit zugewiesen, durch Bereitstellung von Zentralbankgeld Liquidität für das Bankensystem, notfalls unbegrenzt, bereitzustellen; legendär sind die Worte »whatever it takes« von Mario Draghi als Präsidenten der Europäischen Zentralbank (EZB) auf dem Höhepunkt der Eurokrise und seine Versicherung, dass das Ausmaß der Flutung des Geldmarkts durch die EZB ausreichend sein würde (»it will be enough«).[38]

38 Vorher allerdings war diese Versicherung von Draghi in der Realität bereits relativiert worden, denn in der akuten Phase der Großen Finanzmarktkrise von 2007/08 musste die US-Zentralbank durch Liquidity Swap Lines gegenüber westlich-kapitalistischen Zentralbanken die Rolle eines globalen Kreditgebers der letzten Instanz, u. a. gegenüber der Europäischen Zentralbank spielen. Denn die Schaffung von Euro-Zentralbankgeld durch außerordentliche Kreditfazilitäten reichte nicht aus, um die offenen, in US-Dollar denominierten Positionen des Euro-Systems glatt zu stellen. 2,5 Bill. US-Dollar (von insgesamt 4,5 Bill. US-$) machten zwischen Dezember 2007 und August 2010 den Bedarf der EZB aus (vgl. Tooze 2018).

Eine auf forcierte Geldschöpfung angelegte Geldpolitik der Zentralbank schlägt im Prosperitätszyklus ab einem gewissen Ausmaß in inflationäre Preissteigerungen um – wenn nämlich die die zyklische Wertschöpfung befördernden Spielräume der Nicht-Neutralität des Geldes ausgeschöpft und zyklische Kapazitätsgrenzen des fixen Kapitals erreicht worden sind. Im Überakkumulationszyklus stößt eine solche Geldpolitik auf verwertungsbestimmte Grenzen der Kreditnachfrage von Unternehmen (sowie Einkommensgrenzen der Privathaushalte) und wird an die Finanzmärkte umgeleitet, wo sie Vermögenspreisblasen finanziert und teilweise induziert. Genau dies hat sowohl im Konjunkturaufschwung um die Jahrtausendwende als auch vor Ausbruch der Finanzmarktkrise 2007/08 stattgefunden und ist in verschiedenen Formen auch im XI. Nachkriegszyklus (ab 2010) gegeben. Eine derartige ›asset-based wealth driven accumulation‹, d.h. eine rückwirkende Beschleunigung der produktiven Kapitalakkumulation durch geldpolitisch unterstützte oder gar induzierte Vermögenspreisblasen, welche die gesamtwirtschaftliche Nachfrage befördern, ist ein wirtschaftspolitischer Versuch, die Überakkumulationskrise des Kapitalismus durch ein Mehr an Kapitalismus zu lösen. Sie ist allerdings nicht nachhaltig auszugestalten, wenn die vermögenspreisinduzierte produktive Kapitalakkumulation durch private Konsumkredite die Verwertungsblockaden der strukturellen Überakkumulation von Kapital nicht aufzulösen vermag.[39]

Der eigentliche Lackmustest für die Funktion der Zentralbank als Lender of last Resort entspringt aber nicht aus ihrer Beihilfe für eine vermögenspreisgetriebene Kapitalakkumulation, sondern aus ihrer zum Quantitative Easing fortentwickelten Geldpolitik zur Stützung eines von Bankenzusammenbrüchen, Börsencrashs und Staatsfalliten bedrohten Finanzsystems. Die Politik

39 Anstatt den privaten Konsumkredit für laufende Anschaffungen über Kreditkarten, für Auto- oder Häuser- und Wohnungskäufe der Privathaushalte zu mobilisieren, wäre es viel naheliegender und erfolgversprechender, wenn über den öffentlichen Kredit eine staatliche Stützung und teilweise Übernahme von Investitionen direkt Wertschöpfungsprozesse ohne Rücksicht auf zunächst bestehende Verwertungsblockaden für privates Kapital bewerkstelligt oder in Gang gesetzt würden. Dies ist der Ansatz eines ›Green New Deals‹, der mittlerweile breiter diskutiert wird. Seine Verquickung mit der sog. ›Modern Monetary Theory (MMT)‹ ist dabei allerdings nicht zielführend (vgl. Punkt 6), denn auch hier gilt es, eine ausgewogene quantitative Balance zu fortschreitender öffentlicher Verschuldung herzustellen und insbesondere die öffentliche Nachfrageexpansion mit einer makroökonomischen Strukturpolitik zu verbinden. Diese überschreitet allerdings tendenziell den Rahmen der kapitalistischen Produktionsweise.

des Quantitative Easing ist fokussiert auf die Erhöhung der Bankenliquidität sowie der Zentralbankgeldmenge insgesamt durch Käufe von Staatsschuldpapieren am Sekundärmarkt der Wertpapierbörsen.[40] Bereits zuvor hatte bspw. die Europäische Zentralbank für die Euro-Zone ihre Refinanzierungspolitik gegenüber den Geschäftsbanken durch Niedrigstzinsen, Erweiterung des Umkreises der beleihungsfähigen Papiere, Vollzuteilung der Mengentender sowie Programme zur Verlängerung des Refinanzierungszeitraums für die Geschäftsbanken gelockert. Durch Ankaufsprogramme von Staatsschuldtiteln und anderen Wertpapieren über einen längeren Zeitraum in einem vorher bekannt gegebenem Umfang wird nicht nur Zeit für die Banken ›gekauft‹, in der sie ihre toxischen Portfolios wertberichtigen bzw. ihre Solvenz durch Rekapitalisierung verbessern sollen; Entsprechendes gilt auch für reproduktive ›Zombie-Unternehmen‹ oder ›Zombie-Staatshaushalte‹, die von den Banken nur deshalb mit Betriebsmittel- und öffentlichen Krediten durchgehalten werden, weil deren Bankrotte bilanziell nicht mehr tragbare Abschreibungsbedarfe der finanzierenden Banken bedeuten würden. Zugleich soll bei niedrigen Basiszinsen sowohl am Geld- wie am Kapitalmarkt sowie negativen Zinsen für die Einlage von Banküberschüssen bei der Zentralbank (Einlagefazilität) die Kreditvergabe der Banken durch Zufluss von Zentralbankgeld erhöht werden, um produktive Investitionen zu stimulieren und der überakkumulationstypischen Deflationstendenz an den Warenmärkten entgegenzuwirken.

Unter geldtheoretischem Aspekt wird durch diese ultralockere Geldpolitik im Gefolge der Finanzmarkt- und Weltwirtschaftskrise sowie zur Flankierung der Konjunkturprogramme der Staaten zur Linderung der Wertschöpfungsverluste durch die 2020 ausgebrochene Covid-19-Pandemie unter dem formalen Titel von Kreditgeld faktisch Zentralbankgeld als zusätzliche Wertzeichen geschaffen. Diese Quasi-Kreditgeldzirkulation, beruhend auf langfristigen Refinanzierungsfazilitäten (von bis zu 3 Jahren) und längerfristigen Programmen des Wertpapierankaufs durch die Zentralbanken in großen Volumina erhöht die gesamtgesellschaftliche (Zentralbank-)Geldmenge und unterliegt unter Überakkumulationsbedingungen der Problematik, weniger reproduktive Mengeneffekte als vielmehr Preiseffekte für die verschiedenen Formen des fiktiven Kapitals zu befördern und zu erzeugen, deren rückwirkende re-

40 Als einzige weitere Steigerungsmöglichkeit ergäbe sich für die Geldpolitik nur noch die direkte Staatsfinanzierung durch Übernahme öffentlicher Schuldtitel nicht am Sekundär-, sondern am Emissionsmarkt; dies ist die Empfehlung der MMT.

produktive Effekte mehr als unsicher sind und teilweise Fehlentwicklungen provozieren müssen.

In der Euro-Zone wurde die diesen Leitlinien folgende EZB-Politik konterkariert durch eine gleichzeitige Austeritätspolitik der öffentlichen Haushalte, erzwungen durch Schuldenbremsen und Fiskalunion. In den USA kam diese Politik des Federal Reserve Systems tatsächlich stärker bei der produktiven Kapitalakkumulation an, weil die Fiskalpolitik einem weniger restriktiven Kurs folgt. In beiden Fällen erhöhte aber diese Geldpolitik des Quantitative Easing die in der Spekulationskasse gebundene Liquidität, die als individuelle Absicherung der einzelnen Marktakteure sowie als monetäres Schmiermittel zugleich die Kurse des fiktiven Kapitals sowie sonstige Vermögenspreise in die Höhe treibt. Damit wird eine erneute Vermögenspreisblase aufgebaut, ohne dass die Akteure am Finanzmarkt heutzutage wirklich besser aufgestellt wären als 2006/07; zwar wurde die vorgeschriebene Eigenkapitalquote für Banken heraufgesetzt, weitergehende Regulationen und Eingriffe gegenüber den sog. Finanzinnovationen bei Produkten und Geschäftsmodellen sind jedoch ausgeblieben.

Nicht nur volkswirtschaftliche Sektoren mit Konsumtionsstatus wie öffentliche und private Haushalte, sondern auch die wertschöpfenden Einheiten (Einzelkapitale) des Privatsektors können eine durch die Geldpolitik der Zentralbank alimentierte Verschuldung nicht ad infinitum fortführen, zumal wenn überakkumulationstypische Verwertungsblockaden die Steigerung der Wertschöpfung hemmen. Der Zwang zum Schuldenabbau (›De-Leveraging‹) trifft alle Wirtschaftsbereiche früher oder später mit der Konsequenz von Nachfrage- und Kreditrestriktionen und dadurch erzeugten Deflationstendenzen (an den Warenmärkten). Damit steht der Zentralbank die schlechteste aller Welten gegenüber: verlangsamte produktive Kapitalakkumulation mit latenter oder manifester Deflationsgefahr an den Warenmärkten und zugleich eine Inflation der Kurse an den Wertpapierbörsen sowie anderer Vermögensgegenstände mit steigender Unsicherheit, volatilen Kurs- und Preisbewegungen und einem mit jedem Tag näher kommenden Zeitpunkt des allfälligen Platzens dieser Vermögenspreisblasen. Wie die Geldpolitik auch reagiert, sie befindet sich in einem Dilemma: Betreibt sie den Ausstieg aus dem Quantitative Easing, um die Spekulation an den Finanzmärkten nicht weiter anzuheizen und den Vermögenspreisen eine sanfte Landung zu ermöglichen, verschärft sie die Probleme der produktiven Kapitalakkumulation und riskiert ggf. eine

Preisdeflation an den Warenmärkten, die in aller Regel nicht kurzfristig wieder aufgelöst werden kann. Setzt sie die ultralockere Geldpolitik fort, um die Sanierung der Bilanzen der Geschäftsbanken zu unterstützen und eine Kreditdeflation im Zuge der Entschuldungsmaßnahmen zu verhindern, befördert sie die Inflation der Vermögenspreise und damit den allfälligen Krach. Die Hoffnung, dass die produktive Kapitalakkumulation gewissermaßen in das steigende Vermögenspreisniveau ›hineinwächst‹, bricht sich an der kapitalistischen Systemgrenze, die eine für diesen Entwicklungspfad notwendige Entkoppelung der Investitionen von ihrer Profitbestimmtheit ausschließt.

Die Geldpolitik des Quantitative Easing bleibt unter Bedingungen einer strukturellen Überakkumulation also letztlich ohne nachhaltige Perspektive und dem Krisenmodus verhaftet; sie ›kauft‹ nur Zeit, ohne die unterliegenden fundamentalen Widersprüche und Probleme der Kapitalakkumulation und Wertschöpfung zu lösen. Der jeweilige Grad der Betroffenheit der verschiedenen Länder (und Regionen) ist natürlich unterschiedlich und muss sich in dem resp. Außenwert ihrer Währungen, d. h. der Verschiebung ihrer bilateralen Wechselkurse gegeneinander bzw. auch in dem Außenwert ihrer Währungen gegenüber der Geldware Gold Ausdruck verschaffen.

Komplizierend wirkt in der gegenwärtigen Situation der Kampf um die Stellung der USA als – wesentlich nur noch finanzieller – Hegemon der Weltwirtschaft (und führende Militärmacht) gegenüber der VR China als aufkommende und mittlerweile zweitgrößte Volkswirtschaft. Dieser Kampf um die Vorherrschaft wird durch die USA mit der Anzettelung von Handelskriegen, d. h. mit der Verhängung von Einfuhrzöllen geführt, auf die die betroffenen Staaten mit Retorsionsmaßnahmen antworten. Diese Konflikte haben mittlerweile die Zerstörung des nach dem II. Weltkrieg aufgebauten Multilateralismus befördert. Dieser Multilateralismus hatte mit seiner dominierenden Tendenz eines zunehmenden Abbaus von Zollschranken und der Beförderung internationaler Freihandelstendenzen zwischen den führenden Metropolen des Weltmarkts und den aufkommenden Schwellenländern zu einer fortschreitenden Internationalisierung der Produktionsprozesse durch Aufbau multinationaler Wertschöpfungsketten sowie einer darüber hinaus gehenden Intensivierung des Welthandels geführt und die lange Zeit nach dem II. Weltkrieg fortbestehende Struktur der Weltwirtschaft modifiziert.[41]

41 Vgl. hierzu sowohl theoretisch als auch empirisch ausführlicher Krüger 2019.

Ein vor diesem Hintergrund erfolgender Zusammenbruch des internationalen Finanzsystems wäre, wenn er in einer größeren Weltregion stattfände, ein Zivilisationsbruch für die betroffenen Menschen, d. h. der Umschlag des Kapitalismus in Barbarei. Eine wirkliche und nachhaltige Emanzipation der Gesellschaft vom Gold als ›barbarischem Relikt‹ (Keynes) setzte demgegenüber die Überwindung der kapitalistischen Produktionsverhältnisse voraus, zunächst in Form einer sozialistischen Marktwirtschaft. Diese zeichnet sich u. a. durch die Relativierung des Einflusses der Profitrate sowohl für die Akkumulation der einzelnen Unternehmen als auch die Steuerung der ganzen Volkswirtschaft im Rahmen einer sozialistischen ›Corporate Governance‹ sowie die Überwindung des Kapitalcharakters des zinstragenden Kapitals aus. Erst mit der schließlichen Transformation einer derartigen sozialistischen Marktwirtschaft in Richtung kommunistischer Verteilungsformen und der tendenziellen Überwindung der Ressourcenknappheit[42] würde das Geld zu dem, was ihm die bürgerliche Ökonomie seit jeher angedichtet hat, nämlich zu einem technischen Hilfsmittel des gesellschaftlichen Verkehrs; ein Bezug zu einem gegenständlichen Äquivalent mit Selbstwert ist erst dann endgültig und vollständig obsolet geworden (vgl. Krüger 2015).

6. Der Königsweg als Irrweg: Geld im Rahmen der ›Modern Monetary Theory‹

Geld im Rahmen eines zweistufigen Banksystems (Zentralbank und Geschäftsbanken) wird in der Modern Monetary Theory (MMT) nicht als naturwüchsig im gesellschaftlichen Austauschprozess entstehendes allgemeines Äquivalent des Werts der auf dem Markt befindlichen Waren verstanden und damit als notwendiges Resultat eines auf Arbeitsteilung privater Warenproduzenten beruhenden Systems gesellschaftlicher Arbeit, sondern als durch den Staat geschaffenes und durch die Zentralbank gesteuertes Transaktionsmedium. Geld entsteht danach also nicht als Ausdruck und Verkörperung (allgemei-

42 Zu den langfristigen Perspektiven einer hochproduktiven Ressourcen schonenden Wirtschaftsweise, die die Knappheitsverhältnisse von Grund und Boden sowie seiner Ingredienzien überwindet und zugleich den Klimawandel begrenzt vgl. mein neues Buch: ›Grundeigentum, Bodenrente und die Ressourcen der Erde‹ (Krüger 2020).

nes Äquivalent) eines in der Produktion geschaffenen Warenwerts, sondern per Buchungssatz ›aus dem Nichts‹. Während das historisch überkommene Staatspapiergeld mit Zwangskurs, welches der Staat als Wertzeichen ausgab und zur Begleichung der Steuerzahlungen zurücknahm, seine Denomination als Geld durch seine faktische Konvertibilität gegenüber der Geldware Gold an der Schnittstelle zwischen Papiergeldzirkulation und Goldmünzenzirkulation erhielt und sich dadurch als Wertzeichen bestimmte, ist das ›fiat money‹ der MMT von jeglicher Denomination als Geld und Konvertibilität gegenüber Gold als Geld mit Selbstwert, d.h. jeglicher naturwüchsig bestimmter Wertmaßfunktion, emanzipiert. Es erhält seine Geldeigenschaft ›par ordre de mufti‹ durch den staatlichen Zwangskurs (legal tender) und gründet dieselbe sodann auf das Vertrauen der Bevölkerung in die Kontinuität der gesellschaftlichen Reichtumsproduktion und der daraus alimentierten Zahlung von Steuern. Dahinter verbirgt sich ein klassischer Zirkelschluss oder eine bloße Tautologie: Weil der Staat nicht nur die Geldfunktion des Maßstabs der Preise garantiert, sondern mit der Deklaration des staatlichen Zwangskurses den Annahmezwang von (Zentralbank-)Geld gesetzlich dekretiert, könne er Geld aus dem Nichts schaffen und gewährleiste damit uno actu Reichtumsproduktion und Steuerzahlung: *»Ein Staat muss (und kann) seine Ausgaben nicht finanzieren wie Personen und Unternehmen im Privatsektor. Diese benötigen Zahlungsmittel, bevor sie etwas kaufen können. Die Regierung kann diese Zahlungsmittel einfach herstellen und damit bezahlen. Zwischen ›bezahlen‹ und ›finanzieren‹ besteht ein riesiger Unterschied, der keine semantische Spielerei ist, sondern anzeigt, dass der Schöpfer der Währung Ausgaben einfach so (sic!) tätigen kann, während dies für die Nutzer eben nicht so ist.«* (Paetz/Ehnts 2019: 6).

Aus dieser Bestimmung des Geldes als Staatsprodukt ergibt sich weiter die Funktion der – staatlichen, nur formell unabhängigen – Zentralbank als Lender of last Resort und aus dieser Funktion der Zentralbank folgt zugleich die Unmöglichkeit einer Staatspleite. *»Banken verlangen von der Regierung aber einen Zins (bzw. einen Abschlag, woraus meist eine positiver Verzinsung entsteht), wenn Regierungen sich immer höher verschulden. (…) Eine Zentralbank kann aber nicht zulassen, dass ihre Regierung pleitegeht, weil dies die Stabilität des Finanzsystems gefährden würde. Die Zentralbank ist daher so gut wie immer (sic!) der Kreditgeber der letzten Instanz und somit die Bank der Regierung. Eine wie auch immer geartete politische Unabhängigkeit der Zentralbank ändert nichts an dieser Konstellation.«* (Ib.) Dies hat auch quantitative Konsequenzen.

Die Finanzierung eines Defizits in den öffentlichen Haushalten ist über direkten Ankauf von staatlichen Schuldtiteln am Primärmarkt nicht nur möglich – ein Erwerb über den Sekundärmarkt sei nur eine Verkleidung dieser Operation –, sondern auch geboten, um zur Vollauslastung der Produktionskapazitäten und (kurzfristig) maximaler Beschäftigung zu kommen.[43]

Selbst wenn ›Flaschenhälse‹ in einigen Produktionssphären zu einem Anstieg der Preise führen, ergibt sich mit diesem Inflations-Erstrundeneffekt steigender Profite ein Ansporn zu kapazitätserweiternden Investitionen und damit der Fortgang eines gesamtwirtschaftlichen Expansionsprozesses. Sodann kommen auch die Geschäftsbanken als autonome Schöpfer von Bankengeld und Finanziers eines kumulativen Multiplikatorprozesses ins Spiel; dies wird mit der früher analysierten Formel von der Nicht-Neutralität des Geldes umschrieben.

Um nicht zu falschen Schlussfolgerungen wie die MMT zu kommen, ist sich der Voraussetzungen dieses Multiplikatorprozesses zu vergewissern. Stets handelt es sich hierbei um Entwicklungen erstens *innerhalb eines bereits begonnenen* zyklischen Aufschwungs und zweitens eines zyklischen Aufschwungs im *Rahmen einer langfristig-überzyklisch beschleunigten Kapitalakkumulation*, d.h. innerhalb eines Prosperitätszyklus.[44] Nichts kann daher falscher sein als die umstandslose Verallgemeinerung dieser höchst voraussetzungsvollen Entwicklungen und ihre langfristig-überzyklische Extrapolation.

Tatsächlich krankt die MMT neben den oben ausgewiesenen Fundamentalfehlern bei den Geldeigenschaften an den Weiterungen, die sich aus ihnen ergeben. Der komplett fehlende Rückbezug auf die Bedingungen der Kapitalverwertung und die unterlassene Unterscheidung zwischen einer langfristig

---

43 Vgl. ib.: 8: »Solange die Ressourcen einer Ökonomie noch nicht voll ausgelastet sind, besteht für eine Regierung immer die Möglichkeit, diese zu aktivieren. (…) Die Frage unterausgelasteter Volkswirtschaften sollte daher nicht lauten ›Was können wir uns leisten?‹, sondern ›Was wollen wir uns leisten?‹«

44 Mit dem Übergang einer beschleunigten Kapitalakkumulation in eine strukturelle Überakkumulation von Kapital verändert sich auch das Zyklusmuster, welches durch Verminderung oder Ausbleiben kumulativer Expansionsprozesse, d.h. durch ein vermehrtes stop-and-go, die Vergrößerung des Einflusses finanzieller (Vermögenspreisentwicklungen) gegenüber reproduktiven Faktoren sowie die Vertiefung (und Verlängerung) der Abschwünge gekennzeichnet wird; damit wird schließlich auch die Länge (und damit die zeitliche Regelmäßigkeit) des industriellen Zyklus affiziert. Nur ausnahmsweise ergeben sich unter Überakkumulationsbedingungen multiplikative (expansive) Effekte. Vgl. dazu ausführlich Krüger 2010: 342ff sowie 594ff.

beschleunigten Kapitalakkumulation – als überzyklisch-ruhige Bewegungsform des immanenten Widerspruches der Mehrwertproduktion – sowie ihrer gesetzmäßigen Ablösung durch eine strukturelle Überakkumulation von Kapital disqualifiziert diesen Theorieansatz grundsätzlich. Es lässt sich hiermit z. B. keine stagflationäre Entwicklung – Zusammenspiel von stagnativen Tendenzen bei profitsteigernder Inflation (in der Erstrunde) bei gleichzeitig stockender Kapitalakkumulation (als Zweitrundeneffekt) – erklären; diese Stagflation war in den 1970er Jahren ein allgemeines Phänomen der Kapitalakkumulation in den meisten kapitalistischen Metropolen.[45]

Hinzu kommt die Ausblendung der Einbettung einer Volkswirtschaft in die internationale Konkurrenz. Für eine reine Binnenwirtschaft mag der Hinweis auf staatliche Geldschöpfung dem Alltagsverstand für den Moment plausibel erscheinen. Der Hinweis auf die Erstausstattung von Unternehmen und Personen im Zuge der westdeutschen Währungsreform (vgl. Paetz/Ehnts 2019: 7 Fn 2) ist jedoch entlarvend. Zunächst war die neugeschaffene D-Mark eine reine Binnenwährung, die Bank deutscher Länder als Emissions-Zentralbank (und Vorläuferin der Deutschen Bundesbank) besaß keinerlei Währungsreserven, um dringend benötigte Importe zu finanzieren. Erst die Mittel des amerikanischen Marshall-Plans (European Recovery Program, ERP) beseitigten diesen Engpass und erlaubten dem BRD-Kapital die beginnende Integration in den Weltmarkt, der Zentralbank den Aufbau von zentralen Währungsreserven als nachträgliche Fundierung des neugeschaffenen Geldes und mit dem Jahr 1958 die (Devisen-)Konvertibilität der westdeutschen Währung. Erst von da an war auch der ursprünglich rein rechnerisch bestimmte Wechselkurs der D-Mark gegenüber dem US-Dollar von 3,3333 DM (1948), 3,5861 DM (1949) bzw. 4,2000 DM für 1 US-Dollar (1950) eine marktbestimmte Größe.

Der Verweis auf außenwirtschaftliche Verflechtungen jeder entwickelten kapitalistischen Volkswirtschaft deutet auf einen weiteren fundamentalen Mangel der MMT im Hinblick auf die hypostasierte unbeschränkte Geldschöpfung hin. Denn jede Inflationierung einer nationalen Währung, die das Maß der Inflation anderer Währungen auf den Devisenmärkten überschreitet, muss notwendigerweise zu einer Veränderung ihres (bilateralen) Wechselkurses und zu einer Steigerung der Preise importierter Waren führen. Ergibt also die binnenwirtschaftliche Geldschöpfung eine Verschlechterung der na-

45 Vgl. dazu Krüger 2019: 137ff.

tionalen Leistungsbilanz, weil die Exporte nicht gleichermaßen zunehmen, kommen destabilisierende Kapitalbewegungen (Netto-Kapitalexporte bis hin zu regelrechter Kapitalflucht) hinzu, die den Wechselkurs weiter verschlechtern und zu weiter steigenden Importpreisen führen. Der Verweis auf saldenmechanische – ex-post – Beziehungen hilft hier keineswegs weiter, weil er die initiierenden Prozesse für eine Veränderung der Finanzierungssalden der volkswirtschaftlichen Binnensektoren (Unternehmen, Staat, Privathaushalte) sowie gegenüber der übrigen Welt (Leistungsbilanzsaldo) nicht berücksichtigt. Noch weniger hilft der dumme, weil tautologische Spruch, dass den Schulden der Einen stets größengleiche Vermögen von Anderen entsprechen. Wenn die Anderen das Ausland sind, kann es für eine nach der MMT gesteuerte Ökonomie ungemütlich werden. Die krisenhaften Entwertungen einer seit der Überakkumulationssituation in den kapitalistischen Metropolen und den Schuldenkrisen von nachgeordneten Ländern (ab dem VIII. Nachkriegszyklus, d. h. ab 1983) gesteigerten Anzahl von gescheiterten Währungen spricht eine deutliche Sprache.[46]

Eine Ausnahme scheint für die US-Ökonomie zu bestehen, die bekanntlich seit Jahrzehnten Leistungsbilanzdefizite aufweist und seit 1986 Netto-Schuldner ist. Den Jahr für Jahr steigenden US-Schulden steht jedoch seit dem II. Weltkrieg nicht nur eine ökonomisch, sondern auch institutionell, anfangs im Bretton-Woods-Währungssystem fixierte Rolle der US-Währung als dominierende Transaktions- und Reservewährung auf dem Weltmarkt gegenüber. Dies hat der US-Devise und der Federal Reserve Bank bislang die Rolle des Global Lender of last Resort gesichert; hinzu kommen die immer noch mit Abstand weltgrößten Auslands-Direktinvestitionsbestände des US-Kapitals sowie die militärische Überlegenheit der amerikanischen Kriegsmaschinerie und die politische Unterordnung des sog. liberal-demokratischen Westens unter die Politik der US-Administration. Aber wenig spricht dafür, dass diese Konstellation umstandslos in die Zukunft verlängert werden kann. Der bevorstehende Epochenwechsel auf dem Weltmarkt, d. h. die Ablösung der Hegemonialposition der USA durch einen Polyzentrismus und die ökonomische Etablierung der VR China auf Augenhöhe mit den USA, wird die ungeminderte Fortset-

46 Der Asienkrise 1997/98 folgte 1998 die Russlandkrise, 1998/99 die Brasilienkrise, 2000/01 die Türkeikrise, 2001/02 erneut die Argentinienkrise und 2002 wiederum eine Brasilienkrise. Zumeist gingen dabei auch die betreffenden Währungen vor die Hunde und mussten eine Währungsumstellung nach einer Hyperinflation durchlaufen.

zung der internationalen Verschuldung der USA nicht gestatten und damit auch die gegenwärtig noch unangefochtene Rolle des US-Dollars berühren.[47]

Das Fazit lautet damit zusammenfassend: Die MMT ist von ihrem ökonomischen Gehalt nicht nur Vulgärökonomie (im Marxschen Sinne), sondern überschreitet bereits die Grenze zu ›Funny Science‹. Jegliche Orientierung an dieser und Berufung auf diese Theorie zur Begründung exzessiver öffentlicher Nachfragepolitik und Geldschöpfung, wie sie auch im deutschen Sprachraum propagiert wird,[48] ist für die Linke politisch kontraproduktiv und desavouiert eine ökonomisch ausgewiesene und nachhaltige Politik der Ausweitung öffentlicher Investitionen und sozialer Transfers zur Reduzierung der gestiegenen Verteilungsungerechtigkeiten. Anstatt in ›bastardkeynesianischer‹ Manier ungehemmt am Rad der öffentlichen Verschuldung zu drehen, müsste zusammen mit einer abgewogen expansiven Fiskal- und Geldpolitik die Etablierung einer proaktiven öffentlichen Strukturpolitik zum Einsatz kommen, mit der zukünftige Entwicklungsrichtungen und Wachstumsfelder der Volkswirtschaften bestimmt und mit neuen Instrumenten und Institutionen gesteuert und umgesetzt werden.

7. Empirische Daten*

Die vorliegenden Kategorien der Geldzirkulation lassen sich auch empirisch-statistisch durch Umgruppierungen der bankstatistischen Gesamtrechnungen der Deutschen Bundesbank und der Europäischen Zentralbank illustrieren. Demzufolge ist die Darstellung in die Epoche der D-Mark (bis 1998) und die nachfolgende Epoche des Euro (ab 1999) aufgeteilt. Die reproduktiven Grundlagen der Geldzirkulation werden vorliegend durch die Zahlungsbilanzen der BRD bzw. des Euro-Raumes repräsentiert.[49]

47 Die Antwort der Zentralbanken namentlich Chinas und der Russischen Föderation im Sinne einer langfristig angelegten Vorsorge gegenüber einer Entwertung des US-Dollars ist die Diversifizierung ihrer zentralen Währungsreserven nicht nur durch Anlage in anderen Währungen, sondern auch durch Aufbau ihrer Goldbestände.

48 Vgl. z. B. die ›epochemachenden‹ Erkenntnisse von W. Krumbein in: Krumbein 2018.

49 Zum Akkumulationsprozess des BRD-Kapitals sowie zu Entwicklungen der kapitalistischen Weltwirtschaft vgl. Krüger 2010, 2015, 2017 und 2019.

* *Autor und Verlag danken dem VSA: Verlag für die Bereitstellung der Abbildungen.*

a) D-Mark-Ära (1948/50 – 1998)

Abbildung 1: BRD-Zahlungsbilanz

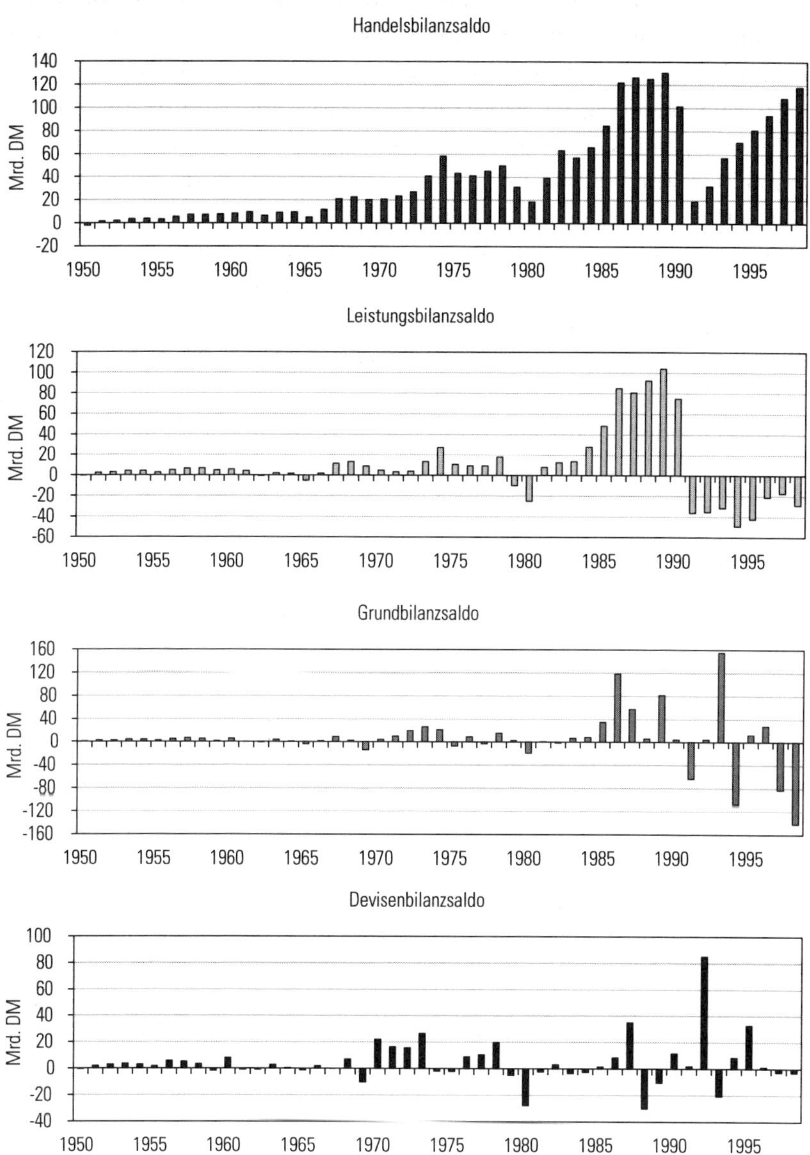

Quellen: Deutsche Bundesbank

Die Handelsbilanz des BRD-Kapitals wies mit Ausnahme der ersten Jahre nach der Währungsreform 1948 stets Überschüsse aus, die auch den Saldo der Leistungsbilanz der Alt-BRD und damit den Aufbau einer internationalen Gläubigerposition bestimmten. Erst nach der Übernahme der ex-DDR und dem Zusammenbruch ihrer seinerzeitigen Exporte in die realsozialistischen Staaten (RGW, Rat für gegenseitige Wirtschaftshilfe) und dem gleichzeitig nur durch zusätzliche Importe zu stillenden Bedarf der ostdeutschen Bevölkerung an ›Westwaren‹ gingen die Handelsbilanzüberschüsse zurück und führten den Leistungsbilanzsaldo für einige Jahre (bis 2001), vor dem Hintergrund der strukturell negativen deutschen sog. unsichtbaren Transaktionen (hauptsächlich Dienstleistungs- und Übertragungsbilanz), ins Minus.

Der langfristige Kapitalverkehr zeigt in der Periode der D-Mark-Ära in den 1960er Jahren zunehmende Direktinvestitionen des Auslands in der wieder erstarkten Bundesrepublik mit ihrem wachsenden Binnenmarkt, die die Direktinvestitionen deutscher Unternehmen im Ausland überstiegen. In den 1970er und 1980er Jahren ist die Bilanz der Direktinvestitionen uneinheitlich, allerdings nehmen sowohl Kapitalimporte als auch Kapitalexporte für Direktinvestitionen quantitativ deutlich gegenüber den vorangegangenen Jahrzehnten zu und dokumentieren eine wachsende internationale Verflechtung beim reproduktiven Kapital. Gegen Ende der D-Mark-Ära steigt der deutsche Nettokapitalexport bei den Direktinvestitionen nochmals stark an und überwiegt den Kapitalimport bei Weitem: Das BRD-Kapital muss seine nach 1990 zurückgegangene und nunmehr wieder zunehmende Überschussposition im internationalen Warenhandel durch den Aufbau ausländischer Produktions- und Vertriebsstätten absichern; darüber hinaus soll an höheren ausländischen Profitraten partizipiert werden. Der sonstige langfristige internationale Kapitalverkehr – im Wesentlichen Portfolioinvestitionen, also reine Geldkapitalanlagen, die vornehmlich auf Zinsdifferenzen sowie längerfristig konsolidierte Wechselkursentwicklungen reagieren – zeigt erst in der zweiten Hälfte der 1990er Jahre stärkere volatile Ausschläge. Der gesamte langfristige Kapitalverkehr bildet neben den Leistungsbilanztransaktionen einen weiteren fundamentalen Einflussfaktor für die nationale Zahlungsbilanz, der in der Grundbilanz abgebildet wird. Der meistenteils negative Grundbilanzsaldo in den 1990er Jahren geht vornehmlich auf die defizitäre BRD-Leistungsbilanz zurück, während sich der überwiegende Kapitalexport bei den Direktinvestitionen und der überwiegende Kapitalimport bei langfristigem zinstragenden Kapital per Saldo in etwa kompensieren.

Relevant für die außenwirtschaftlichen Einflüsse der BRD-Geldzirkulation ist der Saldo der nationalen Devisenbilanz, der sich aus der Hinzufügung kurzfristiger grenzüberschreitender Geldkapitalbewegungen sowohl der Banken als auch der sonstigen Wirtschaftssektoren ergibt.[50] Der Saldo der Devisenbilanz ist in der betrachteten Periode uneinheitlich. Ihr positiver Wert dokumentiert in den 1950er und 1960er Jahren den sukzessiven Aufbau der bundesdeutschen Währungsreserven. In der ersten Hälfte der 1970er Jahre lassen die Turbulenzen an den Finanzmärkten infolge zunehmender Disproportionen im Welthandel (u. a. 1. Ölpreisschock) sowie aufgrund der starken Inflationierung der wichtigsten Währungen und des Zusammenbruchs des Bretton-Woods-Währungssystems die internationale Rolle der D-Mark weitgehend unberührt, sodass die positiven Grundbilanzsalden durch kurzfristige Geldkapitalzuflüsse verstärkt werden. Danach wechseln sich positive und negative Devisenbilanzsalden bis zum Ende der D-Mark-Ära ab, wobei die positiven Salden überwiegen (vgl. insgesamt Abb. 1).

Neben dieser internationalen durch die Zahlungsbilanz repräsentierten Einbettung des Akkumulationsprozesses des BRD-Kapitals in die Weltwirtschaft wird die deutsche Geldzirkulation durch die Bedingungen der internen Wertschöpfung und Mehrwertproduktion, den Kapitalumschlägen sowie den Prozessen an den Finanzmärkten grundlegend bestimmt. Ausgangsgröße für die Geldzirkulation ist das gesamtwirtschaftliche Transaktionsvolumen für einen Zeitraum (1 Jahr) (vgl. Abb. 2 auf der folgenden Seite).

Während der ersten 3 Jahrzehnte spielen die Börsenumsätze in der Bundesrepublik noch keine Rolle für dieses Transaktionsvolumen der Geldzirkulation. Erst beginnend mit den 1980er Jahren, also nach dem Übergang nicht nur der BRD-Kapitalakkumulation, sondern auch der anderen kapitalistischen Metropolen in eine zunehmende und nicht mehr zyklisch aufgelöste Überakkumulation von Kapital gewinnen die Börsenumsätze sukzessive an Bedeutung; sie folgen als Anlageformen des Leihkapitals der bereits seit Ende der 1960er Jahren beschleunigten Geldkapitalakkumulation auf den seinerzeitigen ›Eurodollarmärkten‹ nach.

50 Hinzu kommen Veränderungen des statistischen Restpostens der Zahlungsbilanz, die vor allem die Zahlungsbedingungen (terms of payment) im Außenhandel zum Ausdruck bringen.

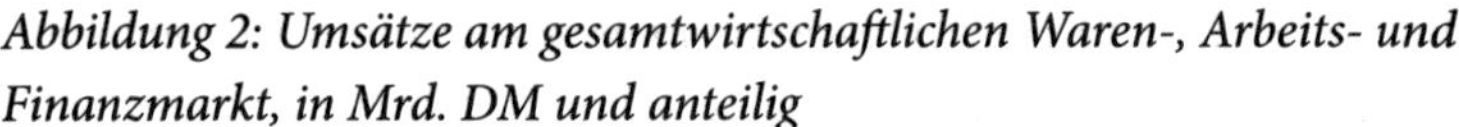

Abbildung 2: Umsätze am gesamtwirtschaftlichen Waren-, Arbeits- und Finanzmarkt, in Mrd. DM und anteilig

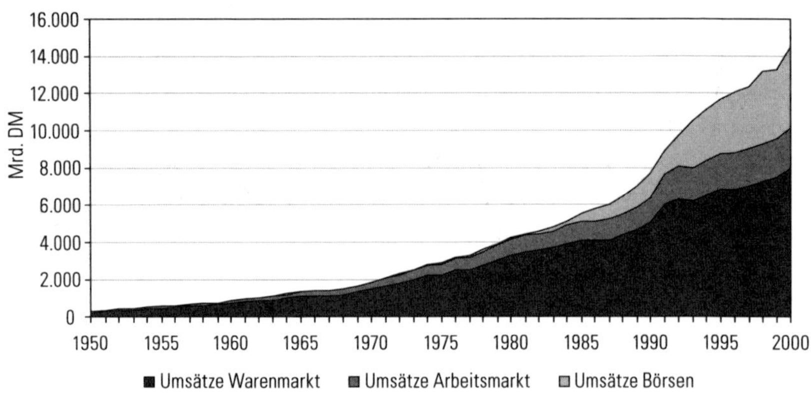

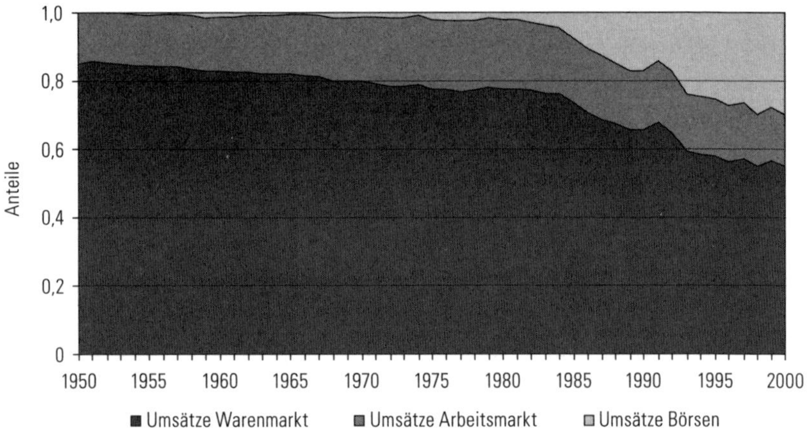

Quellen: Statistisches Bundesamt, Deutsche Bundesbank, eigene Berechnungen

Die Umsätze an den Waren- und Arbeitsmärkten sowie an den Börsen treffen auf die zur Zirkulation notwendige Geldmenge, die vorliegend in der Abgrenzung als M21, d. h. als Bargeld plus jederzeit fällige Sichtdepositen sowie kurzfristige Termindepositen (bis 3 Monate) bestimmt ist. Die zyklischen Schwankungen der Umsätze bestimmen grundsätzlich die Entwicklung der Geldmenge; neben den kurzzeitigen Turbulenzen in der ersten Hälfte der 1970er Jahre ist die einzige wesentliche Ausnahme dieser Entsprechung

Abbildung 3: Umsätze und Geldmenge; jeweils in % gegenüber dem Vorjahr

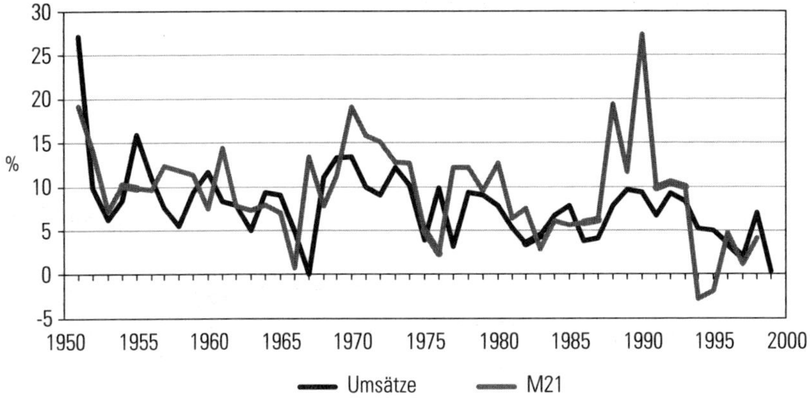

30
25
20
15
%
10
5
0
-5
1950
1955
1960
1965
1970
1975
1980
1985
1990
1995
2000
Umsätze
M21

Quellen: Statistisches Bundesamt, Deutsche Bundesbank, eigene Berechnungen

Abbildung 4: Geldmengenkomponenten, Anteilswerte in v. H.

1,0
0,8
0,6
Anteile
0,4
0,2
0,0
1950
1955
1960
1965
1970
1975
1980
1985
1990
1995
Bargeld
Sichteinlagen
Termingelder

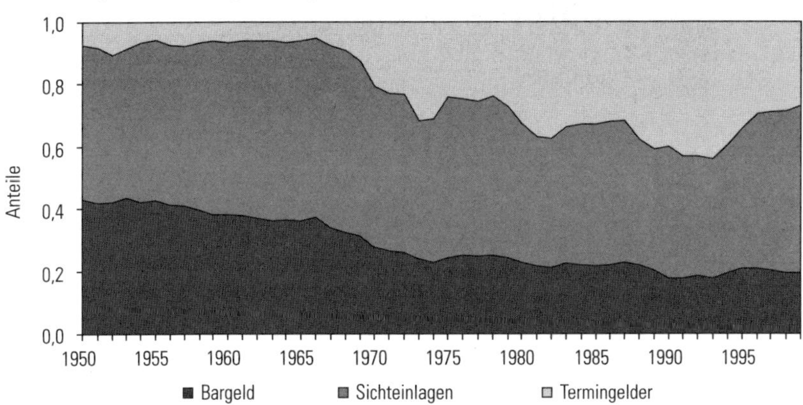

Quelle: Deutsche Bundesbank, eigene Berechnungen

beider Größen die Steigerung der Geldmenge durch die deutsch-deutsche Währungsunion 1990 sowie zuvor infolge der sprunghaft gestiegenen Abwanderung der DDR-Bevölkerung (Auszahlung des sog. Begrüßungsgeldes) (vgl. Abb. 3).

Hinsichtlich der Zusammensetzung dieser Geldmenge nach Komponenten ergibt sich in der D-Mark-Ära eine Halbierung des Anteils der Bargeldzirkulation, der spiegelbildlich Zunahmen der Depositenzirkulation entsprechen. Innerhalb der Depositen erobern die Termingelder mit der Steigerung der Zinssätze seit der zweiten Hälfte der 1960er Jahre eine größere Bedeutung auf Kosten der Sichtdepositen, die auch nach dem Sinken der Zinssätze seit Anfang der 1980er Jahre zunächst anhält und erst in den 1990er Jahren wieder zurückgeht (vgl. Abb. 4).

Die Umlaufsgeschwindigkeit der Geldmenge v als zweiter Faktor, der ihr Volumen durch Geschwindigkeit ersetzt, ist je nach der Geldmengenabgrenzung sowohl nach Niveau als auch nach langfristiger Entwicklungstendenz verschieden. Während sie als v1: Bargeld + Sichtdepositen nur graduell zurückgeht, nimmt sie als v21 (Bargeld, Sichtdepositen, Termingelder bis 3 Monate) deutlich ab. Dies zeigt, dass die Ökonomisierung des Zirkulationsinstruments in der Bundesrepublik der D-Mark-Ära zwar eine Verringerung der Zirkulationskosten durch anteilige Reduzierung des Bargeldes und seiner Zirkulation – Reduzierung der Produktionskosten des Bargeldes durch relativen Rückgang seiner Menge trotz zunehmender Aufwendungen für Fälschungssicherheit – aufweist, jedoch keine technische Beschleunigung des Geldumlaufs erbringt. Die nur graduelle Reduzierung der Umlaufsgeschwindigkeit v1 folgt der weitgehenden Konstanz des Gesamtumschlags des industriell-produktiven Kapitals. Diese ergibt sich per Saldo aus einer deutlichen Erhöhung

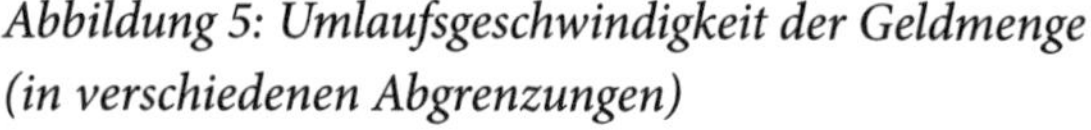

Abbildung 5: Umlaufsgeschwindigkeit der Geldmenge (in verschiedenen Abgrenzungen)

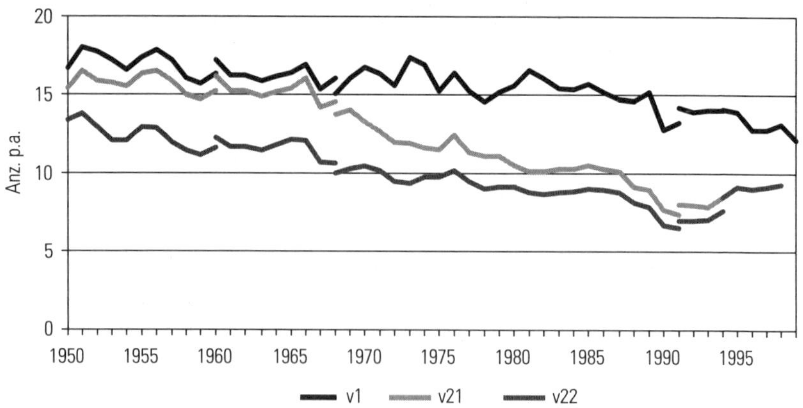

Quellen: Statistisches Bundesamt, Deutsche Bundesbank, eigene Berechnungen

Abbildung 6: Kapitalumschlag

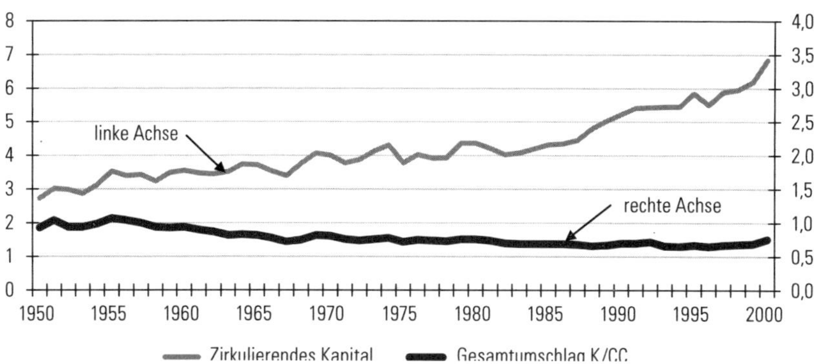

Quelle: eigene Berechnungen

des Umschlags des zirkulierenden Kapitals und einer Verringerung der Umschlagszahl des fixen Kapitals, das einen fortwährend steigenden Anteil am Gesamtkapitalvorschuss einnimmt (vgl. Abb. 6).

Die langfristige Entwicklung der bundesdeutschen Warenpreise zeigt auf der Erzeugerstufe (inländische Erzeugerpreise) eine nur von geringen zyklischen Schwankungen unterbrochene weitgehende Konstanz in den 1950er und 1960er Jahren; auch der außenwirtschaftliche Einfluss ist zunächst gering und wirkt in etlichen Jahren sogar preissenkend (fallende Importpreise namentlich in den 1950er Jahren). Erst die zweimalige Erhöhung des mittlerweile zum wichtigsten Energieträger gewordenen Erdöls 1973 und 1979/80 zieht die inländischen Erzeugerpreise nach oben. Stärker als diese steigen in den 1970er Jahren die Kosten der Lebenshaltung, in denen sich nicht nur steigende Preise für importierte Konsumgüter, sondern auch steigende administrierte Preise sowie steigende Kosten z. B. für Mieten geltend machen. Nach der Verarbeitung des zweiten Ölpreisschocks und den preisdämpfenden Wirkungen des zyklischen Abschwungs 1981/82 verläuft die Preisentwicklung auf der Erzeugerstufe wieder in ruhigen Bahnen mit oftmals sinkenden Importpreisen, nunmehr auch durch die fortwährende Aufwertungstendenz der D-Mark bedingt. Selbst der DDR-Anschluss treibt weder die inländischen Erzeugerpreise noch die Lebenshaltungskosten der Privathaushalte in außerordentlicher Weise. Die durchgängig restriktive Geldpolitik der Deutschen Bundesbank nach dem Ende des Bretton-Woods-Währungssystems hat hierzu einen Gutteil beigetragen (vgl. Abb. 7).

Abbildung 7: Preisindizes; Veränderung ggü. Vorjahr in %

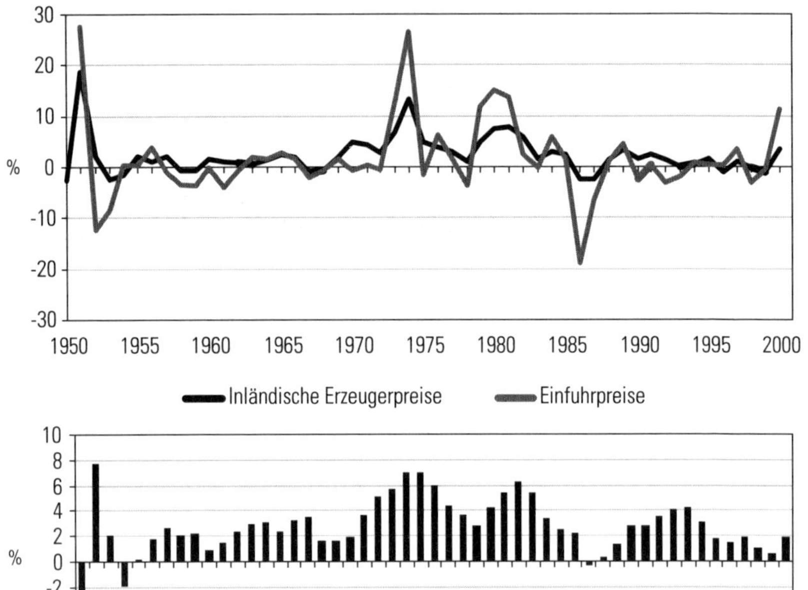

Quelle: Statistisches Bundesamt, Deutsche Bundesbank

Bezugs- und Ansatzpunkt für die monetaristisch fundierte Geldmengenpolitik der Deutschen Bundesbank war die aktuelle und potentielle Zentralbankgeldmenge bzw. ihre Veränderung. Sie umfasst die aktive Zirkulation des Bargelds (inkl. Scheidemünzen) sowie als passive Zirkulation die bei der Zentralbank zu haltenden Mindestreserven und nicht ausgenutzten Refinanzierungskontingente des Geschäftsbankensystems. Durch die geldpolitische Beeinflussung dieser Zentralbankgeldmenge im Zusammenhang mit der unterlegten Erweiterung des gesamtwirtschaftlichen Produktionspotentials und seiner Auslastung und daher seines Outputs sowie der (Bar-)Geldumlaufsgeschwindigkeit sollte das Oberziel der Geldpolitik, nämlich Preisstabilität als Sicherung der Kaufkraft einer (nationalen) Geldeinheit auf den Warenmärkten, gewährleistet werden.

Abbildung 8: Markt- und Politikeinflussfaktoren für die jährliche Veränderung der BRD-Zentralbankgeldmenge

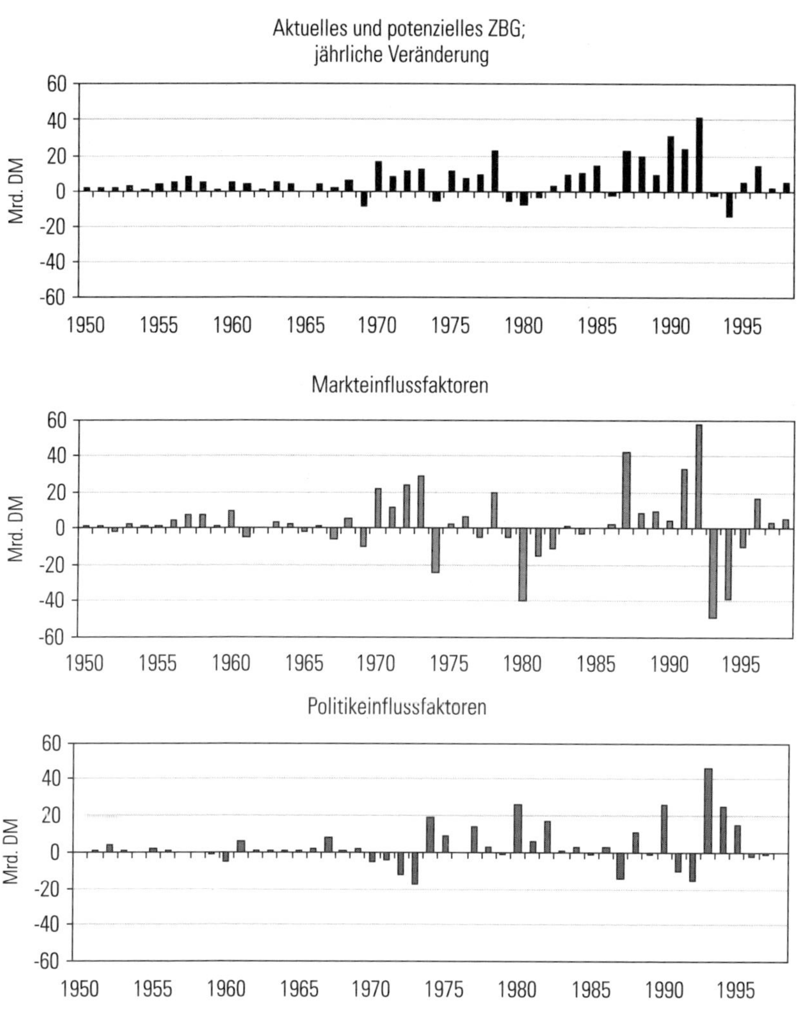

Quelle: eigene Berechnungen auf Basis von Daten der Deutschen Bundesbank

Die (jährliche) Veränderung dieser Zentralbankgeldmenge ist abhängig von einerseits marktbestimmten und andererseits politikbestimmten Einflussfaktoren (vgl. Abb. 8). Zu den ersteren gehören in erster Linie die durch den Saldo der Devisenbilanz dokumentierten Veränderungen der zentralen

Währungsreserven, die sich, von außerordentlichen Faktoren abgesehen, in Veränderungen der Devisenreserven, d.h. der Valutakasse erschöpfen und durch Devisenan- und -verkäufe der Zentralbank zu Zu- oder Abnahmen der Zentralbankgeldmenge führen. Hinzu kommen die bei der Zentralbank für jeweilig kurze Fristen stillgelegten Kassenüberschüsse der öffentlichen Haushalte bzw. kurzlaufenden Kassenkredite. Bis zum Ende der 1960er Jahre führen diese Marktfaktoren zu ziemlich kontinuierlichen Erweiterungen der Zentralbankgeldmenge der Bundesrepublik, bis in der ersten Hälfte der nachfolgenden 1970er Jahre die bereits erwähnten Turbulenzen an den Finanzmärkten die D-Mark als eine der im internationalen Vergleich stabilsten Währungen qualifizieren und diese Bewertung mit spekulativen Zuflüssen honorieren. Der erste Ölpreisschock führt im Jahr 1973 per Saldo zu einem kurzzeitigen Devisenabfluss und einer Verringerung der Zentralbankgeldmenge, bevor sich bis zum 2. Ölpreisschock wieder der vorherige Aufbau von auslän-

Abbildung 9: Aufgliederung der Markteinflussfaktoren der Entwicklung der Zentralbankgeldmenge

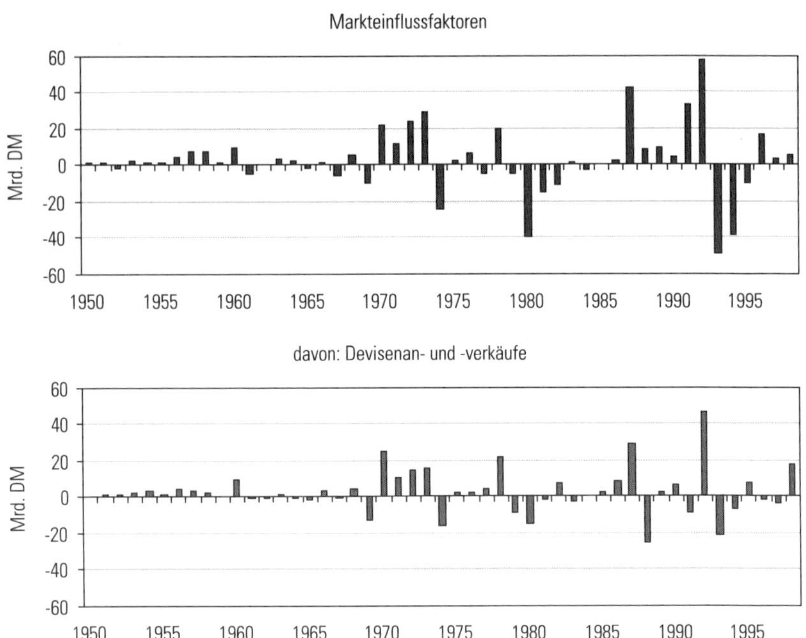

Quelle: eigene Berechnungen auf Basis von Daten der Deutschen Bundesbank dischen Währungen bei der Bundesbank einstellt. Nach 1979/80 verläuft die marktinduzierte Entwicklung der Zentralgeldmenge bis auf die Jahre 1987/88 in ruhigem Fahrwasser. Erst in diesen beiden Jahren ergeben sich zuerst große Devisenzuflüsse (1987), die im Folgejahr durch ebenso große Abflüsse wieder kompensiert werden. Die 1985 beginnende Abwertung des multilateralen US-Dollar-Wechselkurses, der die vorangegangene starke spekulative Aufwertung der US-Devise (›safe-harbor-Effekt‹ der Reagan-Präsidentschaft) überkompensiert, spielt hierfür eine wichtige Rolle. Mit Ausnahme kurzzeitiger heftiger Bewegungen im Zusammenhang mit der deutsch-deutschen Währungsunion in der ersten Hälfte der 1990er Jahre verlaufen die Marktfaktoren der Zentralbankgeldmenge bis zum Ende der D-Mark-Ära wieder auf einem niedrigen Niveau (vgl. Abb. 9).

Stellt man nun die andere Gruppe von Einflussfaktoren der Zentralbankgeldmenge, die nicht ihren als Wertzeichen zirkulierenden Bestandteil, sondern ihre Kreditgeldzirkulation umfassen, gegenüber, so zeigt sich sofort, dass beide Gruppen sich ziemlich exakt invers zueinander verhalten. D. h. die Kreditgeldzirkulation als Bezugspunkt der eigentlichen geldpolitischen Maßnahmen der Bundesbank kompensiert zielinkonforme, expansiv wirkende Marktfaktoren und konterkariert umgekehrt marktbestimmte Reduzierungen der Zentralbankgeldmenge durch eine expansivere Refinanzierungs- und Kreditpolitik gegenüber dem Geschäftsbankensystem. So wurden die durch Devisenzuflüsse monetär induzierten Geldmengenerhöhungen und inflationären Preiseffekte zu Beginn der 1970er Jahre durch eine restriktivere Geldpolitik teilweise sterilisiert und die restriktiv wirkenden Marktfaktoren zu Beginn der 1980er Jahre durch expansive geldpolitische Maßnahmen abgemildert. Dasselbe fand auch in der ersten Hälfte der 1990er Jahre statt. Nur in ganz wenigen Jahren verlaufen Markt- und Politikfaktoren in die gleiche Richtung, so zu Beginn der 1950er Jahre sowie im Jahr der Währungsunion 1990. Dieses Bild unterstreicht den früher theoretisch formulierten Befund, dass bei vorausgesetzten Marktprozessen die Geldpolitik der Zentralbank in erster Linie die mit dem Geldmengenziel nicht vereinbaren Bewegungen zu neutralisieren versucht, bevor ein proaktiver, direkt steuernder Einfluss der Geldpolitik überhaupt wirksam werden kann.

Die eingesetzten Instrumente der Bundesbank-Geldpolitik haben sich im Zeitablauf geändert. Während bis zum Ende der 1970er Jahre neben der Beeinflussung der Geldmarktzinsen hauptsächlich die Refinanzierungs- und

Mindestreservepolitik zur Anwendung kam – Veränderung der Refinanzierungskontingente, d.h. Erweiterung oder Verknappung von potentiellem Zentralbankgeld durch rediskontfähige Wechsel in der Hand der Geschäftsbanken sowie Erweiterung oder Verknappung der freien Liquiditätsreserven der Banken durch Mindestreservesatzänderungen –, wurden mit Beginn der 1970er Jahre die geldpolitischen Interventionen zunehmend durch Wertpapierpensionsgeschäfte der Bundesbank ausgeübt. Sie haben den Vorteil, dass eine bessere Feinsteuerung durch die An- und Verkaufskurse sowie die gleichzeitige Mengenkontingentierung der gehandelten Papiere möglich ist (vgl. Abb. 10).

Neben den jährlichen Veränderungen des Zentralbankgeldes und seinen Bestimmungsfaktoren lässt sich auch die Differenzierung der Geldmenge als Bestandsgröße nach Wertzeichen- und Kreditgeldzirkulation ableiten. Es zeigt sich, dass die nach der Währungsreform 1948 die zunächst als fiat money ›aus dem Nichts‹ geschöpfte Bargeldmenge, die in zwei Portionen der Bevölkerung der Westzonen zu 40 und 20 DM pro Kopf zugeteilt wurde – neben der Umstellung laufender Leistungen im Verhältnis von 1 RM = 1 DM sowie Gutschriften der Banken für Sichteinlagen und Sparguthaben (pro 100 RM zu 15 DM bzw. 7,50 DM) nebst später einzulösenden Ausgleichsforderungen für den Bilanzausgleich –, nachträglich durch Akkumulation von zentralen Währungsreserven der Bank deutscher Länder (Vorläufer der Bundesbank) fundiert wurde. Diese Akkumulation von zentralen Währungsreserven setzte die Re-Integration des westdeutschen Kapitals in den Weltmarkt voraus, die anfangs durch die US-amerikanische Marshallplan-Hilfe angeschoben wurde. Insgesamt belief sich die Bargeld-Erstausstattung durch gesetzliche Geldschöpfung auf 12 Mrd. DM bis Ende 1948 bzw. 12,9 Mrd. DM bis Ende 1949.

Die Zentralbankgeldmenge der Bank deutscher Länder bzw. der Deutschen Bundesbank bestand in den 1950er und 1960er Jahren überwiegend aus Wertzeichen als Gegenbuchung zu ihren nach und nach akkumulierten Gold- und Devisenreserven. Die Kreditgeldzirkulation des Zentralbankgeldes bildete zunächst nur einen kleinen Teil desselben ab; dies war auch Konsequenz der festen Wechselkurse des Bretton-Woods-Systems, in das sich die BRD eingeordnet hatte. Trotz mehrmaliger Aufwertungen der D-Mark gegenüber dem US-Dollar nach der marktbestimmten Einjustierung des zunächst 1948 und 1949 rein rechnerisch festgelegten Wechselkurses

Abbildung 10: Aufgliederung der Politikeinflussfaktoren der Entwicklung der Zentralbankgeldmenge

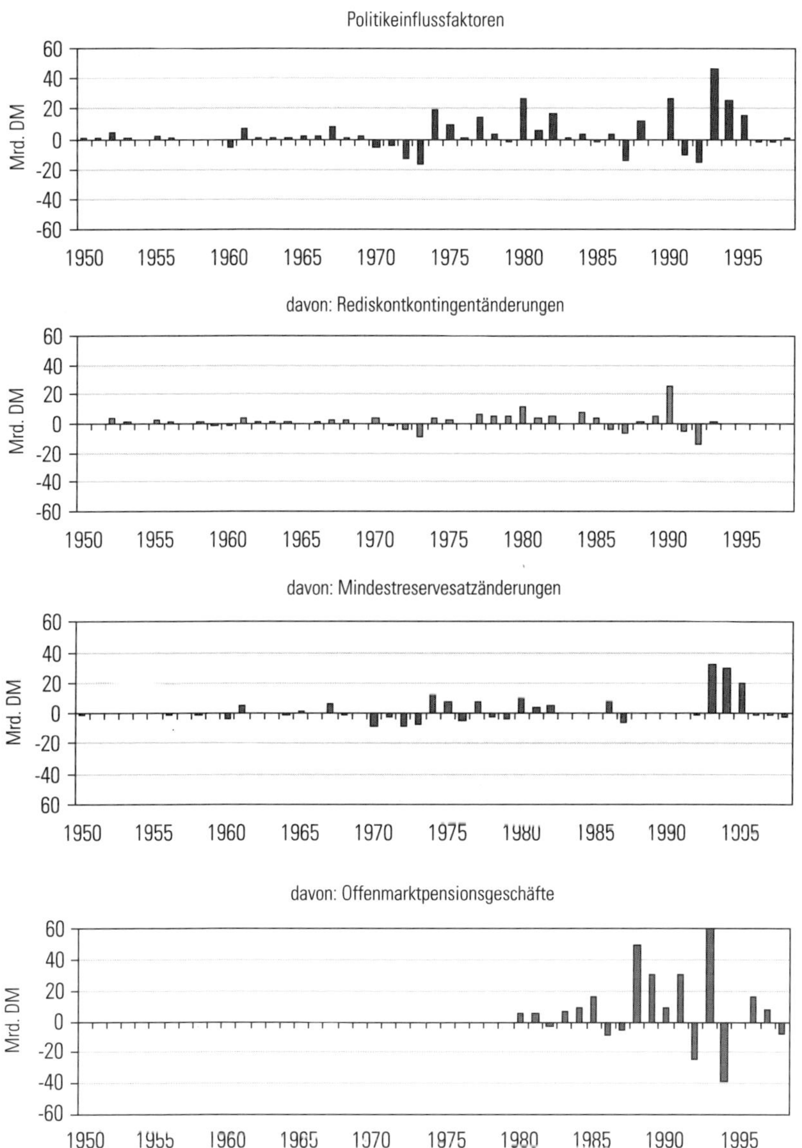

Quelle: eigene Berechnungen auf Basis von Daten der Deutschen Bundesbank

Abbildung 11: Funktionelle Bestandteile der Zentralbankgeldmenge; in Mrd. DM und Anteilswerte

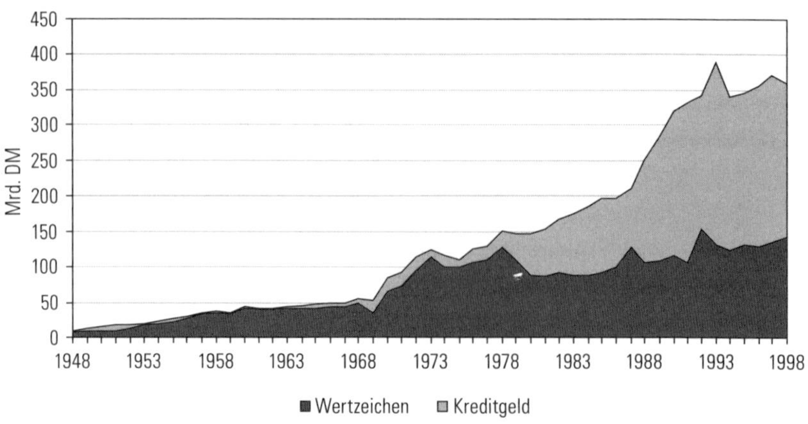

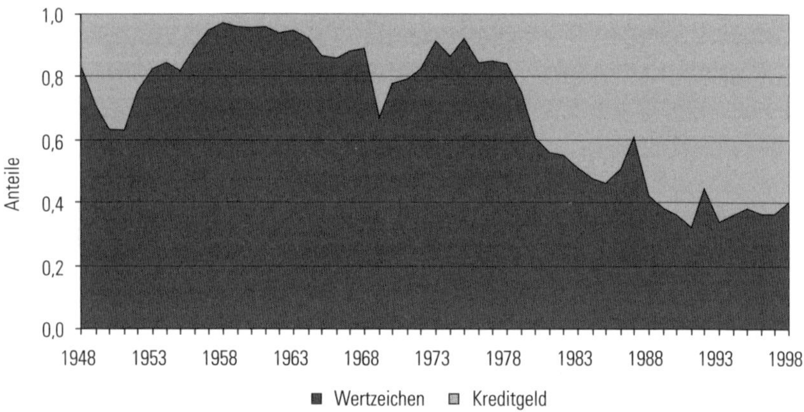

Quelle: eigene Berechnungen

– von dem seit 1950 geltenden Kurs von 4,20 DM je Dollar auf 4,00 DM 1962 sowie auf 3,94 DM je Dollar 1969 sowie weiteren Aufwertungen in der Endphase des Bretton-Woods-System 1970, 1971 und 1972 –, hatte die bundesdeutsche Zentralbank im Gefolge der beständig aktiven Handels- und Leistungsbilanz eingenommene Devisen stets in D-Mark zu konvertieren, um den Wechselkurs zu verteidigen. Das Ende des Bretton-Woods-Systems und der Übergang zum Devisenstandard (außerhalb des Europäischen Währungssystems) ließ ab dem Ende der 1970er Jahre den Anteil der Kreditgeldzirkulation an der Zentralbankgeldmenge rasch steigen; die Kreditgeldzirkulation übernahm schwerpunktmäßig die mit dem weiter wachsenden Transaktionsvolumen notwendig werdende Geldmengenausweitung und erhöhte die geldpolitische Beeinflussung der Zentralbankgeldmenge quantitativ. Gegen Ende der D-Mark-Ära hatte sich das Verhältnis zwischen den beiden Geldmengenbestandteilen auf rd. 2:3 zugunsten der Kreditgeldzirkulation verschoben (vgl. Abb. 11).

Wenn auch die Geldpolitik der Deutschen Bundesbank auf die Zielgröße der Veränderung der Zentralbankgeldmenge orientiert war, wirkte sie natürlich auch auf die Zinssätze ein. Deren marktbestimmte Bewegung war sowohl am kurzfristigen Geldmarkt als auch am Kapitalmarkt eindeutig zyklisch bestimmt: Steigenden Zinsen im zyklischen Aufschwung folgte am oberen Wendepunkt das jeweilige Maximum der Zinssätze, das ab den 1970er Jahren stets eine inverse Struktur, d. h. Übersteigen der Geldmarktsätze gegenüber den Kapitalmarktzinsen, aufwies. Eine Beeinflussung der Zinssätze durch die Geldpolitik der Bundesbank war im Wesentlichen darauf beschränkt, ihr marktbestimmtes Sinken nach Durchlaufen des oberen zyklischen Wendepunktes durch ein Umschalten zu einer expansiveren Geldpolitik zu beschleunigen und zu verstärken. Damit wurden die Verluste der zyklischen Abschwünge vermindert (vgl. Abb. 12 und 13).

Abbildung 12: BRD-Marktzinssätze

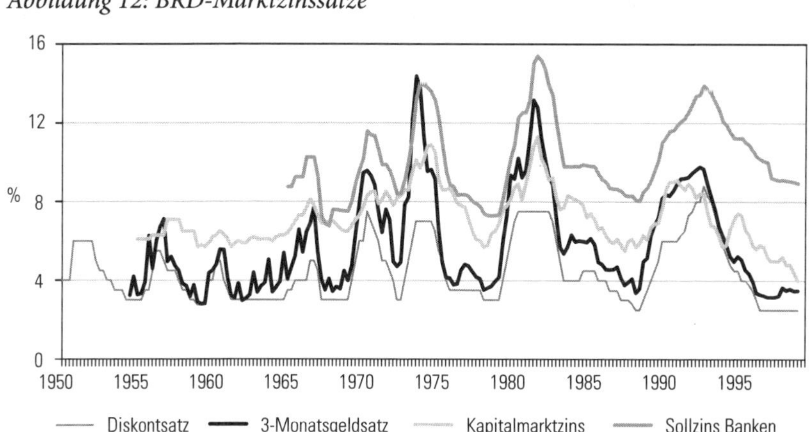

Quelle: Deutsche Bundesbank

Abbildung 13: Geldmarktzinssätze in der BRD 1950-1998

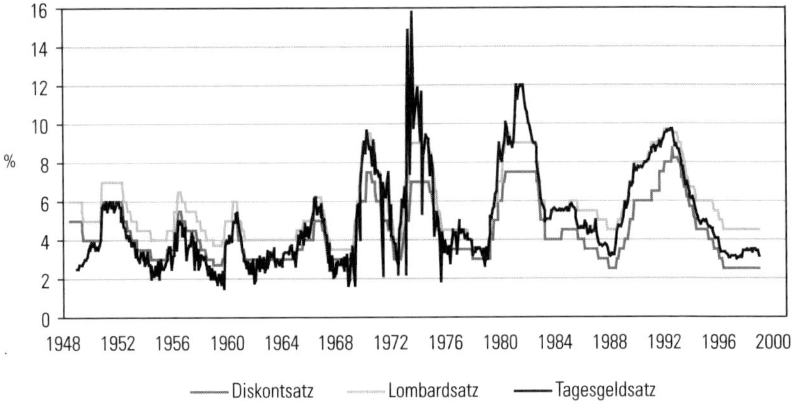

Quelle: Monatsberichte der Deutschen Bundesbank

b) Euro-Ära (seit 1999)

Die Euro-Zone ist ökonomisch ein Hybridprodukt mit einem supranational integrierten Geldmarkt und einheitlicher Währung sowie einer trotz fortgeschrittener Integration der nationalen Warenmärkte nach wie vor durch nationale Kapitale mit ihren nationalen Durchschnittsprofitraten gesteuerter Ressourcenallokation bei reproduktiver Wertschöpfung und Akkumulation. Diese national bestimmten Verhältnisse werden befestigt und bestätigt durch nationale Steuersysteme, national bestimmte Arbeitsmarktregulationen sowie eine national dominierte Wirtschaftspolitik der Euro-Staaten, die auch in ihren sonstigen politischen Belangen in letzter Zeit sogar mehr denn je auf nationale, bisweilen sogar nationalistische Eigenständigkeiten pochen. Eine vertiefte ökonomische Integration der Euro-Zone ist absehbar nicht in Sicht, von der ursprünglichen Vision der vereinigten Staaten Europas ganz zu schweigen. Solange die Euro-Zone ökonomisch ein derartiges Hybridprodukt ist, sind nicht nur Rückschläge, sondern auch die Infragestellung der gemeinsamen Währung und ein Auseinanderbrechen der gesamten Europäischen Union nicht ausgeschlossen.[51] Es zeigt sich hieran letztlich der Umstand, dass

51 Der nach langem Hin und Her beschlossene europäische Wiederaufbaufonds i. H. v. 750

sich in tiefgreifenden Krisenprozessen die prinzipielle Fragilität politisch-ökonomischer Zusammenschlüsse von nationalen Reproduktionsprozessen und Staaten auf Basis kapitalistischer Produktionsverhältnisse Bahn brechen kann.

Die konsolidierte Zahlungsbilanz der Euro-Zone ist dergestalt für ihren reproduktiven Teil, d. h. die Handels- und Leistungsbilanz, eine primär theoretische Größe, weil in den jeweiligen nationalen Reproduktionsprozessen die Import-/Exportverhältnisse für materielle Güter und Dienstleistungen sowie namentlich die politisch veranlassten Übertragungen und selbst noch die Erträgnisse aus Direktinvestitionen in erster Linie länderspezifisch bestimmt sind. Erst der zinsabhängige grenzüberschreitende Kapitalverkehr und besonders sein kurzfristiger Bestandteil können als Euro-Zonen spezifisch angesehen werden. Für die Europäische Zentralbank bildet sodann die für die gesamte Euro-Zone konsolidierte Devisenbilanz den Rahmen für ihre geldpolitischen Interventionen.

Mit Ausnahme der Jahre der Weltwirtschaftskrise 2008/09 sowie der beiden Folgejahre 2010/11, in denen die konjunkturelle Erholung zunächst nur auf wenige Euro-Länder beschränkt war, während andere eine nachfolgende Krise namentlich ihrer öffentlichen Haushalte durchlaufen mussten,[52] wies die konsolidierte Handels- und weiter auch die Leistungsbilanz der Euro-Zone Überschüsse, zum Teil sogar in wachsendem Maße auf. Dies führte im Endeffekt in den meisten Jahren zu Devisenzuflüssen; Ausnahmen bestanden nur im Krisenjahr 2009 sowie in 2013 (vgl. Abb. 14).

Mrd. Euro als Reaktion auf die wirtschaftlichen Folgen der Corona-Pandemie, der zu einem Teil durch von der EU aufgenommene Kredite finanziert werden soll, stellt zwar eine kleine Veränderung bisheriger, ausschließlich durch nationale öffentliche Haushalte geleisteten Einzahlungen in EU-Fonds dar, markiert aber alles andere als einen bereits vollzogenen Paradigmenwechsel im Selbstverständnis und der bisherigen objektiven Aufstellung der Europäischen Union als Hybridprodukt nationaler Staaten.

52 Die akute Eurokrise 2010-12 war für einige Länder – Griechenland, Irland, Spanien, Portugal und Zypern sowie in weiterer Instanz Italien und Slowenien – eine durch vorgängige namentlich öffentliche Verschuldung verursachte Krise mit starken Auswirkungen auf die Banken, die öffentliche Papiere dieser sog. PIIGS-Staaten in ihrem Portfolio hielten. Geheimer Grund für diese Krisenprozesse waren jedoch neben den Auswirkungen der internationalen Finanzmarktkrise 2007/08 die im Zyklus 2002-2009 zugespitzten Leistungsbilanzdefizite dieser Länder, denen Überschüsse insbesondere der Bundesrepublik gegenüberstanden, die jene zum Teil direkt verursacht hatten.

Abbildung 14: Zahlungsbilanz der Euro-Zone (konsolidiert)

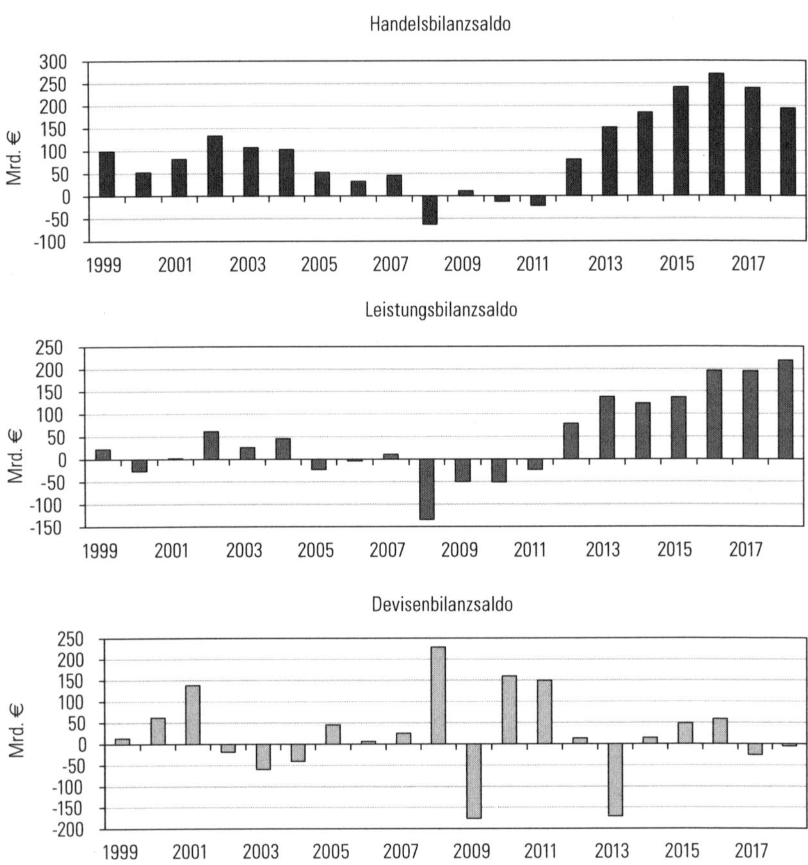

Quelle: Europäische Zentralbank

Die internationale Finanzmarktkrise 2007/08, die in die Große Krise von Wertschöpfung und Kapitalakkumulation von 2009 mündete, sowie die Eurokrise ab 2010 haben die Fragilität der Euro-Zone anschaulich gezeigt. Die Unmöglichkeit von Staaten wie Griechenland, Irland, Portugal, Spanien sowie Zypern, zu vertret- und finanzierbaren Zinsen ihre öffentlichen Schuldtitel zur Refundierung ihrer Altschulden sowie zur Aufnahme neuer Kredite am Kapitalmarkt zu platzieren, zeigte neben der nach wie vor national spezifischen Verfassung der Euro-Kapitalmärkte auch die Sprengkraft der Krisen für die Gemeinschaftswährung. Auch zehn Jahre nach Ausbruch der Eurokrise in 2010 haben sich zwar die langfristigen Zinsen der einzelnen Länder im Rahmen der staatlichen Rettungspolitik sowie des Quantitative Easing mit Negativ- und Nullzinsen der Europäischen Zentralbank wieder angenähert, aber die nationalen Schuldenstände von Krisenländern sowie die Leistungsbilanzdisproportionen in der Euro-Zone sind nach wie vor gegenwärtig und verdeutlichen den Umstand, dass neben der internationalen Finanzmarktkrise auch die Eurokrise keineswegs überwunden ist (vgl. Abb. 15).

Im Unterschied zur Geldpolitik der BBK zu D-Mark-Zeiten orientiert sich die EZB nach den ersten wenig erfolgreichen Jahren nach der Jahrtausendwende nicht an Geldmengenzielen – seinerzeit EZB-Zielgröße: M3 –, sondern versucht, die Zielgröße für die Warenpreise – Steigerung der Verbraucherpreise (HVPI) von unter, aber nahe 2 % p.a. – durch ihre Zinspolitik zu steuern. Die Refinanzierungspolitik der EZB wird über Wertpapierpensionsgeschäfte mit Zins- und/oder Mengentendern gegenüber den Geschäftsbanken betrieben. Dabei bleibt die Abhängigkeit der EZB-Geldpolitik von den Markteinflussfaktoren bei Zinsen und Zentralbankgeldmenge im Grundsatz erhalten. Dies zeigt sich bis zum Jahr 2007 sowohl an der zyklischen Bewegung der Zinssätze, welche die EZB-Zinsen mit vollziehen, als auch an der im Großen und Ganzen inversen Bewegung von Markt- und Politikeinflussfaktoren für

Abbildung 15: Renditen von 10-jähigen Staatsanleihen (Sekundärmarkt) in der Euro-Zone

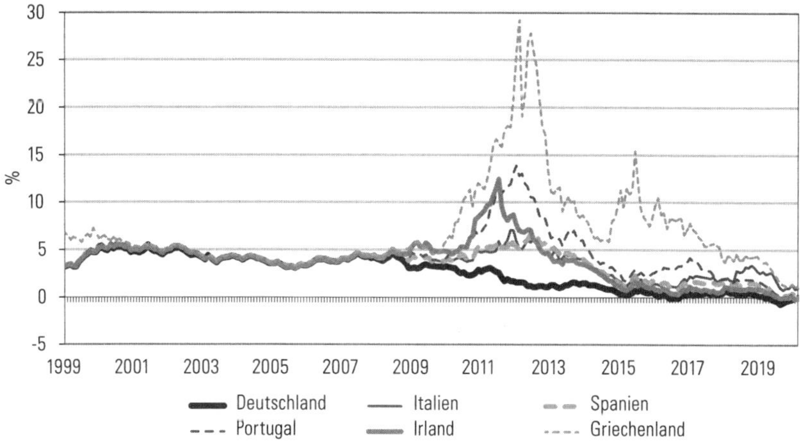

Quelle: Europäische Zentralbank

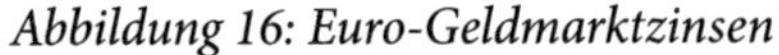

Abbildung 16: Euro-Geldmarktzinsen

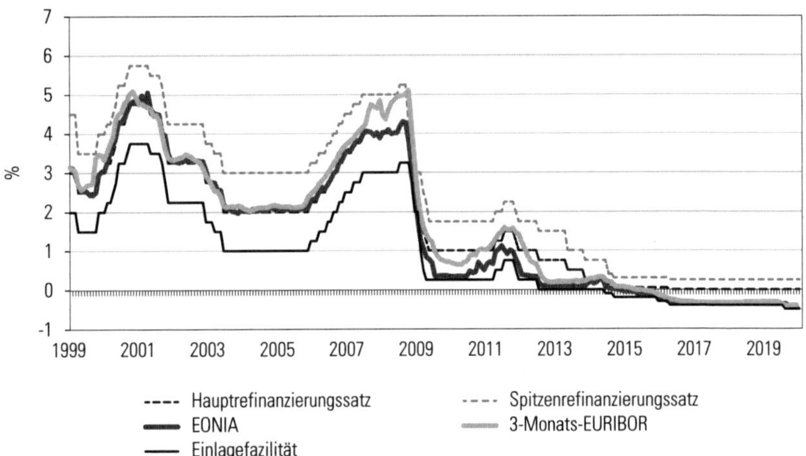

Quelle: Europäische Zentralbank

die EZB-Zentralbankgeldmenge; Letzteres war auch zu D-Mark-Zeiten charakteristisch (vgl. Abb. 16).

Seit 2008 ist die Welt aber eine andere. Die EZB reagierte auf den Ausbruch der internationalen Finanzmarktkrise mit einer Flutung des Geldmarktes und sicherte durch Rückgriff auf ihre Rolle als Lender of last Resort die Liquidität des Euro-Bankensystems. Das Instrument gegen die Austrocknung des Geldmarkts infolge der Weigerung der Banken, sich untereinander Liquiditätsüberschüsse zur Verfügung zu stellen, war zunächst die Bereitstellung längerfristiger Refinanzierungsfazilitäten seit September 2008 (Übergang vom Zins- zum Mengentender).[53] Diese expansive Politik, die eine erste Stufe der (zusätzlichen) Schaffung von Zentralbankliquidität für die Banken durch verlängerte Laufzeiten der Rückflüsse der Kreditgeldzirkulation beinhaltete, konnte in den Folgejahren zunächst wieder zurückgefahren werden. Nach dem Ausbruch der Eurokrise war aber ab 2012 eine Potenzierung dieser Geldpolitik nötig und es nahm die Schöpfung von Quasi-Kreditgeld durch Refinanzierungen ohne quantitative Kontingentierung, mit geringen Zinsen (1 %), einer Laufzeit bis

53 Die über Liquidity-Swap-Lines der amerikanischen Federal Reserve Bank dem Euro-System zugeflossenen Mittel, die der EZB die Glattstellung ihrer fälligen Dollar-Verbindlichkeiten ermöglichten, sind als unterjährige, kurzfristige Bewegungen in den Bestandswerten des EZB-Ausweises zum jeweiligen Jahresende nicht sichtbar.

zu 3 Jahren sowie gegen die Hereinnahme von Wertpapieren auch geringerer Qualitätsstandards Fahrt auf (›Dicke-Berta-Refinanzierung‹). 2013/14 wirkte die EZB-Politik per Saldo kontraktiv für die Euro-Zentralbankgeldmenge: In den negativen Beträgen der Refinanzierungspolitik kommt aber einerseits die teilweise vorzeitige Rückzahlung von ›Dicke-Berta-Liquidität‹ zum Ausdruck. Der Rest entfällt andererseits auf Sterilisierungsmaßnahmen der EZB, um der (weiteren) Aufblähung der Spekulationskasse und der angeheizten Hausse am Aktienmarkt entgegenzuwirken.

Schon ab 2012 wurden die längerfristigen Refinanzierungsfazilitäten durch die Ankündigung von sog. Outright-Geschäften der EZB ergänzt, d. h. einen der Möglichkeit nach unbegrenzten Ankauf von kurzfristigen Staatsanleihen von Euro-Staaten am Sekundärmarkt, um die Renditen bei Neu- und Refinanzierungen der Staatshaushalte finanziell bedrängter Euro-Staaten herabzudrücken (›Bazooka‹). Die seinerzeitige Ankündigung des EZB-Präsidenten Mario Draghi, alles zu tun, um den Euro zu stabilisieren, sorgte für eine zwischenzeitliche Entspannung der Eurokrise. Allerdings blieb diese expansive EZB-Politik bis 2014 noch weitgehend im Modus der Ankündigung und wirkte per Saldo sogar restriktiv, d. h. sterilisierend gegenüber vorher geschaffener Zentralbankliquidität. Erst um die anhaltend schwache Konjunktur in der Euro-Zone (als Ganzer) 2011-2013/14 zu beleben und an die besser laufende Kapitalakkumulation der USA heranzuführen, ging die EZB ab 2015 zum re-

Abbildung 17: Euro-Bargeld und Zentralbankeinlagen der Banken; in Mrd. €

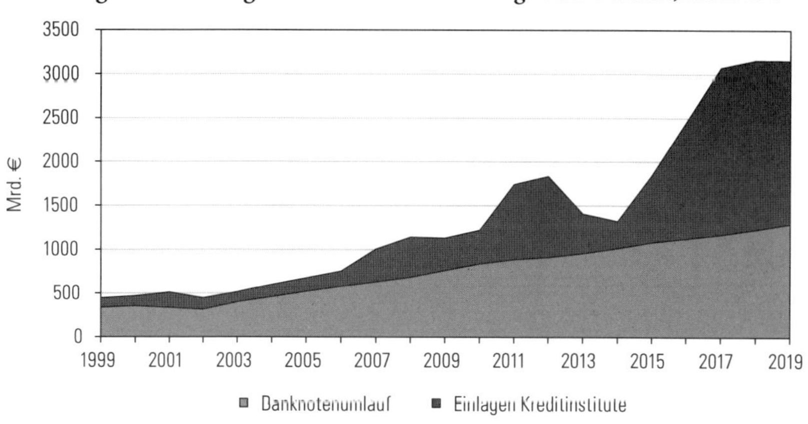

Quelle: eigene Berechnungen auf Basis von EZB-Daten

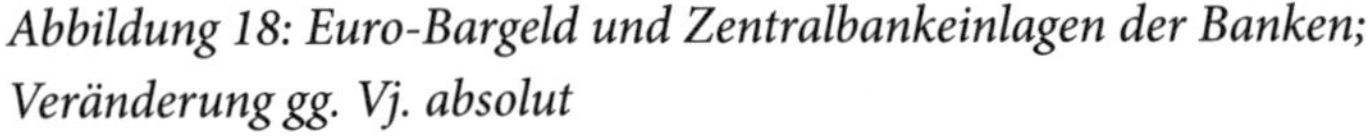

Abbildung 18: Euro-Bargeld und Zentralbankeinlagen der Banken; Veränderung gg. Vj. absolut

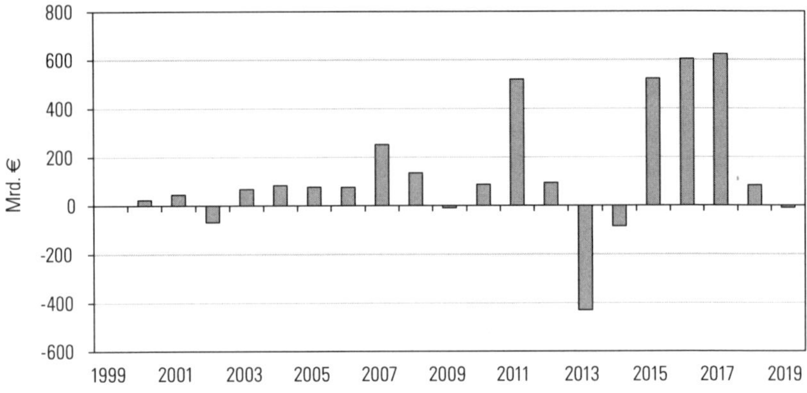

Quelle: eigene Berechnungen auf Basis von EZB-Daten

gelrechten Quantitative Easing durch vollzogene Ankäufe von Wertpapieren am Sekundärmarkt von zunächst 60 Mrd. Euro monatlich über. Ziel war nun, die Geschäftsbanken bei der Bereinigung ihrer toxischen Portfolios (weiterhin) zu unterstützen, vor allem aber zu vermehrter Kreditvergabe an reproduktive Unternehmen zu stimulieren. Mittel dieser ultralockeren Geldpolitik waren nun nicht mehr großvolumige und länger laufende Refinanzierungsfazilitäten, sondern sog. Asset-Purchase-Programme am offenen Markt mit Wertpapieren verschiedener, auch privater Emittenten durch die Zentralbank in erheblichem Umfang und für einen von vornherein festgelegten längeren Zeitraum (vgl. Abb. 17 und 18).

Restriktiv wirkende Marktfaktoren von 2015-17 wurden so durch expansiv wirkende Politikfaktoren überkompensiert. 2018 und 2019 konnten die geldpolitischen Einflussfaktoren für die Euro-Zentralbankgeldmenge auf mehr als Hälfte des Spitzenwerts von 2017 zurückgenommen werden und wurden zuletzt durch leicht expansive Marktfaktoren unterstützt. Bei den Politikeinflussfaktoren sind 2012 die erweiterten Refinanzierungsmöglichkeiten dominant, die allerdings im darauf folgenden Jahr, z. T. durch vorzeitige Rückzahlungen von Banken, wieder restriktiv wirken; sie werden in den Folgejahren 2013 bis 2018 durch die Offenmarktoperationen der EZB im Rahmen ihrer Wertpapierankaufsprogramme abgelöst. Die expansive Zentralbankgeldschöpfung

Abbildung 19: Einflussfaktoren für die Veränderung der Euro-Zentralbankgeldmenge

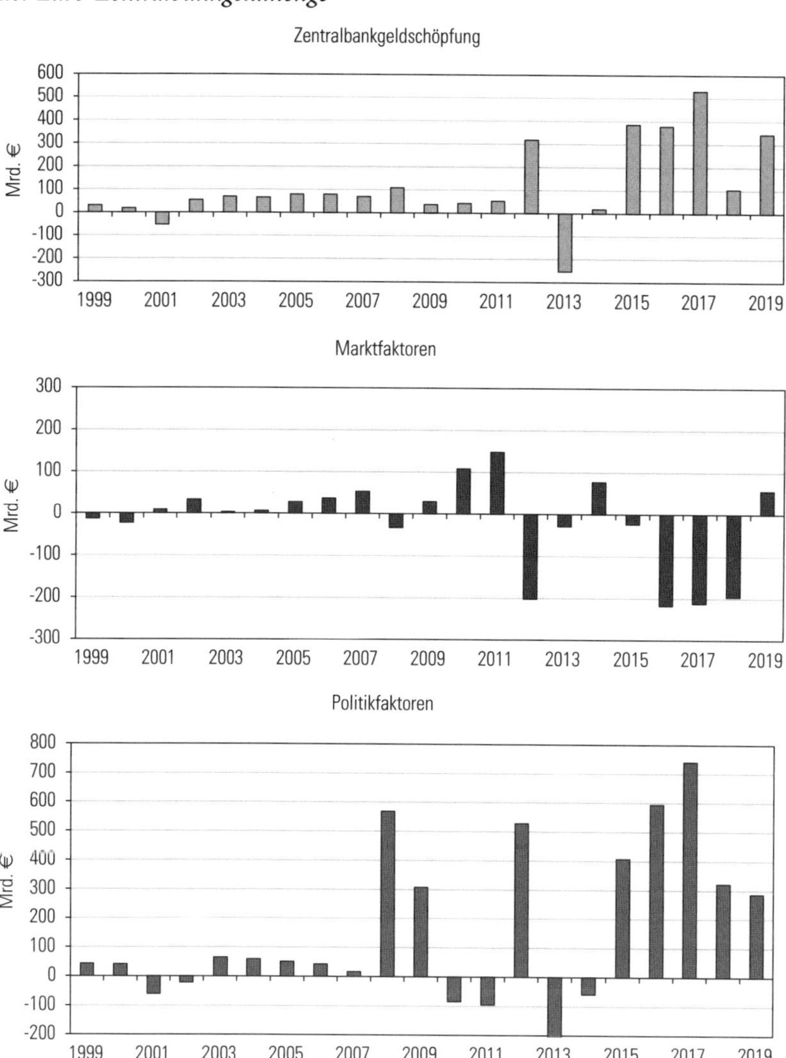

Quelle: eigene Berechnungen auf Basis von EZB-Daten

Abbildung 20: Aufgliederung der Markteinflussfaktoren für die Veränderung der Euro-Zentralbankgeldmenge

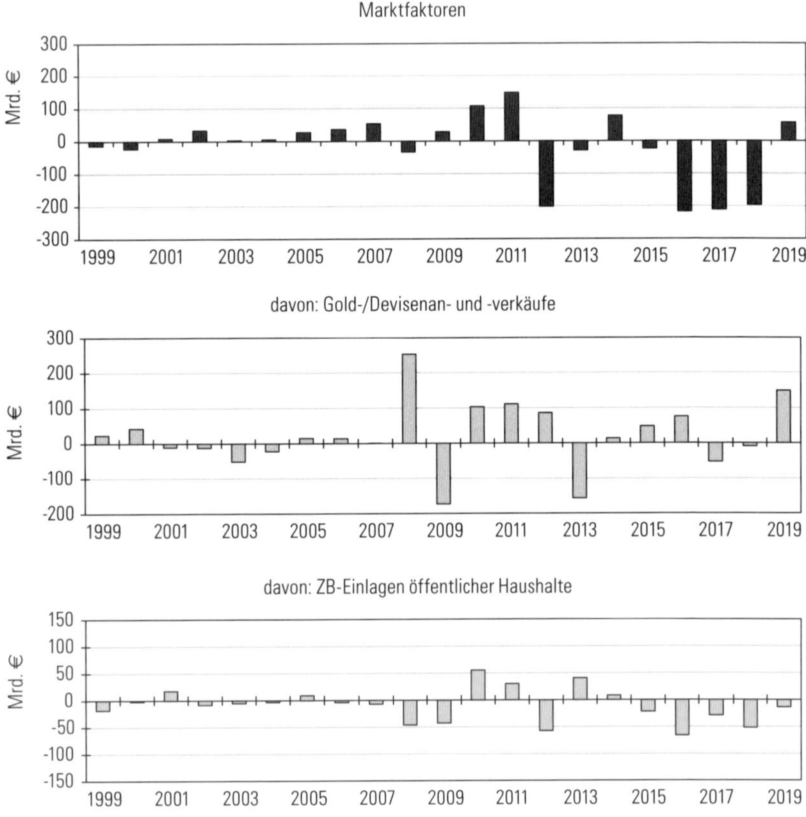

Quelle: eigene Berechnungen auf Basis von EZB-Daten

der EZB wird allerdings 2015-2017 sowie 2019 durch kontraktiv wirkende Veränderungen der Einlagefazilität der Banken gemildert. Namentlich 2019 nimmt die Stilllegung der Bankenliquidität trotz der mittlerweile erhobenen Negativzinsen nochmals erheblich zu. Es zeigen sich daran die Grenzen einer durch expansive geldpolitische Maßnahmen stimulierten reproduktiven Konjunktur, weil die Banken, die es sich leisten können, ihre Kassenüberschüsse lieber stilllegen, als sie in zweifelhafte Kreditengagements zu investieren. Die letztere Einschränkung ist dabei wichtig, denn neben den

Abbildung 21: Aufgliederung der Politikeinflussfaktoren für die Veränderung der Zentralbankgeldmenge

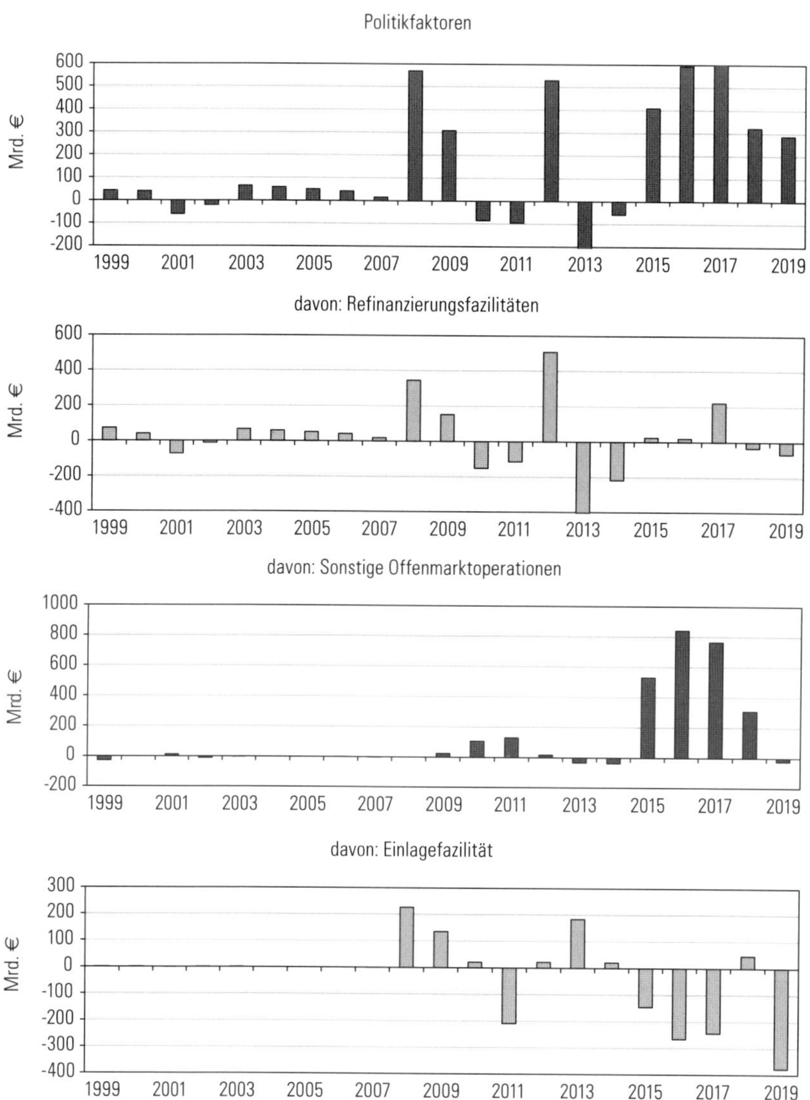

Quelle: eigene Berechnungen auf Basis von Daten der Europäischen Zentralbank

Abbildung 22: Refinanzierungsfazilitäten der EZB, Veränderung ggü. Vorjahr

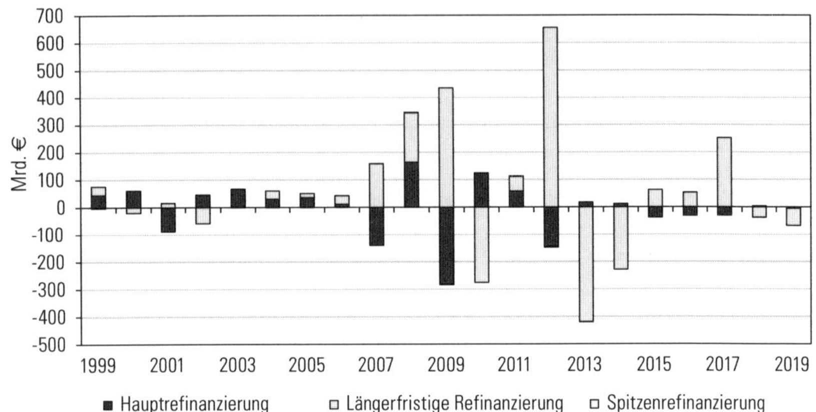

Quelle: Europäische Zentralbank

Banken, die mittlerweile wieder in der Lage sind, ihre Kreditstandards zu erhöhen, gibt es auf der anderen Seite Banken, die ›Zombie-Unternehmen‹ weiterhin durch Betriebsmittelkredite stützen, weil sie sich die Abschreibung an und für sich uneinbringlicher Außenstände bilanziell nicht leisten können. Dass eine die Grenzen der geldpolitischen Stimulierung von Wertschöpfung und Akkumulation überwindende, expansiv wirkende staatliche Ausgabenpolitik bisher weitgehend ausblieb, vornehmlich propagiert und exekutiert durch die deutsche Finanzpolitik, dokumentiert eindrucksvoll das bis in die Gegenwart anhaltende wirtschaftspolitische Dilemma in der Euro-Zone (vgl. Abb. 19, 20, 21 und 22).

Auch für die Euro-Zentralbankgeldmenge als Bestandsgröße lässt sich eine Differenzierung nach Wertzeichen- und Kreditgeldzirkulation ableiten. Neben diese beiden Bestandteile tritt nunmehr zusätzlich die Rubrik eines Quasi-Kreditgeldes hinzu, welches direkte Konsequenz der betriebenen ultralockeren Geldpolitik des Quantitative Easing ist. Unter der Form von Kreditgeld, d.h. durch Kredite der Zentralbank sowie durch Wertpapierpensionsgeschäfte wird zusätzliches Zentralbankgeld geschaffen, welches aber keinen kurzfristigen Rückfluss zum Ausgangspunkt aufweist, sondern längerfristig bis zu mehreren Jahren in der aktiven Zirkulation verbleiben und somit faktisch als Wertzeichen zirkulieren wird. Wenn die Geschäftsbanken gleichzeitig ihre Zentralbankeinlagen aufstocken und so im Resultat Sterilisierungspolitik betreiben, so ist dies eine von den Emissionsbedingungen dieser Geldkomponente getrennte Operation, die zudem durch die Banken jederzeit wieder aufgehoben werden kann.

Das Volumen dieses Quasi-Kreditgeldes hat seit 2015 massiv zugenommen und stellt seit 2016 die größte Rubrik mit einem Anteil von zuletzt rd. drei Vierteln der Euro-Zentralbankgeldmenge dar. Da diese Geldmengenvermehrung auf eine latente Deflationssituation im Verein mit der fortbestehenden

Abbildung 23: Funktionelle Bestandteile der Euro-Zentralbankgeldmenge; in Mrd. € und anteilig

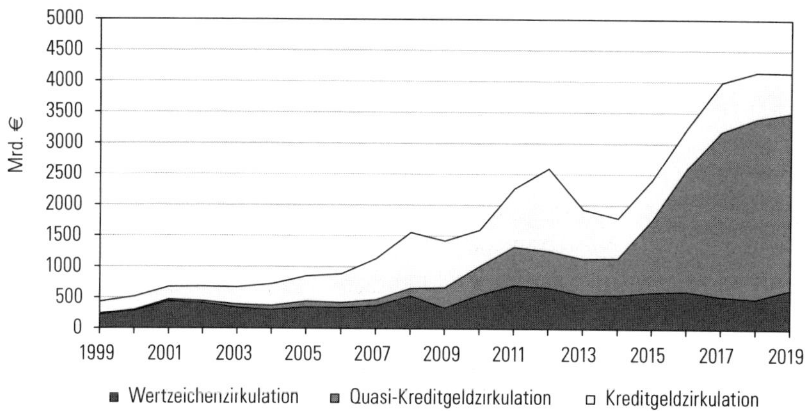

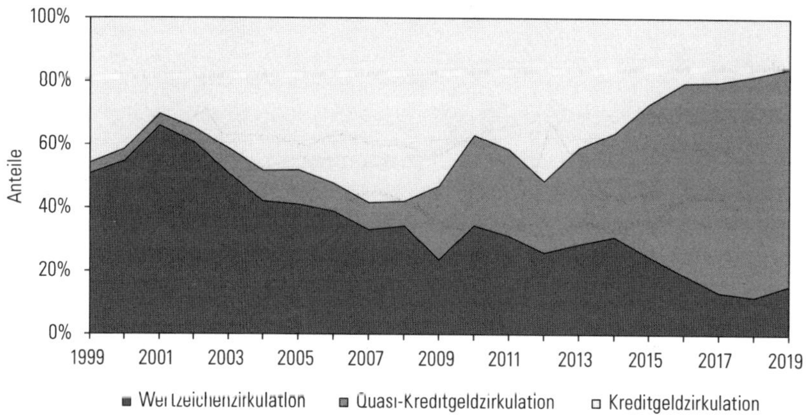

Quelle: eigene Berechnungen auf Basis von EZB-Daten

strukturellen Überakkumulation von Kapital trifft, wirkt sie nicht inflationär für die Warenpreise; das wirtschaftspolitische Kalkül, über eine Steigerung der Warenpreise die reproduktive Kapitalakkumulation geldpolitisch zu stimulieren, geht nicht auf, denn es reicht gerade hin, die latente Deflationstendenz nicht manifest werden zu lassen. Ausbleibende Inflationierung der Warenpreise trifft aber zusammen mit einer anhaltenden Inflationierung der Wertpapierkurse an den Börsen, die mittlerweile die tatsächliche Gewinnentwicklung der Unternehmen mehrfach überzeichnen; das Kurs-Gewinn-Verhältnis der Aktien steigt, ebenso die Preise sonstiger Vermögensanlagen wie Immobilien (vgl. Abb. 23).

Warum ist dies so? Die Antwort lautet: Auch der vermeintlich längste Konjunkturaufschwung nach der Weltwirtschaftskrise, der bereits im Verlauf des Jahres 2019 Anzeichen seiner Abschwächung aufwies und im I. Quartal gewaltsam durch den Ausbruch einer weltweiten Pandemie und deren wirtschaftlichen Konsequenzen beendet wurde, konnte sich bei Licht besehen keineswegs mit den Prosperitätszyklen nach dem II. Weltkrieg messen. Wie durch die verschiedenen wirtschaftspolitischen Versuche zuvor (Supply-side Policies, zunehmende Finanzialisierung und asset-based wealth driven accumulation) konnten die durchschnittlichen Profitraten der metropolita-

Abbildung 24: Profitraten kapitalistischer Metropolen in der Überakkumulationsperiode (seit 1975)

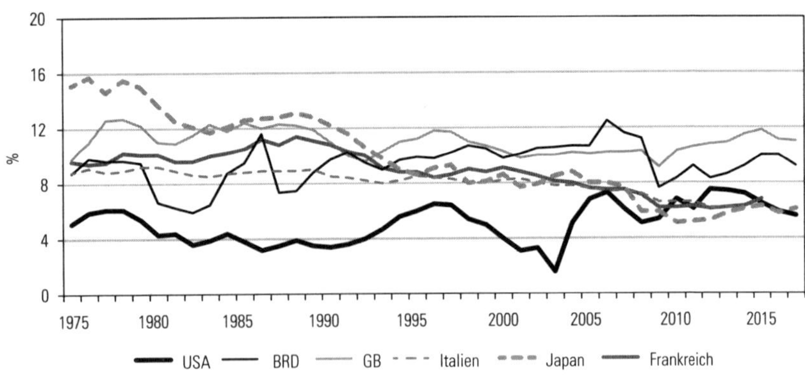

Quelle: eigene Berechnungen auf Basis von National Accounts

nen Nationalkapitale auch durch die konjunkturelle Aufwärtsentwicklung seit 2010 nicht signifikant über ihr niedriges Niveau seit dem Übergang der beschleunigten Kapitalakkumulation in eine strukturelle Überakkumulation von Kapital angehoben werden. Bedarf es noch eines deutlicheren Beweises für die Überlebtheit der kapitalistischen Produktionsweise und der Notwendigkeit, die Ressourcenallokation von ihrer Bindung an Profitmaximierung zu lösen (vgl. Abb. 24)?

Literatur

Erster Teil (Klaus Müller)

Die Werke von Marx und Engels sind unter den Siglen MEW und MEGA nachgewiesen.

MEGA: Marx-Engels-Gesamtausgabe, Dietz Verlag, Berlin 1975ff. (ab 1998: Akademie Verlag)
MEW: Marx-Engels-Werke, Dietz Verlag, Berlin 1956ff.

Althusser, L. et al. (2015): Das Kapital lesen, Münster.

Backhaus, H.-G. (2018): Dialektik der Wertform. Untersuchungen zur marxschen Ökonomiekritik, Freiburg, Wien.

Brentjes, B. (1981): Handel und Verkehr, in: Radandt, H. Musiolek, P. et al. (Hrsg.), Handbuch Wirtschaftsgeschichte, Band 1, Berlin.

Busch, U. (2012): Anthropologie statt Ökonomie, Zeitschrift Marxistische Erneuerung, Nr. 91, S. 201-205.

Busch, U. (2017): Aspekte der Geldkritik von Aristoteles bis heute, Philosophische Gespräche, Helle Panke e. V., Heft 45, Berlin.

Busch, U. (2020): Geldkritik. Theorien – Motive – Irrtümer, Abhandlungen der Leibniz-Sozietät der Wissenschaften, Band 65, Berlin.

Bruschi, V., Muzzupappa, A., Nuss, S., Steckner, A., Stützle, I. (2012): PolyluxMarx. Bildungsmaterial zur Kapital-Lektüre, Berlin.

Cassel, G. (1923): Theoretische Sozialökonomie, 3. Aufl., Erlangen, Leipzig.

Dunkhase, H. (2016): Zu Klaus Müller, Historizität und Messbarkeit abstrakter Arbeit, in: Z. Zeitschrift Marxistische Erneuerung, Heft 108, Dezember 2016, Frankfurt/M, S. 195-198.

Eberle, Ute (2013): Die Insel des Vergessens, in: GEOkompakt, Nr. 37, S. 134-137.

Elbe, I. (2008): Marx im Westen. Die neue Marx-Lektüre in der Bundesrepublik seit 1965, Berlin.

Friedell, E. (1998): Kulturgeschichte Ägyptens und des alten Orients, München.

Friedlaender/Mynona, S. (2010): Julius Robert Mayer, Gesammelte Werke Bd. 12, hrsg. von Detlef Thiel, Books on Demand, Norderstedt.

Fritsch, B. (1968): Die Geld- und Kredittheorie von Karl Marx, Frankfurt a. M./Wien.

Galbraith, J. K. (1976): Geld. Woher es kommt, wohin es geht, München, Zürich.

Gerloff, W. (1949): Die Entstehung des Geldes und die Anfänge des Geldwesens, Frankfurter Wissenschaftliche Beiträge. Kulturwissenschaftliche Reihe, Bd. 1, Frankfurt a. M.

Gesell, S. (1920/2007): Die natürliche Wirtschaftsordnung durch Freiland und Freigeld, 4. Aufl., neue Ausgabe Lütjenburg.

Graeber, D. (2012): Schulden. Die ersten 5.000 Jahre, 7. Aufl., Stuttgart.

Grierson, P. (1976): Münzen des Mittelalters. Übersetzung ins Deutsche von Alfred P. Zeller, München.
Grünert, H. (1981): Austausch und Verkehr, in: Radandt, H. Musiolek, P. et al. (Hrsg.), Handbuch Wirtschaftsgeschichte, Band 1, Berlin.
Harari, Y. N. (2013): Eine kurze Geschichte der Menschheit, München.
Harbach, H. (2011): Wirtschaft ohne Markt, Berlin.
Harvey, D. (2011): Marx' Kapital lesen, Hamburg.
Haug, W. F. (2004): Zur Kritik der monetaristischen Kapital-Lektüre, in: Das Argument Nr. 258, Hamburg.
Hecker, R., Stützle, I. (Hrsg.) (2017): Karl Marx, Das Kapital 1.5, Die Wertform, Berlin.
Heinrich, M. (2016): Wie das Marxsche »Kapital« lesen?, 3. Aufl., Stuttgart.
Heinrich, M. (2017): Die Wissenschaft vom Wert. Die Marxsche Kritik der politischen Ökonomie zwischen wissenschaftlicher Revolution und klassischer Tradition, 7. Aufl., Münster.
Heinrich, M. (2018): Kritik der politischen Ökonomie. Eine Einführung, 14. Aufl., Stuttgart.
Heinsohn, G., Steiger, O. (1996): Eigentum, Zins und Geld, Reinbek bei Hamburg.
Helfferich, K. (1923): Das Geld, 6. Aufl., Leipzig.
Hellmeyer, F. (2012): Endlich Klartext. Ein Blick hinter die Kulissen unseres Finanzsystems, 5. Aufl., München.
Herodot (2011): Neun Bücher zur Geschichte, Vollständige Ausgabe, 3. Aufl., Wiesbaden (nach einer Übersetzung von Dr. Chr. Bähr, Berlin-Schöneberg 1898).
Hildebrand, B. (1922): Natural-, Geld- und Kreditwirtschaft, in: Sammlung sozialwissenschaftlicher Meister (hrsg. von Heinrich Waentig), Band 22, Jena.
Jameson, F. (2012): Eine neue Kapital-Lektüre, in: Das Argument 297, 54. Jg., Heft 3, S. 337-346.
Knapp, G. F. (1921): Staatliche Theorie des Geldes, 3. Aufl., München / Leipzig.
Krätke, M. R. (2017): Kritik der politischen Ökonomie heute, Hamburg.
Krüger, S. (2012): Politische Ökonomie des Geldes. Gold, Währung, Zentralbankpolitik und Preise. Kritik der Politischen Ökonomie und Kapitalismusanalyse. Band 2. Hamburg.
Lange, O. (1977): Computer und Markt, in: ders., Ökonomisch-theoretische Studien, hrsg. von Halina Jaroslawska, Frankfurt a. M./Köln.
Laum, B. (1924): Heiliges Geld. Eine historische Untersuchung über den sakralen Ursprung des Geldes, Tübingen.
Lederer, E. (1931): Aufriß der ökonomischen Theorie, 2. Aufl. Tübingen.
Leverkus, E. (1990): Freier Tausch und fauler Zauber, Frankfurt/ a. M.
Lips, J. E. (1951): Vom Ursprung der Dinge, Leipzig.
Menger, C. (1892): Geld, in: Handwörterbuch der Staatswissenschaften, IV. Bd., 2. Aufl. Jena 1900.
Müller, K. (1983): Inflation bei Preiskonstanz? Zu einigen aktuellen Aspekten der marxistischen Geldtheorie, in: Wissenschaftliche Zeitschrift der Technischen Hochschule Karl-Marx-Stadt, Heft 1, S. 113-117.
Müller, K., Müller, E. (2012): Arbeitskoeffizienten, in: wisu, das wirtschaftsstudium, Heft 11, S. 1484-1493.
Müller, K. (2015): Geld. Von den Anfängen bis heute, Freiburg.
Müller, K. (2016): Profit, Köln.
Müller, K. (2018): Lohnarbeit und Arbeitslohn, Köln.
Müller, K. (2019): Auf Abwegen. Von der Kunst der Ökonomen, sich selbst zu täuschen, Köln.
Müller, K. (2020): Monopole, Köln.
Müller, K. (2020a): Mikroökonomie. Eine praxisnahe, kritische und theoriengeschichtlich fundierte Einführung, 8. Aufl., Chemnitz/Lößnitz.

Müller, K., Quaas, G. (2020): Kontroversen über den Arbeitswert. Eine polit-ökonomische Debatte, Potsdam.

Quaas, G. (2016): Die ökonomische Theorie von Karl Marx, Marburg.

Quaas, G. (2018): Relationale Geldtheorie. Zur aktuellen Diskussion über das Geld, Marburg.

Ricardo, D. (1817/1959): Über die Grundsätze der politischen Ökonomie und Besteuerung, Band 1, hrsg. von Gerhard Bondi, Berlin.

Riese, H. (1995): Geld: Das letzte Rätsel der Nationalökonomie, in: Schelkle W., Nitsch, M. (Hrsg.), Rätsel Geld, Marburg, S 45-62.

Röpke, W. (1937): Die Lehre von der Wirtschaft, Bern.

Rogoff, K. S. (2016): Der Fluch des Geldes. Warum unser Bargeld verschwinden wird, München.

Rohthorn, B. (1973/2008): Komplizierte Arbeit im Marxschen System, in: Nutzinger, H. G., Wolfstetter, E. (Hg.), Die Marxsche Theorie und ihre Kritik. Eine Textsammlung zur Kritik der politischen Ökonomie, Marburg, Band II, S. 129-163.

Schefold, B. (2008): Die Bedeutung des Problems der Wertformenlehre und der Transformation von Werten in Preise für das Kapital, in: Marx-Engels-Jahrbuch 2007, Berlin, S. 34-91.

Schumpeter, J. A. (1911/1997): Theorie der wirtschaftlichen Entwicklung. Eine Untersuchung über Unternehmergewinn, Kapital, Kredit, Zins und den Konjunkturzyklus, 9. Aufl., Berlin.

Schumpeter, J. A. (1965): Geschichte der ökonomischen Analyse, Göttingen.

Sellnow, I. (1977): Weltgeschichte bis zur Herausbildung des Feudalismus, Berlin.

Smith, A. (1776/1976): Eine Untersuchung über das Wesen und die Ursachen des Reichtums der Nationen, Erster Band, 2. Aufl., hrsg. von Peter Thal, Berlin.

Szepanski, A. (2018): Kapital und Macht im 21. Jahrhundert, Hamburg.

Wagner, H., Mondelears, R. (1986): Grundfragen der Kredit- und Kreditgeldzirkulation. Zur Diskussion um den Charakter des heutigen Geldes, 25. Lehrbrief für das Hochschulfernstudium, Berlin.

Wendt, H. (o. J.): Der lange Marsch der »Neuen Marxlektüre«, Essen.

Wilsdorf, H. (1981): Bergbau, in: Radandt, H., Musiolek, P. et al. (Hrsg.), Handbuch Wirtschaftsgeschichte, Band 1, Berlin.

Wolfstetter, E. (1973/2008): Mehrarbeit, synchronisierte Arbeitskosten und die Marxsche Arbeitswertlehre, in: Nutzinger, H. G., Wolfstetter, E. (Hg.), Die Marxsche Theorie und ihre Kritik. Eine Textsammlung zur Kritik der politischen Ökonomie, Marburg 2008.

Zeise, Lucas (2011): Geld – der vertrackte Kern des Kapitalismus. Versuch über die politische Ökonomie des Finanzsektors, Köln.

Zeise, L. (2019): Finanzkapital, Köln.

Zweiter Teil (Stephan Krüger)

Aschinger, F. E. (1973): Das Währungssystem des Westens, 2. Aufl., Frankfurt/M.

Burchardt, M. (1977): Die Currency-Banking-Kontroverse. Real- und theoriegeschichtlicher Hintergrund des V. Abschnitts im 3. Band des ›Kapital‹; in: Mehrwert, Beiträge zur Kritik der politischen Ökonomie, Nr. 12, Berlin.

BBK 2017: Die Rolle von Banken, Nichtbanken und Zentralbank im Geldschöpfungsprozess; in: Deutsche Bundesbank, Monatsbericht April 2017, 69. Jahrg.

Bischoff, J./Fiehler, F./Krüger, S./Lieber, C. (2017): Vom Kapital lernen. Die Aktualität von Marx' Kritik der politischen Ökonomie, Hamburg.

Fullarton, J. (1845/1979): On the Regulation of Currencies; dtsch.: Die Regelung der Währung; in K. Diehl/P. Mombert (Hrsg.): Vom Gelde. Ausgewählte Lesestücke zum Studium der Politischen Ökonomie, Frankfurt/Wien/Berlin 1979.

Hahn, A. (1930): Volkswirtschaftliche Theorie des Bankkredits, Tübingen.

Heine, M./Herr, H. (2008): Die Europäische Zentralbank. Eine kritische Einführung in die Strategie und Politik der EZB und die Probleme in der EWU, Marburg.

Heine, M./Herr, H./Kaiser, C. (2006): Wirtschaftspolitische Regime westlicher Industrienationen, Baden-Baden.

Heinrich, M. (2008): Die Wissenschaft vom Wert. Die Marxsche Kritik der Politischen Ökonomie zwischen wissenschaftlicher Revolution und klassischer Tradition, Münster.

Herr, H. (1986): Geld, Kredit und ökonomische Dynamik in marktvermittelten Ökonomien – die Vision einer Geldwirtschaft, München.

Keynes, J. M. (1931): Treatise on Money; dtsch.: Vom Gelde, Berlin.

Keynes, J. M. (1936): General Theory of Employment, Interest, and Money, dtsch: Allgemeine Theorie der Beschäftigung, des Zinses und des Geldes, 11. verbesserte Auflage, Berlin 2006.

Keynes, J. M. (1944): Proposals for an International Clearing Union; in: H. G. Grubel (Hrsg.), World Monetary Reform, Plans and Issues, Standford (Cal.) 1963.

Knapp, G. F. (1905): Staatliche Theorie des Geldes, München/Leipzig.

Krumbein, W. (2018): Staatsfinanzierung durch Notenbanken! Theoretische Grundlagen, historische Beispiele und aktuelle Konzeptionen einer großen Steuerungschance, Marburg.

Krüger, S. (2010): Allgemeine Theorie der Kapitalakkumulation. Konjunkturzyklus und langfristige Entwicklungstendenzen, Hamburg.

Krüger, S. (2012a): Politische Ökonomie des Geldes. Gold, Währung, Zentralbankpolitik und Preise, Hamburg.

Krüger, S. (2012b): Keynes & Marx. Darstellung und Kritik der ›General Theory‹, Bewertung keynesianischer Wirtschaftspolitik, Linker Keynesianismus und Sozialismus, Hamburg.

Krüger, S. (2015): Entwicklung des deutschen Kapitalismus 1950-2013. Beschäftigung, Zyklus, Mehrwert, Profitrate, Kredit, Weltmarkt, Hamburg.

Krüger, S. (2017): Soziale Ungleichheit. Private Vermögensbildung, sozialstaatliche Umverteilung und Klassenstruktur, Hamburg.

Krüger, S. (2019): Profitraten und Kapitalakkumulation in der Weltwirtschaft. Arbeits- und Betriebsweisen seit dem 19. Jahrhundert und der bevorstehende Epochenwechsel, Hamburg.

Krüger, S. (2020): Grundeigentum, Bodenrente und die Ressourcen der Erde. Die Relativierung der Knappheit und Umrisse eines linken Green New Deal, Hamburg.

MEGA II. 5: K. Marx, Das Kapital, Band I: Der Produktionsprozeß des Kapitals, 1. Auflage (1867)

MEW 23: K. Marx, Das Kapital, Band I: Der Produktionsprozeß des Kapitals, Berlin (DDR) 1971.

MEW 24: K. Marx, Das Kapital, Band II: Der Zirkulationsprozeß des Kapitals, Berlin (DDR) 1971.

MEW 25: K. Marx, Das Kapital, Band III: Der Gesamtprozeß der kapitalistischen Produktion, Berlin (DDR) 1970.

MEW 42: K. Marx, Grundrisse der Kritik der politischen Ökonomie (Rohentwurf), Berlin 2005.

Paetz, M./Ehnts, D. (2019): Die Modern Monetary Theory – ein Überblick; in: Sozialismus.de, 46. Jahrgang, Heft Nr. 443 (9/2019).

Polanyi, K. (1944/1971): The Great Transformation. Politische und ökonomische Ursprünge von Gesellschaften und Wirtschaftssystemen, Wien.

Ricardo, D. (1810/1979): The High Price of Bullion: A Proof of the Depreciation of Bank Notes; dtsch.: Der hohe Preis der Edelmetalle; in K. Diehl/P. Mombert (Hrsg.): Vom Gelde. Ausgewählte Lesestücke zum Studium der Politischen Ökonomie, Frankfurt/Wien/Berlin 1979.

Rist, C. (1966): History of Monetary and Credit Theory. From John Law to the Present Day, New York.

Schui, H. (2015): Schuldenkrise in der Euro-Zone – Der German Eiertanz wird fortgesetzt; in. Sozialismus, 42. Jahrgang, Heft 400 (10/2015).

Schumpeter, J. (1934/1964): Theorie der wirtschaftlichen Entwicklung. Eine Untersuchung über Unternehmergewinn, Kapital, Kredit, Zins und den Konjunkturzyklus, Berlin.

Stützle, I. (2006): Die Frage nach der konstitutiven Relevanz der Geldware in Marx' Kritik der politischen Ökonomie; in: Das Kapital neu lesen. Beiträge zur radikalen Philosophie, hrsg. von J. Hoff/A. Petrioli/I. Stützle/F. O. Wolf, Münster.

Tooke, zit. nach: Asher, C. W. (1858): Tooke, Thomas/Newmarch, William, Die Geschichte und Bestimmung der Preise während der Jahre 1793-1857, Bd. I, Dresden.

Tooze, A. (2018): Crashed. Wie zehn Jahre Finanzkrise die Welt verändert haben, München.

Wendl, M. (2015): Neoklassischer Marxismus? Wie ideologisch ist die linke Kritik an der Geldpolitik? in: Prokla 179, 45. Jahrgang, Nr. 2/2015.

Wendl, M. (2019): Die monetäre Werttheorie von Marx. Übereinstimmungen und Differenzen zu Keynes; in: Hagemann, H./Kromphardt, J./Sahin, B. (Hrsg.), Arbeit und Beschäftigung – Keynes und Marx (Schriften der Keynes-Gesellschaft), Marburg.

Klaus Müller

Boom und Krise

Basiswissen Politik / Geschichte / Ökonomie

Pocketformat
126 Seiten; € 9,90 [D]
ISBN 978-3-89438-640-5

Seit 1825 folgt nach jedem Zwischenhoch auf jede zyklische Krise die nächste. Klaus Müller fragt nach den Ursachen des wellenförmigen Wachstums der Produktion. Liegt es am Geld, am Zins, an den Preisen, der Profitrate, der Einkommensverteilung? Oder einfach am Kapitalismus? Wenn ja, was kann man tun? Alte, aktuelle Fragen. Und Antworten!

Klaus Müller

Monopole

Basiswissen Politik / Geschichte / Ökonomie

Pocketformat
124 Seiten; € 9,90 [D]
ISBN 978-3-89438-731-0

Um 1900 entstand ein neues Produktions- und Herrschaftsverhältnis: das Monopol. Seine marktbeherrschende Stellung und hohe Profite werden im Kampf um den Staat und mit ihm abgesichert. Dass Monopole eine Ausnahme seien oder Verbraucherwünsche bestens erfüllten, gehört ins Reich der Legenden.